宁波市文化研究工程·专门史研究

宁波抗日战争史

NINGBO KANGRI ZHANZHENG SHI

朝泽江 著

图书在版编目（CIP）数据

宁波抗日战争史 / 朝泽江著 .— 宁波 : 宁波出版社, 2020.7
ISBN 978-7-5526-3913-1

Ⅰ. ①宁… Ⅱ. ①朝… Ⅲ. ①抗日战争史—宁波 Ⅳ. ① K265

中国版本图书馆 CIP 数据核字（2020）第 092507 号

宁波抗日战争史

著　　者	朝泽江
出版发行	宁波出版社
	（宁波市甬江大道 1 号宁波书城 8 号楼 6 楼 315040）
	http://www.nbcbs.com
责任编辑	俞　琦
责任校对	王　丹
装帧设计	金字斋
印　　刷	宁波白云印刷有限公司
开　　本	710 毫米 ×1000 毫米　1/16
印　　张	21.25
字　　数	310 千
版　　次	2020 年 7 月第 1 版
印　　次	2020 年 7 月第 1 次印刷
标准书号	ISBN 978-7-5526-3913-1
定　　价	88.00 元

版权所有　翻印必究

本书若有印装问题影响阅读，请与印刷公司联系调换，联系电话：0574-83875165

序

与朝泽江相识是2003年春天在海南省三亚召开的共产国际、联共(布)与中国革命关系第九次学术研讨会上,当时他还是中南财经政法大学的一名在读硕士生,他给我留下的印象是朴实、谦虚、好学。这些年,我组织和参加的学术研讨会很多,在某次会议上相识,也可能此生再也不会相遇。然而巧合的是,朝泽江毕业后到宁波市委党史研究室工作,也成了一名党史人,与我成了一个战壕的战友。更巧合的是,我们中央党史研究室从2005年开始组织全国党史部门开展"抗日战争时期中国人口伤亡和财产损失"调研课题时,朝泽江即是宁波市委党史研究室负责这项课题的主要人员。此后,在推进这项课题的过程中,我与朝泽江有了更多的接触,也对他有了更多的了解。他对自己承担的课题任务兢兢业业、一丝不苟,为了尽可能搜集全宁波市的人口伤亡和财产损失的史料,他多方联络、四处奔走,牺牲了许多休息时间。尤其是撰写"宁波市抗日战争时期人口伤亡和财产损失调研报告"期间,为了确保数字的准确无误和调研报告的质量,他呕心沥血,并且多次来电话向我咨询和征求意见,表现了一个党史工作者应有的使命感、责任感和一个历史研究者必备的认真、求实的态度。功夫不负苦心人,功夫也不负有心人。朝泽江既是苦心人,又是有心人。他在高质量完成调研课题后,为自己确立了一个写作任务,这就是《宁波抗日战争史》。应该说,以一人之力来完成这样一部著作,是难能可贵的;由于关于宁波抗日战争的历史在此前还没有相关著作出版,他的这一选择就更加难能可贵。

应该说,《宁波抗日战争史》是朝泽江多年积累和思考的结晶。全书分为14章47目,分为开端、发展、高潮和结局四个阶段,对宁波抗日战争的历史做了全面、系统的记述,既有宏大的时代背景和全国抗战形势的介绍,更有宁波抗日战争的特点;既表现了国共两党以及宁波人民的抗战,又揭露了日本侵略者对宁波的轰炸、对沿海的袭扰以及实施的细菌战。书中以大量翔实的资料证明,从1941年宁波沦陷到1945年9月日军投降,中共及其领导下的抗日武装是宁波坚持抗战的中流砥柱。书中还探讨了抗日战争造成的后果及对宁波的影响,认为抗日战争发展壮大了革命力量,虽然为争取国内和平,新四军遵照中共中央的指示北撤,但留下的革命火种逐渐呈燎原之势,并成为以后解放宁波的一支重要力量。书中还严正指出,日本侵略者给宁波造成了惨重的人口伤亡和财产损失,对宁波各项事业的发展带来了严重的破坏。通过对宁波抗日战争史的回顾,作者认为,宁波的抗日战争史是一部曲折发展的历史,在民族危亡面前,民族矛盾始终大于阶级矛盾,尽管抗日民族统一战线内部还存在着各种矛盾与冲突,但英勇抗日始终是主流,伟大的抗日精神在宁波得到生动的体现。

《宁波抗日战争史》是目前国内第一部相关研究专著,具有填补空白的重要意义。该书史料丰富,除了国内外多年来公开的史料外,还大量运用了中国第二历史档案馆首次披露的档案资料,以及宁波市抗日战争时期人口伤亡和财产损失调查中获得的口述资料。该书史实准确,书中涉及的大量史实都建立在翔实资料的基础之上,并针对一些影响较大但不够准确的史实,进行了认真细致的考证、辨析,提出了自己的见解,显示了作者深厚的研究功底和较高的学术素养。相信本书的出版对于人们全面了解宁波抗日战争时期的历史,弘扬伟大的抗日精神,开展爱国主义教育具有重要意义。

姚金果
2017年6月8日

目 录

第一章 抗日救亡运动的兴起与发展
一、抗日救亡运动的兴起 /1
二、抗日救亡运动的发展 /7

第二章 "攘外必先安内"政策在宁波
一、压制抗日救亡运动,破坏中共宁波地方组织 /11
二、制订宁波防守计划 /14
三、开展军事整备工作 /17

第三章 抗日救亡运动的高涨
一、抗日救亡运动的勃兴 /23
二、中共宁波地方组织的重建 /28
三、抗日民族统一战线在宁波的形成 /32
四、抗日民族统一战线内部的合作与冲突 /37

第四章 日军对宁波的侵略
一、日机对宁波的轰炸 /43

二、日军对宁波沿海地区的侵扰 /48

三、开明街鼠疫 /52

第五章　抵御日军进攻的努力

一、毁路封港 /60

二、利用宁波机场对日本实施纸片轰炸 /65

三、镇海保卫战 /68

第六章　日军侵占宁波

一、宁绍战役和宁波沦陷 /75

二、大皎惨案 /81

三、反攻溪口 /84

第七章　日军对宁波的殖民统治

一、日伪军在宁波的军事部署 /89

二、日军在宁波犯下的罪行 /92

三、建立伪政权 /98

四、疯狂掠夺经济资源 /104

五、实施奴化教育 /108

第八章　国民地方政府的抗战

一、整顿军事武装，开展游击战争 /113

二、进行政权建设 /118

三、反对奴化教育，弘扬民族文化 /122

四、营救美军飞行员 /125

第九章 中共抗日武装的建立与抗日根据地的开辟

一、中共宁波地方抗日武装的筹建 /130

二、中共中央关于开辟浙东的战略决策和浦东抗日武装南渡 /134

三、三北根据地的开辟 /139

四、中共浙东区委和三北游击司令部的建立 /143

第十章 "坚持三北、开辟四明"方针的制订与实施

一、"坚持三北、开辟四明"方针的制订 /149

二、三北根据地的巩固 /153

三、四明山抗日根据地的开辟 /157

第十一章 巩固和扩大抗日根据地的斗争

一、开展反"清乡"、反"扫荡"和反"蚕食"斗争 /162

二、第二次反顽自卫战和新四军浙东游击纵队的成立 /166

三、筹划反攻 /172

第十二章 开展浙东抗日根据地建设

一、开展政权建设 /177

二、开展经济建设 /182

三、开展文化教育建设 /188

四、开展党的建设 /195

第十三章 抗日战争的最后胜利

一、日军的垂死挣扎 /199

二、发动反攻 /203

三、宁波抗日战争的胜利 /207

第十四章　抗战胜利后的宁波

一、新四军北撤 /212

二、严惩汉奸,审判战犯 /216

三、日军侵略给宁波造成的后果及影响 /221

附　录

宁波市抗日战争时期人口伤亡和财产损失调研报告 /229

抗日战争时期日军在宁波犯下的细菌战罪行调研报告 /276

抗日战争时期日军在宁波犯下的性侵犯罪行调研报告 /310

后　记 /327

第一章

抗日救亡运动的兴起与发展

一、抗日救亡运动的兴起

1931年9月18日夜,日本帝国主义驻中国东北的侵略军——关东军突然向中国东北军北大营驻地和沈阳城发动进攻。在4个多月的时间里,辽宁、吉林、黑龙江三省全部沦陷,东北人民陷入水深火热之中。九一八事变,是日本军国主义者长期实行对华侵略扩张政策的必然结果,也是他们为把中国变成日本独占殖民地而采取的严重步骤。中华民族面临着存亡危机,宁波各阶层人民同全国人民一样,闻讯莫不义愤填膺,立即掀起抗日救亡的浪潮。

在民族空前危机的严重关头,在沪的宁波商人发表时评,阐明政见,声援抗日。9月22日,宁波旅沪同乡会[1]召开紧急会议,决议通电南京、北平、广州三地,恳切要求各方"速息内争,共御外侮"[2]。宁波广大师生也积极行动起来。在宁波城区,省立四中、效实中学、甬江女中等校学生相继成立抗日救国会,在校内和鄞县、镇海城乡开展演讲、演剧等宣传活动。9月底,宁波城

---

[1] 宁波旅沪同乡会,为宁波地区各县甬籍人士在上海创办的同乡会组织,于1911年在上海四明公所召开成立大会,以"集合同乡力量,推进社会建设,发挥自治精神,并谋同乡之福利"为宗旨。在宁波同乡会活动的近40年中,不仅成为近代中国现代政治社团的楷模,而且是宁波同乡团结奋斗的一面旗帜,积极参与近代上海的经济、政治、文化、社会活动,有力推动近代宁波帮的形成和发展,促进家乡经济社会建设。

[2]《宁波同乡会议案》,《申报》,1931年9月23日。

区各中等学校召开抗日救国联合代表会,一致通过10项决议,如从30日起全体停课4天,以扩大影响;厉行军事训练,通知各校正式成立青年义勇军、童子义勇军和女子救护队;联合农工商兵各界,永不购买日货;筹募救国基金;电请中央将全国抗日救国会改为讨日救国会;组织化装演讲团,以资宣传;致电中央请缨抗日,并要求拨给本县学生义勇军枪械;通电全国正式对日宣战等。[1]鄞县各界反日援侨委员会[2]对学生的爱国行动予以热烈响应,决定10月4日在县立体育场当众焚毁日货,"以示对日经济绝交之决心"[3]。

中共宁波地方组织更是不失时机地领导城乡人民开展抗日救亡运动。1927年大革命失败以后,宁波地方党组织遭到严重破坏。1930年3月,徐敏畅[4]受中共中央的委派,以中共宁波市委书记身份到宁波恢复党组织。由于国民党当局的白色恐怖日趋严重,黄包车工人党支部和赤色工会遭破坏,党组织在城区活动更加困难,徐敏畅的工作重点开始由城市转到农村。在他的努力下,宁波的党组织得到一定的恢复与发展。得知九一八事变的消息后,徐敏畅于9月下旬在鄞南石桥小学召开鄞南党支部会议。会议研究了宣传发动群众开展抗日救亡、支援前线的活动办法,决定以学校为阵地,以青年学生为基础,联系附近各校的爱国进步教师和广大群众组织宣传队、演剧队和募捐队,大力开展救亡宣传和劝募工作,唤起民众,团结抗日。会后,鄞南支部党员分头负责各项工作:周鼎、邬烈富等人与鄞南一带小学教师联系,组织宣传队,白天黑夜到城镇、乡村化装演出,发动群众募捐钱物;

---

[1]《各地抗日之激昂》,《申报》,1931年10月2日。
[2] 1931年5月,日本遣使朝鲜移民进入长春万宝山开垦,在中国农地上开掘水沟,损坏耕地400余亩,并建水堰横阻伊通河,致使上游低地淹没。万宝山农民忍无可忍,先提出抗议并于7月1日自发毁去堤坝,将水沟填平。7月2日,日军在中朝边境向中国农民开枪,制造了万宝山事件,并在朝鲜全境挑起排华事件。7月13日,上海市各公团在市商会举行扩大宣传会。经大会议决组成"反日援侨委员会",对日本实行经济绝交。次日致电国民党中央,要求通令各级党部领导全国民众一致行动。宁波各地也予以响应,相继成立了反日援侨委员会。
[3]《定期焚毁日货》,《申报》,1931年10月1日。
[4] 徐敏畅,生卒年不详,又名徐阿畅,浙江奉化人。

邬仁扬负责联系奉化县城的竺时英、俞佩琳和西坞从新小学教师张景耀,把救亡活动扩展到奉化。在共产党员和爱国进步教师的共同努力下,抗日宣传活动从鄞县南乡发展到横溪、从奉化县城发展到西坞一带,所及的城镇乡村,到处可以听到"国家兴亡,匹夫有责,团结起来,一致抗日"的口号声。

在镇海大碶,由未接上组织关系的共产党员郑慰田等发起成立抗日后援会,于10月10日,利用庆祝"双十节"的机会,在大碶新庙召开由全区17所学校师生及当地群众2000余人参加的抗日救国群众大会。会上声讨日军侵略中国东北的罪行,高呼"停止内战,枪口对外,一致抗日,收复失地""抵制日货,打倒奸商"等口号。大会期间,根据群众要求,封闭了大碶镇以销售日货为主的可大昌绸布庄,赶走了奸商,并要求撤换阻挠抗日宣传、包庇劣绅的镇海县大碶公安分局局长,会后举行了抗日示威游行。

九一八事变后,东北人民为反抗日本侵略者,组织东北义勇军、救国军,给日本侵略者以有力打击。这一爱国行动,得到了全国人民的支持。12月3日,当得悉在江桥打响中国抗日战争第一枪的马占山部因粮尽援绝退出黑龙江后,宁波各界民众即在青年会召开大会,决定从4日起,在该会大礼堂举办募捐大会三天三夜,并请上海梅花歌舞团、宁波京剧社义演。各界闻讯纷纷解囊,"购券者甚为踊跃"[1]。甬江女中学生也通过举办游艺会,将募得的资金购置棉花、布匹,并亲手缝制被服,捐赠东北义勇军。翌年1月初,宁波斐迪初级中学陈德生等5名不足15岁的学生,因见报载锦州失守,日军将攻击山海关的消息后,即生"投笔从军"之念,并向校方说明志愿。因年幼未得学校准许,5人殊为愤懑,即于7日"秘密出走,同往从军"[2]。

1932年1月28日,日军将战火烧到上海,十九路军在蔡廷锴、蒋光鼐的率领下奋起抵抗。宁波各阶层民众闻讯后急切要求政府对日宣战。1月31日,

---

[1]《民众举行援马募捐大会》,《申报》,1931年12月4日。
[2]《五小学生投笔从军》,《申报》,1932年1月11日。

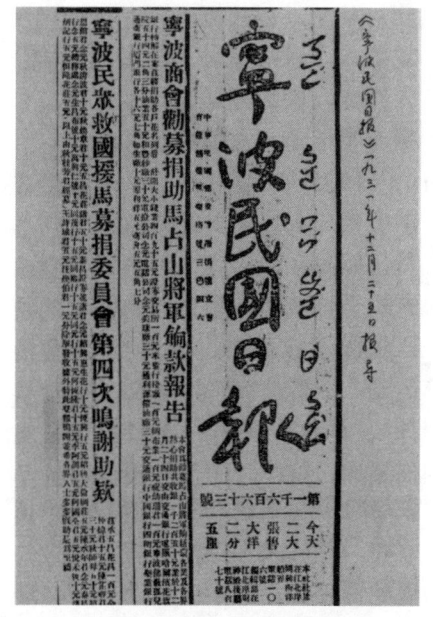

1931年12月，《宁波民国日报》刊登有关各界劝募饷款捐助马占山东北抗日的公告

鄞县反日救国会发出急电，要求国民政府同日本"断然绝变，毅然宣战，檄调劲旅，增援驱寇"。2月1日，时事公报社发出募饷通告，指出"十九路军之胜败关系上海之存亡，而上海之存亡实关系全国之安危"，呼吁宁波民众"缩衣节食，踊跃输将，救国保种"。各界民众立即响应，一天之内就捐麻袋2万只，由火车运往上海，以应前线修筑工事之急需。2月21日，《时事公报》登载前方急需干粮咸光饼后，各界民众便争先恐后地购买，连商店学徒、挑夫摊贩和在校学生也不甘落后，致使各饼店只得连夜赶制。次日，全市即收到咸光饼30万只，分装160袋。至2月26日，累计运出693袋。在募集款项方面，截至3月24日，全市共捐银洋1.0613万元、角币0.5741万角、铜钱4.06万文。此外，还募集到大量食品、衣被和各种生活用品，从而有力地支援了十九路军的淞沪抗战。[1]浙海关税务司威立师在给海关总署的报告中也说："本埠人民对于日本侵夺东北及攻击上海之举，无不愤激异常，乃群起抵制日货以示抗拒。日货进口遂大受打击，如棉布、糖品、鱼介及海产品无不锐减，抵货坚强可见一斑。"[2]

"一·二八"事变后，战区人民的生命财产遭受巨大损失。在沪甬商承担起救济难民的社会责任。2月4日，《申报》刊登宁波旅沪同乡会募集救济金

---

[1] 中共宁波市委党史研究室：《中共宁波党史》第一卷，中共党史出版社2001年版，第144—145页。
[2] 徐蔚葳：《近代浙江通商口岸经济社会概况》，浙江人民出版社2002年版，第396页。

启事,呼吁同乡"慷慨输"。为担当社会责任,在沪甬商开展大规模的难民救援活动。"一·二八"事变三天后,宁波同乡会以"甬籍难民众多",商由太古洋行租定轮船4艘,自2月1日起,每日往返沪甬"以资遣送回籍"。2月1日上午9时,因"车辆阻塞,拥挤不堪,因轮尚未靠埠,乃纷纷由划子船运驳上轮。至十一时许,两轮已满载难民,无可再容,但仍蜂拥抢登,状殊危险。宁波旅沪同乡会得讯,仍决商请宁绍公司将停班之新宁绍轮,恢复驶甬。总计'新宁绍''新北京''舟山'三轮,搭载难民,数近二万人,拥挤情状为从来所未有"[1]。2月4日,《申报》以"甬同乡会救护同乡"为题做了报道:"甬人旅居闸北一带者,实居多数。宁波旅沪同乡会以该处同乡纷纷避难,即设收容所于四明公所。三四日间,收容五百余人。一面奔走设法,于沪甬航线常班外,每日加添'万象''图南''嘉禾''凤浦''新安''永平''永安''安宁''公平''新铭''泰顺'等轮,援载出口者,已有三四万人之多。现仍在继续办理中。"[2]

鉴于从上海避难回乡人员不断增多的情况,1932年2月,在镇海小港蔚斗小学任教的严式轮(又名阎季平)、周朴农(均是尚未接上组织关系的共产党员)和一些进步教师,积极发动师生利用校报、校刊,采取周会、讲演会、文艺演出和呼喊队等多种形式,向校内外学生、群众揭露日军侵略东北三省的罪行和东北人民在日军铁蹄下挣扎的惨状,宣传东北义勇军抗击日军和十九路军在上海奋起抗战的事迹,激发了广大青年学生和职业青年的爱国热情,收到很好的效果。同年秋冬,周朴农等人组织读书会,学习《政治经济学》等进步书刊;同时办起农民、盐民、路工和妇女夜校识字班,以提高群众的文化程度和政治觉悟。

在奉化城区,1932年3月,中共奉化县组织根据宁波市委关于加强对奉化县抗日救亡运动领导的指示,召开了奉化县文化促进会成立大会。参加

---

[1] 《宁波旅沪同乡会为甬轮昨开三艘》,《申报》,1932年2月2日。
[2] 《甬同乡会救护同乡》,《申报》,1932年2月4日。

会议的有来自上海、杭州和宁波等地回老家奉化的知识界爱国进步人士30余人,竺时英、俞佩琳等5名共产党员分别被选为主席以及宣传、组织、风纪、调查委员。会议还拟定了成立大会宣言,出版季刊《反正》和发展会员等事项,并做出相应决定。会后又在中小学教师和青年学生中发展会员80余人。奉化县文化促进会会员积极撰写抗日救亡文章,参加抗日救亡活动,宣传团结抗日思想。

1932年5月上海停战协定签订后,国民党虽然开始进行抗日军事整备工作,但在全国仍然奉行"攘外必先安内"的政策,使宁波的抗日救亡运动在政治高压之下暂时转入低潮,但广大群众对于抗日救亡的诉求却从未停止。如1932年10月,宁波邮务工人和甬曹铁路工人为支援抗日,纷纷节衣缩食,将月薪的百分之一捐助东北义勇军,为时达半年之久。11月,余姚虞宦街一名以贩卖纸烟糊口的小商贩,"见报载东北义勇军在冰天雪地忠勇卫国,大为感动",便将10余年积蓄所置的房屋、田产"悉数变卖",得现洋1500元,以500元留作经营小本,其余1000元通过宁波援义储金会,匿名"悉助东北义勇军"[1]。此种感人之事,不胜枚举。1933年2月,浙江省筹募救国义捐会鄞县分会召集第七次执委会议,通过劝募义捐办法,由分会函各机关、各团体、各学校举行游艺会3天,所得义捐5000元,用于援助东北义勇军长期抗日[2]。

在日军侵略造成的民族危机面前,宁波人民通过实际行动,支援东北和上海的抗日活动,表现出了高度的爱国热情,标志着抗日救亡运动在宁波的兴起。

---

[1] 《爱国商人变产助义军》,《申报》,1932年11月16日。
[2] 《浙江省筹募救国义捐会鄞县分会第七次执委会议决议通过劝募义捐办法》,宁波市档案馆馆藏档案,案卷号14-1-112。

二、抗日救亡运动的发展

1935年日军为了进一步侵略中国,分离和蚕食华北,策动华北各省脱离南京中央政府,实行"自治"的一系列事件,是为华北事变。由于国民党政府的妥协退让,中华民族的危机日益加深。在此形势下,12月9日,在中共北平地下组织的领导下,北平大中学生数千人举行了声势浩大的抗日救国示威游行,抗议华北伪自治运动,要求"停止内战,一致对外",但遭到国民党军警的镇压。"一二·九"爱国学生运动爆发后,抗日救亡运动的浪潮迅速波及全国,宁波的抗日救亡运动迅速发展起来。

当"一二·九"运动的消息传来,宁波学生首先奋起响应。12月中旬,宁波中学、宁波高级工业学校等校学生自治会即发出声援通电。23日,宁波中学、效实中学、高级工校、商业学校、甬江女中等八校3000多名学生,冲破当局阻挠,举行罢课和声势浩大的示威游行。从上午10时起,汇集在公共体育场的学生组成游行队伍,沿北大路、东门街、南门环城路、新江桥、江北岸等举行游行示威,沿途高呼"誓死反对华北自治""打倒日本帝国主义""收复失地"等口号。下午2时,游行队伍折返体育场,请来鄞县县长陈宝麟,要求政府抗日救国。宁属各县学生也群起响应。26日,慈溪县立初级中学学生自治会即以快邮致函宁波学生组织,对宁波学生唤醒民众之举动"深表赞同",决心"抱'最后一课'之精神,作为国牺牲之准备"。[1]

在"一二·九"运动的推动下,宁波各界爱国青年纷纷组织读书会和救亡团体。宁波"一二二三"示威游行后,由宁波中学学生自治会主席等学生代表发起,组织宁波中等学校学生联合会(不久改名为宁波青年救国会),进行救亡宣传和军事训练等活动。宁波钱庄业青年店员范雨峰、谢相箴等发

---

[1] 《时事公报》,1935年12月27日。

起举办钱业补习夜校,聘请爱国教师讲课,自办图书馆,购置进步文艺和时事知识书刊多种,同时以钱业商民训练队、义勇警察同学会分会等合法组织名义,撰写救亡文章,散发抗日传单,唤起同行青年的爱国思想。1936年1月,上海妇女抗日救国会会员戚铁生(原省立四中学生)、华萼从上海来宁波教书,参加宁波中学学生抗日宣传活动,并支持鄞县女中学生的反会考斗争。在她们的带动下,一些爱国青年学习世界语,传阅《大众生活》等进步书刊,还到鄞县梅园乡参加爱国青年发起的读书会活动。

在镇海江南,先后从上海、北平来的周朴农、王洁、张起达(均在上海加入过左联或社联)和乐培文(参加过"一二·九"运动)等在小港蔚斗小学任教。他们同该校及附近新民、良才小学的爱国进步教师一起组织读书会,进行时事座谈,并编印半公开救亡刊物《镇海呼声》,散发到镇海县各学校、团体及国民党县党政机关,拥护中共团结抗日救国主张,抨击国民党的不抵抗主义。在校内,他们推行"小先生"制,指导高年级学生边学习边搞社会活动,在校外先后开办拉丁文字班和妇女、路工、盐民知识班,组织儿童歌咏团、街头演讲团和农民演剧团,积极向工农和其他群众传授进步文化,宣传抗日救国思想。在镇海、江北,1936年春天,觉渡小学郑芳华、沙河头进化小学戚铭渠等教师发起,组织了龙山区山南8个乡镇小学六七百名师生举行抗日游行,到各乡镇散发传单,登台演讲,高唱救亡歌曲,号召民众起来抗日。

当绥远抗战[1]的消息传来,宁波各界群情激动,纷纷发起捐款捐物活动,

---

[1] 绥远在内蒙古西部,北接蒙古,南接晋、陕两省,东临察哈尔,西接宁夏、甘肃。控制了绥远,就构成了对华北、西北的包围态势,就获得侵入华北、西北的理想通道。为了侵占绥远,日关东军制定了《对内蒙措施要领》,计划从政治上对绥远省的傅作义进行收买;如果收买难以实现,就抓住有利时机,把傅作义打倒,将其驱逐出山西省内。中国国民政府绥远省主席兼第35军军长傅作义以"不惹事、不怕事、不说硬话、不做软事"的原则同日军进行坚决斗争。在国民政府的支持下,傅作义率军从1936年11月15日开始,采取先发制人、远程奔袭的手段,对日伪军展开进攻。绥远抗战到12月19日结束,以中国晋绥军、中央军全胜而告终。绥远抗战不仅沉重打击了日伪军的嚣张气焰,粉碎了日本帝国主义侵吞绥远的阴谋,也激发了全中国人民空前的抗战热忱。

支援抗日将士。政工商学妇等各界民众或募集资金,捐一日所得,或节衣缩食(如番薯代饭),购置寒衣,支援前线。慈溪县县长戴时熙鉴于绥远前敌将士在冰天雪地之中与敌抗战,艰苦备尝,发起捐制棉背心活动,慈县府各职员共捐制100件,慰劳绥远卫国将士,并于最短期内运送至前线。宁波中学师生发起捐款运动,得款150元,于11月18日电汇给傅作义,慰劳绥远抗敌将士。宁波江北岸瑞恒祥烛号各职员自发捐薪一日,计5.1元,托正始中学学生会转汇绥远。[1]

在民族危亡面前,为团结各界爱国群众,扩大抗日救亡力量,1936年5月31日,全国20余省市60多个救亡团体和十九路军代表共70余人在上海集会,宣告成立全国各界救国联合会。救国会由沈钧儒、章乃器、陶行知、邹韬奋等人发起组织。主要领导人有沈钧儒、章乃器、李公朴、邹韬奋、沙千里、王造时、史良、陶行知等。救国会发表《抗日救国初步政治纲领》,号召全国各党各派停止军事冲突,团结合作,建立统一抗日政权,以团结全国力量,夺取抗日战争的最后胜利。

1936年七八月间,从上海回宁波度暑假的宁波籍大学生姚常新(又名陆纲)等人,联络宁波城区的范雨峰、谢相箴、陆平(又名陆达平)、邬家箴等10余名青年店员、小学教员和中学生,在江北岸玛瑙路成立了"今日读书会"。他们争相阅读《大众生活》《读书生活》《世界知识》和《大众哲学》等进步书刊,开展时事座谈和讨论活动;对外开办暑期补习学校和民众夜校,组织歌咏队;成立"时代剧社",演出《江村小景》《回声》《张家店》等短剧,向各界群众宣传抗日。此外,在宁波城区还有县政府机关爱国青年陈士标负责的"江东读书会"等;宁波中学、商业学校、鄞县女中、茅山师范等校进步学生也开展了读书活动。

---

[1]《慰劳抗敌将士》,《申报》,1936年11月21日。

暑期补习学校结束，上海大学生假满回校，"今日读书会"成员谢相箴、邬家箴、范雨峰、汤宜均、陆达平等，互相串联，几经酝酿，于1936年10月间，以"今日读书会"为基础，与陈士标领导的"江东读书会"合并，扩大为"宁波各界抗日救国联合会"。参加会议的有来自商业学校、鄞县女中、甬江女中、茅山师范、小教界、钱庄业、电灯公司、和丰纱厂和机关等的爱国青年代表40余人，推举范雨峰、陈士标、邬家箴、谢相箴、应承欢（又名彭后嵘）等为理事，主持宁波救国会工作，联络会员开展活动。此后宁波救国会除了继续开展歌咏、演剧、举办夜校等活动外，还在会员中秘密传阅中共中央《八一宣言》，毛泽东致全国各界救国联合会领袖的公开信，沈钧儒、邹韬奋等《团结御侮的几个基本条件与最低要求》以及中共上海地下党油印的介绍红军长征经过的《铁流》小册子。中共发出的抗日救国号召和红军长征胜利的消息鼓舞着宁波青年们的抗日信心。12月上旬，在宁波救国会举行的一次时事讨论会上，他们一致认为，蒋介石的卖国、内战政策是违背民意的，而共产党提出的建立抗日民族统一战线的主张是大势所趋，民心所向。[1]

"一二·九"运动以后，宁波各地兴起的抗日救亡运动，不仅在思想上激发了群众的爱国热情，也为七七事变后不断高涨的抗日救亡运动准备了骨干力量。

---

[1] 邬家箴、胡苏、范雨峰：《宁波各界抗日救国会始末》，政协宁波市文史资料委员会编：《宁波文史资料》第十三辑，1992年12月印行，第1—7页。

第二章

"攘外必先安内"政策在宁波

一、压制抗日救亡运动,破坏中共宁波地方组织

"攘外必先安内"是蒋介石在二十世纪二三十年代提出、执行的一项政策。九一八事变后,面对骤然迫切的攘外任务,1931年11月的国民党第四次全国代表大会期间,蒋介石仍然把安内作为攘外的条件,再三表白要抵御外侮,"先要国家统一,力量集中"[1]。同月30日,他又指出:"攘外必先安内,统一方能御侮,未有国不能统一而能取胜于外者。故今日之对外,无论用军事方式解决,或用外交方式解决,皆非先求国内之统一。"[2]对于蒋介石的"攘外必先安内"政策,当时就有人提出针锋相对的观点:"因对外无策,遂益使内部涣散。"[3]认为面对日军的狂暴侵略,只有领导全民奋起抵抗,才能团结统一,充分培养、发挥中国的内部力量。但国民党政府不为所动,为了达到攘外必先安内的目的,对于全国兴起的抗日救亡运动予以压制。

---

[1] 蒋介石:《团结内部抵御外侮》,《中华民国重要史料初编·对日抗战时期·绪编(三)》,第32页。转引自黄道炫:《蒋介石"攘外必先安内"方针研究》,《抗日战争研究》,2000年第2期。

[2] 蒋介石:《外交为无形之战争》,转引自黄道炫:《蒋介石"攘外必先安内"方针研究》,《抗日战争研究》,2000年第2期。

[3] 《全国同胞只有一条路》,天津《大公报》,1932年2月2日。转引自黄道炫:《蒋介石"攘外必先安内"方针研究》,《抗日战争研究》,2000年第2期。

1936年11月22日，国民党在上海逮捕全国各界救国联合会领导人沈钧儒、王造时、李公朴、沙千里、章乃器、邹韬奋、史良等7人（又称"七君子事件"），并在全国到处搜捕爱国进步分子。国民党的倒行逆施激起了全国人民的极大愤慨。在宁波，国民党鄞县县党部派特务刺探宁波救国会主要成员名单和传阅中共小册子的情况。12月14日至15日，国民党宁波当局出动武装警察分头拘捕了宁波救国会会员范雨峰等12人。宁波当局拘捕爱国分子的事件发生后，社会各界为之震惊。《时事公报》《商情日报》等及时报道和评论了这一捕人事件，对"爱国有罪"深表不平。两报的正义言论，触怒了宁波当局。时事公报社立即受到停刊一周的处分。翌年1月，《商情日报》主编庄禹梅及社长、编辑等4人也遭逮捕，报社被查封。

　　西安事变和平解决后，宁波当局于12月底先后释放宁波救国会陈士标等11人，但对范雨峰，以其是救国会主要负责人，并以在范家中搜出中共油印宣传材料为"罪状"拒不释放。1937年3月，范雨峰及庄禹梅等5人被国民党当局以所谓"危害民国罪"判处有期徒刑5年，直至第二次国共合作建立后的同年九十月间才被释放。

　　当然，国民党政府"安内"的最主要内容还是对付中国共产党。蒋介石曾多次说道："我们要抗日，必先消灭'赤匪'，安定国本。"[1] 国民党政府把武力"剿共"视为安内的最基本工作，"安内的工作，不止一端，而剿灭'赤匪'，为一切安内大计的前提，也可以说是一切安内大计的预备工作"。[2]

　　在1930年10月因敌我力量悬殊，红一师武装自行解体和姚北暴动流产后，宁波没有了中共武装活动，宁波国民党地方当局就将其主要精力用于破坏中共宁波地方党组织上。

---

[1] 蒋介石：《爱民的精义与教民的宗旨》，《庐山训练集》，第186页。转引自黄道炫：《蒋介石"攘外必先安内"方针研究》，《抗日战争研究》，2000年第2期。

[2] 饶荣春：《鄂豫皖剿"匪"军事的胜利》，《欢迎蒋委员长剿"赤"凯旋特刊》，第9页。转引自黄道炫：《蒋介石"攘外必先安内"方针研究》，《抗日战争研究》，2000年第2期。

九一八事变后,中共宁波市委书记徐敏畅根据抗日反蒋斗争的形势,确定了在抗日救亡群众运动中发现和培养积极分子、不失时机地发展党组织的工作任务,使党的队伍日益发展。10月,镇海大碶抗日群众大会后,当时在大碶任教的中共鄞南支部党员张梦枫(又名张鉴青)得悉当地教师林庚、郑慰田都是失去组织关系的共产党员后,即向徐敏畅做了汇报,徐敏畅到大碶经过考察后,同意恢复林、郑二人的党组织关系,同时吸收了一批爱国进步分子入党入团。不久在大碶石湫小学召开党员大会,成立中共镇海县特别支部,书记为林庚。先后指定徐里平、胡英负责镇海共青团的工作。与此同时,徐敏畅通过在奉化大桥斗门头教书的中共鄞南支部党员邬仁扬,得悉张景耀等进步教师积极参加爱国进步活动并要求共产党领导人民抗击日本侵略的情况,经过考察,于12月发展张景耀等4人入党。1932年1月,由竺时英传达了徐敏畅的指示,并和奉化党员张景耀、俞佩琳商定了组建奉化县党组织及其抗日团体的工作计划。同月,在奉化孤儿院成立了中共奉化县特别支部,书记为竺时英。1932年2月,徐敏畅及党员周鼎在鄞南一带继续恢复和发展一批党员,并把中共鄞南支部扩建为中共鄞南特别支部,书记为邬仁扬。至此,宁波市委下属镇海县、奉化县、鄞县南乡等3个特别支部,连同宁波城区单线联系的党员,宁波地区共有共产党员和共青团员各50余人。

中共宁波地方组织的发展引起了国民党地方当局的仇视。1932年3月,中共中央根据徐敏畅的实际情况和本人要求,同意其调离宁波,派杨仁梓接任宁波市委书记。杨仁梓奉命到宁波后,由徐敏畅陪同进行组织交接工作。交接完毕后,徐敏畅离开宁波。3月23日,杨仁梓向中共中央报告的密信被宁波邮政稽查员查获。杨仁梓闻后十分恐惧,于4月24日向宁波公安局投函自首,并供出宁属各县党组织及党员姓名、地址和工作单位。杨仁梓叛变后,国民党宁波当局当夜密派大批特务和警察到各地进行大规模搜捕。到

29日,共产党员竺时英等14人和共青团员、进步群众8人先后被捕,致使宁波市委及其鄞南、奉化、镇海3个特别支部均遭严重破坏。同时,由于政治交通员邬信财的被捕,宁波至上海的秘密交通线也遭破坏。其余党员被迫到外地分散隐蔽,失去组织关系。从这次破坏到1937年9月这5年多时间里,中共宁波地方组织的活动被迫中断。

国民党地方政府压制宁波抗日救亡运动、破坏中共宁波地方组织的倒行逆施行为,不仅没有达到"安内"的目的,还激起了民众的愤慨,更对"攘外"产生了不良影响。

二、制订宁波防守计划

九一八事变后,蒋介石政权仍奉行"攘外必先安内"的政策,将其主要军事力量用于剿共,同时面对中日之间不免一战的局面,也不得不开始筹划抗日战备工作。1931年11月12日,国民党在南京召开第四次全体大会,首次将对日整军备战纳入议事日程。会议通过的《国家建设初步方案》规定:"一切建设,必以国防为中心。"[1]1932年"一·二八"事变的爆发加快了国民政府备战的步伐。3月1日召开的国民党第四届中央执行委员会第二次全体会议决定恢复军事委员会,"其目的在捍御外侮,整理军事",明确了其作为抗战军事指挥机关的地位。

淞沪地区作为国家的经济中心和首都南京的门户,既是一心要吞并中国的日本的首要战略目标,也是国民政府对日战略防御核心所在。而宁波,与上海隔湾相望,作为拱卫首都南京的重要战略屏障,在国民政府的抗日战略中也有着重要的地位。同时,奉化溪口作为蒋介石的老家,又使宁波在国

---

[1] 秦孝仪主编:《革命文献》第76辑,(台北)中国国民党中央委员会党史委员会1978年版,第148页。

民政府的抗日战备工作中具有特殊的政治意义。为此，国民政府开始加强宁波的战备工作。

1932年2月25日，蒋介石与行政院院长汪精卫、军政部部长何应钦、陆海空军总司令部总参谋长朱培德及德国军事顾问佛采尔（George Wetzell）等进行谈话时，表达了"对于倭寇，决心与之持久作战"[1]的决心，"一·二八"淞沪战役硝烟未散，德国军事顾问就遵照蒋介石整顿江海防要塞的命令来到宁波[2]，进行实地考察。根据实地考察的情况，德国军事顾问拟定了《关于对在宁波登陆敌军以行防御之考虑》报告，上报参谋本部。这份报告主要包括五个方面的内容，全面阐述了对宁波整备工作的看法。

首先，报告从战略角度对日军进攻宁波的目的进行了分析，认为日军侵占宁波主要出于两个方面的考虑，即给国民政府以政治上之压力和通过杭甬间的铁路线及省道线占领杭州进而威胁南京。其二，报告对日军可能登陆的地点进行了预判，指出可能登陆的地点有六个，即横山埠及江站豆间、穿山附近、三山、长跳嘴与镇门口、甬江口、澥浦与伏龙山之间，并对每个可能登陆地点的利弊做了全面分析。其三，报告对原有的防御力量从两个方面进行了评估，一是炮台年久失修，大炮都是旧炮且用的是黑火药，威力不足；二是三个营的防御部队不仅兵力不足而且装备极差。其四，报告基于镇海要塞的定位，面对防守区域大又不可能有充沛兵力的情况，提出了以少量兵力配置于防御地点，集中主力于后方，待机而动的防御方针。

---

[1]《蒋介石日记》（手稿），1932年2月25日；周美华编注：《事略稿本》（13），第291页。段瑞聪：《蒋介石与抗战时期总动员体制之构建》，《抗日战争研究》，2014年第1期。

[2] 关于德国军事顾问抵达宁波的时间和人员，由于行程机密，尚未见有关资料记载。据笔者推测，应该是在1932年4月。据德国军事顾问上报的《关于对在宁波登陆敌军以行防御之考虑》报告，"为检查起见，除威远炮台以外，特将各炮台中之各炮试射一发"。见：南京中国第二历史档案馆馆藏档案，案卷号七八七．2012。另查《宁波防守司令部镇海炮台总台部要塞弹药报告表》（1937年6月），在1932年只有4月份，要塞各炮奉浙江省主席鲁涤平的命令试射一炮。见：南京中国第二历史档案馆馆藏档案（无案卷号），镇海海防历史博物馆复印件。故由此推断，德国军事顾问在宁波的活动时间为1932年4月。

最后，报告提出了八条具体的战备建议，其具体内容主要有三点：1.加强交通建设，除了完成杭甬铁路，作为敌人以重兵登陆时保证极速之部队运输外，还要建设连接宁波与镇海及各防御重点地区的公路；2.增加防守兵力，编成海防旅（旅为步兵三团编制）。宁波为旅本部之驻地，炮台守兵与水雷连都要隶属于该旅；3.完成炮台和弹药改造、建筑相应的工事并完善指挥通信设施。

参谋本部对于德国军事顾问呈送的《关于对在宁波登陆敌军以行防御之考虑》报告予以高度评价，认为"虽为最低限度之一种防御方案，惟在我国现时情形之下，该项建议适合财政状况，如能依此建设，则海岸之防御力自可增强"。根据德国军事顾问呈送的报告，参谋本部拟定了《宁波防守计划》[1]。在计划书的前言部分，参谋本部对德国军事顾问提出的战备建议，全部予以采纳并提出了具体的落实措施：一是该地区防守司令业经发表，拟请就现有之国军中分拨一旅为守备队，以资训练而重防务。二是甬杭铁路拟请由铁道部限期完成。三是整理经费约需二百八十二万元，拟请拨给，以利进行。

《宁波防守计划》的主体，分为七个部分：一是敌情判断，二是方针，三是指导要领，四是兵力部署，五是水雷阻塞，六是交通及通信，七是其他事项。《宁波防守计划》的内容与德国军事顾问上报的《关于对在宁波登陆敌军以行防御之考虑》基本相同。其差异部分主要有以下三点：一是对敌情的判断，《宁波防守计划》认为，敌军如果在杭州湾北岸登陆或在长江下游作战遭遇顿挫，就有可能在杭州湾南岸或象山港附近登陆。其进攻宁波的目的，除了利用杭甬铁路及杭甬省道，企图进占杭州后策应其长江方面作战和给予

---

[1]《宁波防守计划》，南京中国第二历史档案馆馆藏档案，案卷号七八七.2011.《计划》没有标注时间，《申报》于1932年6月12日刊登了《宁波将设防守司令部》消息，根据该计划中"该地区防守司令业经发表，拟请现有之国军中分拨一旅为守备队，以资训练而重防务"来判断，《计划》是在1932年6月拟定的。

我政府以政治上之压迫外,还有夺取资源,以供其军用而减少我军资源的目的。二是采纳了德国军事顾问提出的集中主力于后方,待机而动的防御方针,并提出了三条指导意见:1.不论敌在何处地区上陆,须以敏捷之机动,乘其上陆未半,行猛烈之攻击,以压迫之于海中。2.万一敌军占优势,各炮台及海岸各高地均被占领时,须固守预备阵地,待余姚方面援军到达后,转移攻势为要。3.若敌以主力于伏龙山澥浦附近上陆,兼以一部于其他预想上陆地佯动时,须速以主力进出

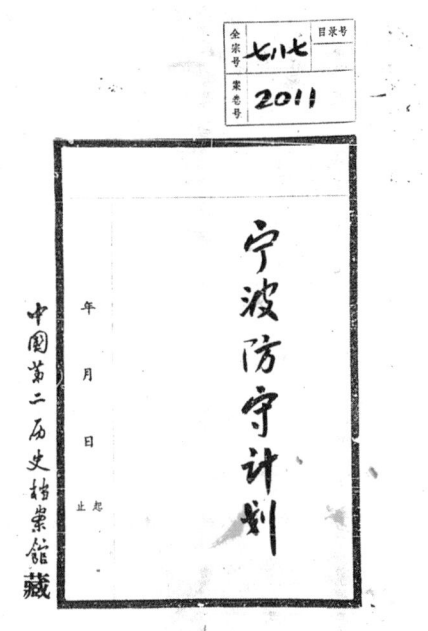

根据德国军事顾问的建议,参谋本部拟订了《宁波防守计划》

于澥浦方面而击破之。至其他方面,须利用各炮台或阵地以阻止之。三是兵力配备,除了成立一旅三团编制的海防旅外,还增加了一个拥有一个轻炮兵营、一个重炮兵营和一个高射炮连的炮兵团,并列出了总额近450万元的购置大炮、弹药清单。

在德国军事顾问的帮助下,《宁波防守计划》得以制订出来,为宁波开展抗战整军备战工作指明了方向。

三、开展军事整备工作

面对九一八事变以来日军入侵中国的严峻形势,1931年10月9日,宁波公安局召开警务会议,局长毛懋卿强调指出:"现暴日强占东省,屠杀同

胞，国亡无日，非武力不足以抗日救国。"为此，会议决定除加紧对所属警长实施军事教育，"所有各职员应同受军事训练，以为预备"，并相应制定训练的组织章程和实施细则。[1]宁属各县奉浙江省政府之令，先后组建保卫团。一般县设总团，由县长兼任总团长，各区设分团，其职责为保障地方安全，训练壮丁和后备兵员。不久又奉令抽编县区基干队和常备队，并组编商民训练队等。

"一·二八"事变后，宁波军事整备工作按照《宁波防守计划》的要求，在各方的努力下从四个方面加紧实施。

一是完善指挥系统、增加防守军力。为加强浙东防务，便于统一指挥各部，蒋介石下令在宁波设立防守司令部，"掌管防区内一切战备及警戒事宜，其区域为镇海要塞地带、外海水警局警区及宁波附近地区"[2]。王皞南[3]被任命为宁波防守司令部司令并兼任镇海要塞司令，管辖浙东沿海防务，但兵力只有2个营，并未达到《宁波防守计划》的要求。国民政府军事委员会本想将陆军第21师调往宁波，但遭到宁波商人团体的反对，未能成行。[4]直到1935年，国民政府军事委员会以整训的名义将原驻厦门的独立37旅调防宁波，担任宁波的守备任务，兵力才达到《宁波防守计划》的要求。关于炮兵团，限于当时的财政条件，没有组建，而是于1934年6月，在宁波防守司令部司令兼任乍浦、澉浦防守司令后，军政部将独立炮兵第四团由嘉兴调往乍浦，归宁波防守司令部节制。1937年8月，在独立37旅北上参加淞沪会战后，

---

[1] 《公安局将实施军事训练》，《申报》，1931年10月10日。毛懋卿为蒋介石发妻之兄。转引自傅璇琮主编：《宁波通史（民国卷）》，宁波出版社2009年版，第148页。

[2] 《宁波将设防守司令部》，《申报》，1932年6月12日。转引自傅璇琮主编：《宁波通史（民国卷）》，宁波出版社2009年版，第148、149页。

[3] 王皞南（1891—1938），浙江黄岩人，陆军大学第七期毕业生，1938年12月3日因"将军不知亡国恨，敌机声下进洞房"在金华被枪决。

[4] 1932年11月17日，宁波商业团体召集会议，电请蒋委员长将刘珍年部调往他处，因甬埠军警足敷维持治安，实无再行驻扎大军必要。见鄞县县政府教育科：《鄞县大事日记簿》第一至二册，宁波市档案馆馆藏档案，案卷号6-1-116。

宁波由新34师接防,11月新34师调离宁波。1938年春,独立37旅在昆山补充整训后,复回宁波,改编为第10集团军第194师,师长陈德法[1],下辖三团,成为防守宁波的主干力量。

二是开展交通建设。沪杭甬铁路宁波至曹娥段1914年即已建成通车。但闸口至百官段77公里,还未建设。对于杭甬铁路建设,早在1932年6月19日,蒋介石就致电铁道部部长顾梦余:"杭甬路尚有一段未成,此路甚短,且于沿海国防为东南唯一铁路,如此路果成,则宁波至上海可省数倍兵力,如能于庚款中提出修筑,则轻而易举也,如何请核夺。"[2]但由于经费紧张,直到1934年11月11日,铁道部通过对外借款1600万元才完成沪杭甬铁路合同的签订工作。闸口至百官段于1936年开始建设,到1937年11月建成通车。限于当时的技术条件,曹娥江无法架设桥梁,连接宁波到杭州的杭甬铁路在曹娥江形成断点。

对于宁波的公路建设,蒋介石在1932年9月24日电令浙江省主席鲁涤平:"宁波各要塞至后方交通各道路[3],有否切实进行?望责成该要塞司令与各县负责征工征地,限于今冬明春农暇时完成,政府则仅备涵洞与桥梁可也。"27日,鲁涤平复电:"宁波区道路,当遵规定严饬进行,要塞工程费已由本府垫给金库券洋二十万元,交王司令具领,并饬加紧构筑。"[4]宁波防守司

---

[1] 陈德法(1901—1975),浙江诸暨人,黄埔军校一期毕业,1937年参加了上海"八一三"淞沪抗战,多次击退日军疯狂进攻。1938年6月授陆军少将,后随部队调防宁波,参加了镇海口两次抗日作战。1949年随陶峙岳在新疆起义,曾任中国人民解放军第9军副军长、22兵团副参谋长。
[2]《蒋委员长致顾梦余部长指示粤汉铁路北段与南段应同时并修又甬杭路亦应于庚款中提出修筑电》(1932年6月19日),秦孝仪主编:《中华民国重要史料初编·对日抗战时期·绪编(三)》,(台北)"中央"文物供应社1981年版,第467页。
[3] 秦孝仪主编:《中华民国重要史料初编·对日抗战时期·绪编(三)》,(台北)"中央"文物供应社1981年版,第292、293页。
[4] 南京中国第二历史档案馆馆藏档案,案卷号七八七.2342。《鄞县志》认为,《宁波区海防设备实施计划》的制订时间为1936年,见鄞县地方志编纂委员会:《鄞县志》,中华书局1996年版,第1228页。《镇海县志》认为该计划是德国军事顾问佛采尔1934年拟订的,见镇海地方志编纂委员会:《镇海县志》,中国大百科全书出版社1994年版,第265页。本文以档案标注的时间和成文单位为准。

令部成立后加紧了对公路建设的督促。1933年3月2日,宁波防守司令部专门召开浙东鄞、镇、慈、余、象等五县公路会议,要求五县公路限于1934年6月完成。在浙江省政府和宁属各县的努力下,公路建设基本上按照计划的要求完成,其中,最重要的宁波到穿山的宁穿公路于1932年10月动工,1934年7月建成。由于经费不足,鄞县县政府采取官商合作的办法,通过旅沪宁波同乡会发起成立宁穿长途汽车公司,筹措所需经费使工程得以顺利完成。五乡碶到长跳嘴的军用公路,由陆军工兵于1936年修筑,衔接宁穿公路。

三是完成防御工事。1933年7月22日,宁波防守司令部拟定了《宁波区海防设备实施计划》[1]。《实施计划》首先对《宁波防守计划》所设想的六个登陆点进行了筛选,指出其中三处最为危险,首要是甬江两岸及长跳嘴、老鼠山一带,其次为穿山岭至沿亭湾一带,再次是伏龙山至澥浦一带。计划着重指出,"本区沿线辽阔,兵力不多,欲于沿海一带取纵横严密之配备,其势有所不能,惟能于前述三地区沿海各要点,构筑永久工事,以使敌难以上陆为要旨"。根据这一判断,《实施计划》将防御工事分为主阵地、辅助阵地和预备阵地三种类型。《实施计划》主要是修筑沿海阵地及其附属设备的计划,并提出分两期完成工事修筑工作的时间表。其中,第一期主要为主体防御工事,计长13公里,于1934年底完成。第二期主要为补充工事,计长8公里,于1936年底完成。

四是调整炮位,换装新弹药。镇海要塞炮台的整理工作由浙江海防委员会负责。这是要塞整备的关键环节。它不仅费用昂贵,而且技术性强,因此在如何整理问题上,各方争持不下,导致镇海要塞炮台整理迟迟未能进

---

[1] 1932年12月,城塞组成立,并聘请在华的德国军事顾问参与协助,统筹修理各要塞和国防工事。

行。1934年2月21日,参谋本部城塞组[1]军事股长徐人杰抵达宁波,视察镇海要塞。4月,德国军事顾问、海防专家劳威递交了《关于整理镇海海防之雏见》[2]。他指出,镇海炮台面临的最重要的问题是炮位配置散乱及射击指挥器材与新式弹药的设备不全两项。用散乱配置的缓射炮,又缺乏新式弹药和共同的指挥,很难集中炮火击中能迅速移动的日舰。在经费紧张的情况下,换装新式炮已不现实。对此,劳威建议,炮台整理最经济的办法是,调整炮位,更新射击指挥器材与新式弹药。劳威还绘制了炮台调整和观测所的位置示意图。5月5日,参谋本部城塞组主任王鹗等来宁波,检验防守司令部[3],应该是来指导炮台的整备工作。此后,对炮台的改造调整工作开始进行,安远、平远、绥远3台因位置偏内且系三合土炮台,不耐炮弹轰击被裁撤,另在青峙拊口门炮台山建镇远新炮台。这样,镇海要塞炮台经调整后只有威远、宏远和新镇远三座。其中,威远拥有克虏伯21公分口径大炮1门;宏远拥有克虏伯24公分口径的大炮2门、17公分口径的大炮1门;新镇远拥有克虏伯21公分口径大炮4门。炮台虽然使用的还是老式克虏伯大炮,但都换装了新式弹药。各台都改为钢筋混凝土炮台,弹药库、观测所、探照灯台也作更新补充,并配高射炮排。

为了应对日机可能进行的空袭,1935年宁波开始研究加强空防力量。鄞县县长陈宝麟强调:"宁波为通商口岸,地处沿海,一旦对外有事,极易受敌空军袭击。吾们居于斯、食于斯,对于防空问题应如何设法研究,准备一

---

[1] 鄞县县政府教育科:《鄞县大事日记簿》第四至五册,宁波市档案馆馆藏档案,案卷号6-1-118。
[2] 从《关于整理镇海海防之雏见》的内容来推断,劳威应该随着徐人杰来过宁波。南京中国第二历史档案馆馆藏档案,无案卷号,镇海海防历史博物馆复印件。
[3] 鄞县县政府教育科:《鄞县大事日记簿》第四至五册,宁波市档案馆馆藏档案,案卷号6-1-118。

切,以期应付。"[1]他主张首先应从市内建筑和消防两个方面入手。10月,即设防空监视哨于宁波城内鼓楼。为了进一步加强宁波城区的防空工作,1937年2月在宁波城区成立了由行政督察专员任会长的宁波防空协会。7月,又在城内成立鄞县防护团,由县长任团长,分3个区团、9个分团,并设消防、警报、灯火管制、交通管制、救护、警备等8个队。8月12日,县防护团进行了消防和交通管制演习,为日机可能进行的轰炸做准备。

在加强空防的同时,鉴于沿海渔业资源遭到日本渔轮侵夺的情况,1935年5月,第五区行政督察专员赵次胜倡议建立了宁波渔业警察局,既保护了渔民,又加强了海防。[2]

随着局势日趋严峻,1936年宁波开始对普通民众实施军事训练,如3月21日,鄞县对全县童子军举行第3次总检阅,1500多名童军受检。[3]7月,余姚举办全县小学教职员集训班,实施军事训练,并开设"中日甲午战争"等专题讲座。

在各方的共同努力下,宁波军事整备工作得以顺利开展,增强了宁波的反侵略能力,并在延缓宁波沦陷的过程中发挥了重要作用。

---

[1] (民国)《鄞县通志·政教志乙编·防务·附陈宝麟宁波防空上的两个重要问题》。转引自傅璇琮主编:《宁波通史(民国卷)》,宁波出版社2009年版,第149页。

[2] (民国)《鄞县通志·政教志乙编·警务·渔业警察局》。转引自傅璇琮主编:《宁波通史(民国卷)》,宁波出版社2009年版,第149页。

[3]《全县童军总检阅》,《申报》,1936年3月23日。

第三章

抗日救亡运动的高涨

一、抗日救亡运动的勃兴

1937年7月7日，日军悍然发动卢沟桥事变，日本蓄谋已久的侵华战争全面爆发。8月13日，日军将战火蔓延到上海。与上海仅一水之隔的宁波也立即变为抗战前线。14日，国民政府发表《自卫抗战声明书》，指出：中国之领土主权，已横受日本之侵略，"中国决不放弃领土之任何部分，遇有侵略，惟有实行天赋之自卫权以应之"[1]。同时又发布命令："兹以外侮紧迫，京沪、沪杭两铁路沿线各县，及鄞县、镇海等处，着自即日起，宣告戒严。"[2] 当日下午5时30分，9架日机侵入奉化、宁海、象山领空侦察，宁波防守司令部于14日晚10时宣布宁波城区戒严。[3] 24日，日机首次向栎社机场投弹轰炸，27日开始对作为浙东门户的镇海城区进行轰炸。[4]

面对日本的侵略，宁波民众"猝聆消息，共表愤慨，奔走相告，空气紧张，其一种痛痒相关之情绪，不啻视国事视家事也"[5]。《时事公报》刊发社评，严正指

---

[1]《对现在中日局势我政府发表声明》，《时事公报》，1937年8月15日。
[2]《国府命令京沪杭鄞即日戒严》，《申报》，1937年8月14日。
[3]《宁海奉化象山均有敌机过境》《甬埠昨晚临时戒严》，《时事公报》，1937年8月15日。
[4]《敌机飞浙境侦察》，《申报》，1937年8月28日。
[5]《卢沟桥事件又告突变》，《时事公报》，1937年7月11日。

出：日本"侵略之野心，已经完全暴露"，"惟望朝野一致，对此事有进一步之认识而变以前应付之态度"，"决不撤退在我国土内任何地之驻军，敌如来犯，迎头痛击"[1]。14日，《时事公报》又发表社论："一·二八"时期，"这种共赴国难的精神和态度，是中华民族的复兴的征象，是中华民族不亡的主要力量……目前的中国，唯有抵抗，才是出路；当这个关头，只有国家，是高于一切"[2]。宁波各阶层民众迅速行动起来，组建抗敌后援会等救亡团体，广泛开展抗日救亡宣传，为前方将士募钱输物，救护前线受伤官兵，甚至奔赴前线参军入伍。

在宁波城区，卢琼英等联络原宁波各界救国会成员和其他爱国青年，组织"宁波职业青年业余宣传队"，在城区街道和近郊开展演讲、歌咏、演剧等各种抗日宣传活动。8月中旬，又组建为"第四十二宣传队"，深入工厂、农村，演出《放下你的鞭子》《打回老家去》等救亡戏剧，演唱《义勇军进行曲》《大刀进行曲》等抗日歌曲。在慈溪东乡，晋群小学校长严式轮发动师生和当地知识青年成立"慈东青年抗日救亡宣传队"，在慈东各乡镇巡回演出。在镇海城关和小港、横河、大碶、前绪、柴桥，当地的爱国师生和从上海回乡的失学失业青年，纷纷组建"抗日救亡工作团""抗日救亡宣传队""战时服务团"等组织，进行演讲、演剧、抵制日货和救护伤员等救亡活动。[3]

杭州沦陷后，浙江省立高等师范学校停办，胡华回到家乡奉化，和一些进步青年一道参加了中共浙东地下党组织领导的抗日救亡运动。他发起组织了"醒民剧社"，以演剧、歌咏等形式到农村进行抗日救亡宣传活动，后来他又和三四个青年办起了《战时大众》报，油印了三期，又铅印了多期。这是

---

[1]《卢沟桥事件又告突变》，《时事公报》，1937年7月11日。
[2]《上海的炮声响了——我们要恢复"一·二八"时期的精神》，《时事公报》，1937年8月14日。
[3] 中共宁波市委党史研究室：《中共宁波党史》第一卷，中共党史出版社2001年版，第155—157页；邬家葳、胡苏、范雨峰：《宁波各界抗日救国会始末》、毛元仁：《镇海人民爱国救亡活动纪略》，政协宁波市文史资料委员会编：《宁波文史资料》第十三辑，1992年12月印行，第5、9、12页；施正：《情系延河水——记胡华和张岱》，政协宁波市暨各县（市、区）文史资料委员会编：《宁波文史资料》第十六辑，1995年6月印行，第272页。卢琼英、严式轮均为失去组织关系的共产党员。

一张八开小报,用奉化方言通俗讲述抗战的形势和必胜的道理并报道各地抗战消息。胡华把每期小报都寄一份给在延安的毛泽东。1938年7月10日,中共领袖毛泽东从延安给当时未满17周岁的胡华写了一封信。毛泽东在信中高度评价了胡华的工作:"《战时大众》执事先生:收到贵报,你们用通俗的文字,向人民大众进行抗日救亡的宣传,这一工作很好,希望报纸由宣传工作,进而起到组织群众的作用。"[1]胡华收到这封信后仅过了三个月就奔赴延安,后来把毕生精力都贡献给中共党史研究事业。

宁波教育会、青年会、律师公会、学校、教会、新闻机构等单位团体为在物质上援助前方将士,纷纷以各种方式开展劝募活动。七七事变后,《时事公报》刊登代收29军将士慰劳金启事,指出29军忠勇卫国,坚守阵地,"其为国牺牲之精神,实足使我后方同胞感激涕零","所望各界同胞踊跃输将,为我抗敌将士后盾"[2]。上至老人下至孩童,都纷纷解囊,就连生活窘迫的广大底层民众,也积极应募。比如7月19日,有一对7岁和6岁的兄弟,在家人陪同下前往劝募处,分别捐出2角6分和2角5分。工作人员问他们为何要捐,这对小兄弟昂然回答:"我们不愿做亡国奴!"并寄语前线壮士奋勇杀敌。[3]再如一位叫周美玉的市民,遵照母亲遗命,为申有国而后有家的大义,停止举办奠礼,"将新收礼品折合为一百元,连同本宅置办奠菜用费一百元,一并移充慰劳抗敌前线将士"[4]。鄞县纪氏族人,也停办宗祠七月半羹饭,"折费移助于抗敌之用"[5]。仅据《时事公报》一个劝募点统计,截至8月14日,就共募得慰劳金11189.30元。[6]

---

[1] 于延俊、王家淼:《毛泽东1938年致胡华的亲笔信研读记》,《党史文汇》,2003年12期。
[2] 《本报代收二十九军将士慰劳金启事》,《时事公报》,1937年7月17日。
[3] 《二十九军忠勇抗敌 后方民众热诚慰劳》,《时事公报》,1937年7月19日。
[4] 《谢唁并将奠礼筵资移助抗敌将士启事》,《时事公报》,1937年8月13日。
[5] 《各界民众忾同仇踊跃输将慰劳前方将士》,《时事公报》,1937年8月13日。
[6] 《本报代收前敌将士慰劳金逐日报告》,《时事公报》,1937年8月15日。

随着淞沪抗战日趋激烈和日机对宁波轰炸不断加剧,为承担从上海来甬中转的负伤官兵和敌机轰炸宁波城乡的救护工作,鄞县红十字分会于8月下旬紧急组建救护队,众多青年男女踊跃报名参加,出生入死,夜

1937年"八一三"淞沪抗战爆发后,奉化同乡会救护队用卡车护送从上海转到宁波的伤员

以继日地忘我工作。在日机对栎社机场和宁波城乡的历次轰炸中,宁波红十字会救护队均在空袭声中奔赴现场抢救。每当收到上海发船的电报,红十字会立即组织安排接待事宜,救护队员则做好一切准备,按时到江边轮埠迎候。路旁群众也都会主动前来扛抬担架,人力车夫则不要车资自愿义务拉车。华美、中心等医院的医生和护理人员也尽全力出动,救死扶伤。七塔寺、青年会和民光、甬江影剧院等公共场所都临时被辟为接待站。从上海经宁波中转的伤员,先后不少于10批,每批人数少则数十,多至一二百。因宁波地处海防前线,伤员不宜久留,一般都须转送南昌、永康等地的后方医院。无论是用火车还是汽车、民船转送,救护队均派员护送,直至目的地有了交代,才整队返回宁波。[1]

对于在沪宁波难民,宁波旅沪同乡会秉承救助同乡的一贯宗旨,成立特种委员会予以救济。淞沪会战期间,宁波旅沪同乡会先后在四明公所、定海会馆、宁波实业银行、慈乐里等处建立了14个难民收容所,收容、援助涌入

---

[1] 戴庆琦:《宁波红十字会救护队救护抗战伤病员纪实》,政协宁波市文史资料委员会编:《宁波文史资料》第十三辑,1992年12月印行,第184—186页。

租界的 8 万多名难民,并免费向他们提供食宿医疗。为方便甬籍难民回到家乡,宁波同乡会通过不同形式,要求轮船减价。沪甬航线自华义航业公司"恩德"轮收回自行后,继之新北京轮船,亦因宁绍公司租期告满,由太古公司继续行驶沪甬航线,但票价高,官舱每人 10 元、房舱 5 元、统舱 3 元。宁波同乡会考虑到淞沪战争之时,因难民骤增,票价不宜过高,因此致函太古公司:"值此避难之时,大都急不择价,忍痛购买,然究非出于自愿,适种日后之恶感。尚祈贵公司俯察目前环境,对于北京轮船票售价,应请酌减,以轻敝乡人乘船者之负担,尤为感企。"[1]

  随着日军侵华战争日渐扩大,一批批宁波爱国青年毅然以身许国,或奔赴抗日圣地延安,或赶往前线加入八路军、新四军,直接参加对日作战。其中,以"第四十二宣传队"为主,即有 30 多人于 9 月间分批北上。第一批由谢相箴、范雪峰等发起,约同王莘耕、厉全起、沈鞠如、陆平等,各自瞒着家人,于 9 月 4 日从宁波出发,至余姚马家路村集合,组成"宁波战时流动宣传队",然后乘船渡过曹娥江,经杭州、苏州、南京,循津浦路、陇海路西进。他们以歌咏、演剧、绘画等各种形式向沿途民众进行抗日救亡宣传,收到了很好的效果。10 月,王莘耕等一行 15 人进抵西安,与稍后出发但已先期到达的卢琼英姐妹会合。后经三原八路军办事处介绍,抵达延安,分别进入抗日军政大学和陕北公学学习。第三批邬家箴等 10 余人也在 9 日出发,12 月到达延安。从当年 11 月至 1938 年间,又有鄞县、慈溪、镇海、余姚、奉化、象山等县的 30 多名爱国青年或奔赴延安,或经武汉八路军办事处介绍去山西临汾八路军学兵队学习,有的则就近参加了新四军。[2]

---

[1] 《利便难民应减船价》,宁波市政府文史委员会编:《〈申报〉宁波旅沪同乡社团史料》(下),宁波出版社 2009 年版,第 654 页。

[2] 林形如(即范雪峰):《宁波战时流动宣传队北上记》,政协宁波市暨各县(市、区)文史资料委员会编:《宁波文史资料》第十六辑,1995 年 6 月印行,第 249—260 页;中共宁波市委党史研究室:《中共宁波党史大事记(1919—1949)》,1991 年 6 月印行,第 87 页。

面对日军对中国的全面侵略,宁波人民与全国人民一起共赴国难,以昂扬的斗志投身到对日斗争中去。

二、中共宁波地方组织的重建

西安事变和平解决后,中共也实现了从"反蒋抗日"到"逼蒋抗日"再到"联蒋抗日"的转变。1937年2月10日,中共中央根据共产国际意见,发出《中共中央给中国国民党三中全会电》,提出五项基本要求和四项基本保证为条件,建立以国共第二次合作为基础和主要内容的抗日民族统一战线的主张,明确表示承认南京政府的领导地位,放弃苏维埃运动,以争取"联蒋抗日"。七七事变的爆发,标志着民族矛盾超越阶级矛盾成为当时中国社会的主要矛盾。7月中旬,中共代表周恩来等将《中国共产党为公布国共合作宣言》交给蒋介石,呼吁建立以国共合作为基础的抗日民族统一战线,号召开展全面的全民族的抗战,战胜日本帝国主义的侵略。9月22日,国民党中央通讯社发表了《中国共产党为公布国共合作宣言》。次日,蒋介石发表了实际上承认中国共产党合法地位的谈话。《中国共产党为公布国共合作宣言》和蒋介石谈话的发表,标志着第二次国共合作的正式实现。

国共第二次合作的建立和人民抗战情绪的高涨,为中共宁波地方组织的重建提供了有力的政治条件和群众基础。宁属地区虽因1932年遭国民党全面破坏,中共地方组织暂不存在,但一些失去组织关系的党员和进步青年仍在积极主动地组织参与抗日救亡活动。特别是隐蔽在鄞东观音庄一带的鲍浙潮、竺扬、周鼎、陈秋谷等积极团结进步青年,举办民众时事讲座,组织"生活剧团"和救亡组织"生活团",从事抗日救亡活动。随着活动范围的逐渐扩大和民众抗日情绪的不断高涨,鲍浙潮等日益感到党的组织和党的领导的重要。

1937年6月底,经党组织营救,朱镜我[1]获释出狱后,奉派负责恢复浙江党组织工作。他以回家乡养病名义回到宁波后,与失去组织联系的中共党员取得了联系。经过调研,他对宁波的形势有了深入的了解,认为,宁波恢复地方党组织的时机已经成熟。他对前来要求提供指导帮助的鲍浙潮等指出,同志们目前正在进行的工作的方向与方法都是正确的,但"抗日战争已肯定是长期的,我们工作发展范围将愈来愈大,工作任务也必然愈来愈重,

朱镜我,1941年1月在皖南事变中牺牲

可是这里还没有党组织,等于我们还没有灵魂,这是不行的"。进而又指出,失去组织关系的党员"在此国难临头,理应负起一个党员的职责,不应坐等",并且提议"先成立一个临时组织,来替党担当工作"[2]。经过慎重讨论研究,鲍浙潮等一致赞成这一提议,决定由朱镜我、鲍浙潮、竺扬、周鼎、陈秋谷等5人组织成立过渡性的临时组织——中共宁波临时特别支部,推举朱镜我为书记。9月,在朱镜我的领导下,中共宁波临时特别支部建立,党组织活动中止多年的宁波地区重新有了党的领导。自此,宁波的抗日救亡运动和党组织的恢复发展,就有了坚强的领导核心。

中共宁波临时特别支部是在特殊条件下建立的过渡性组织,能否生存发展并在救亡运动中发挥作用,关键在于能否及时取得中央和上级党组织

---

[1] 朱镜我(1901—1941),原名朱德安,又名得安,浙江鄞县人。从日本留学回国后,面对白色恐怖的局面,他义无反顾地于1928年5月加入中国共产党。因从事革命宣传活动,于1935年2月被国民党当局逮捕。

[2] 鲍浙潮:《抗日战争时期宁波党的重建》,《宁波党史资料》(内部资料),1984年第2期。

的领导。为此，"临支"一经成立，朱镜我即抱病前去上海，并顺利通过八路军驻沪办事处负责人，同时也是朱在创造社和中央文委工作时的挚友潘汉年，正式接上了与上级党组织的关系。上级党组织肯定了宁波临时特别支部的工作，同意恢复"临支"成员的党籍，同时为适应斗争需要，决定撤销宁波临时特别支部，另行成立"中共浙东临时特别委员会"，以原临时支部的5个成员为委员，朱镜我为书记。10月上旬，朱镜我返回宁波，浙东临时特委便在鄞东观音庄正式成立。浙东临时特委的成立，使中断5年之久的宁波各级地方党组织重新建立起来。不久，朱镜我奉南京中央代表团指示赴杭州主持筹建党的全省性领导机构。11月上旬，"中共浙江省临时工作委员会"在杭州成立，由此浙东临时特委便同省临工委建立了隶属关系。省临工委成立后，朱镜我仍回宁波主持浙东临时特委工作，并将特委机关由观音庄迁到宁波南门外船埠巷，以方便开展工作。

当时国共两党的第二次合作虽已建立，但宁波的形势依然相当严峻，政治活动仍受到国民党党部的监视与限制。根据这种微妙局势和党中央关于国统区党的工作的基本方针，朱镜我及时提出："要从开展群众运动中去壮大党的组织，要从壮大党的力量中去扩大党在群众中的阵地"，"在两党统战局面已经形成以后，我们对国民党的反动性，虽仍须警惕，但在不超越我党救国十大纲领范围内，对群众工作，应尽量争取合法化、公开化，不应再保持'完全隐蔽'的消极方式"。[1] 浙东临时特委决定以此作为自己的工作方针。这个方针切合宁波实际，尤其是解除了长期白色恐怖对党员造成的思想禁锢，为迅速打开工作局面指明了正确方向。

根据朱镜我确定的工作方针，浙东临时特委首先从进一步开展群众性抗日救亡活动入手，积极扩大党的群众基础和外围组织。在继续办好生活

---

[1] 鲍浙潮：《抗日战争时期宁波党的重建》，《宁波党史资料》（内部资料），1984年第2期。

剧团,加强救亡宣传的同时,又派遣党员参加合法抗日团体,广泛团结各界群众,编辑出版《迅雷》等救亡刊物,翻印中央领导同志和八路军将领的有关论著,及时组织时事报告会、座谈会,尽力以各种形式扩大宣传范围,增强宣传效果。此外,还与地方当局商议组织民众抗日游击武装——飞鹰团,举办训练班,并出版团刊《野战》。与此同时,浙东临时特委一面审查恢复竺一平、卓子英、庄禹梅、邬仁扬等10余人的党籍,一面培养发展秦加林、詹步行、陈冠商等一批进步青年入党。到1937年底,在鄞县和奉化等地建立了党的支部,拥有党员20多人。翌年4月,恢复建立了鄞东、鄞南2个区委和宁波城区、奉化、镇海、宁海等地的9个支部,党员达到130余人,宁属地区党的重建工作取得重大进展。[1]

1938年5月7日,中共浙江临时省委成立。会后不久,临时省委派常委顾玉良[2]组建宁绍特委。顾玉良根据临时省委的指示,成立以其为书记的中共宁绍特委,管辖宁属的鄞县(宁波)、奉化、慈溪、镇海、定海、象山和绍属的余姚、上虞、新昌、诸暨、绍兴、萧山及宁海等14个县,浙东临时特委即行撤销。宁绍特委成立后,提出了以后的工作方针和任务,即大力发展党员,整理和建立党的下级组织,积极宣传贯彻党的《抗日救国十大纲领》,广泛组织和发动群众开展抗日救亡运动。

在宁绍特委的领导下,1938年5月,中共鄞县县委、慈溪县工委(翌年1月改为县委)、奉化县工委相继成立。7月初,中共余姚县工委成立。8月,又成立了中共镇海县工委。12月,为了开辟四明山区党的工作,准备开展抗日游击战,宁绍特委将鄞县、奉化两县西部划为一个地区,成立中共四明特区

---

[1] 中共宁波市委党史研究室:《中共宁波党史大事记(1919—1949)》,1991年6月印行,第89、91页。
[2] 顾玉良(1904—1993),又名顾建业,上海嘉定人。1927年1月由共青团员转为中国共产党党员,曾长期做工人和交通工作。1933年6月,被国民党当局逮捕,被判处无期徒刑。全面抗战爆发后,经八路军驻南京办事处营救出狱。1938年1月,受中共中央东南分局派遣到浙江工作,任中共浙江省临工委书记。5月,中共浙江省临时省委成立,任常委兼宁(波)绍(兴)特委书记。

委。1938年初,中共浙东临时特委派竺扬去宁海恢复党组织,通过恢复几个共产党员的党籍,建立了党支部,5月起,隶属宁绍特委领导。10月,在中共台属特委的领导下,中共天(台)宁(海)中心县委成立。

经过浙东临时特委和宁绍特委认真贯彻大力发展党组织、广泛开展抗日救亡运动的正确方针,到1938年夏秋间,宁绍地区各县的县一级党委已基本恢复。据同年7月的统计,全区有党员400余人。[1]从此,宁波人民的抗日救亡运动在党的领导下,开始出现新的局面。

三、抗日民族统一战线在宁波的形成

1937年9月,中共闽浙边临时省委与国民党闽浙皖赣四省边区主任公署和谈的成功,标志着红军挺进师浙南三年游击战争的胜利结束和第二次国共合作在浙江的正式形成。[2]以国共第二次合作为核心的抗日民族统一战线在浙江的建立,为宁波建立抗日民族统一战线塑造了良好的外部环境。

建立抗日民族统一战线是宁波有识之士的共同呼声。七七事变发生后,宁波最具影响力的报刊《时事公报》即发表社评,呼吁"朝野一致","以举国之力量"与敌周旋。[3]7月中旬,在基督教青年会举办的民众慰劳29军大会上,当主持人宣布开会后,即有一位罗姓女士登台高声疾呼:"中国已经到了非生即死的最后关头,全国应该一致起来争取生存!"[4]而释放政治犯是凝聚人心,团结抗日,建立抗日民族统一战线的重要一环。鄞县律师公会因国难深重,致电司法部,要求立即释放在押政治犯。支持这一动议的民众也公开表示:"政治犯则大抵皆是有意识、有相当的事理判断力的人。在这个时候,他

---

[1] 中共宁波市委党史研究室:《中共宁波党史》第一卷,中共党史出版社2001年版,第163页。
[2] 中共浙江省委党史研究室:《中国共产党浙江历史》第一卷,中共党史出版社2011年版,第290页。
[3] 《卢沟桥事件又告冲突》,《时事公报》,1937年7月11日。
[4] 《记青年会民众歌咏团慰劳29军歌咏募捐大会》,《时事公报》,1937年7月23日。

们当知道共赴国难的重要。""对这一些人的力量,我们也相信其对于这非常时期的社会国家能有相当利益。所希望的是司法部能当机立决,不稍犹豫。"[1]在民众的强大压力之下,浙江省高等法院于8月14日发出训令,要求省高等法院鄞县第三分院和鄞县地方法院准予取保开释所有政治犯。[2]9月25日平型关大捷的消息传来后,宁波《时事公报》用醒目的标题刊登上海各界抗敌后援会致八路军总指挥朱德的贺电:"捷报传来,举国振奋。尚希乘机长驱,灭此朝食。"[3]《时事公报》对共产党及其武装投身全民族对日战争的认可表明,在宁波建立抗日民族统一战线的时机已经成熟。

1937年7月17日,地处象山港边的鄞东咸祥各界民众为支持前方抗战,发起成立抗敌后援会,次日又致电29军军长暨全体抗日将士。"八一三"事变的消息传到宁波后,鄞县地方当局也于14日组织成立鄞县抗敌后援会,推举王文翰、张申之、金臻庠、俞佐宸等15人为执行委员,并于当日致电上海市市长俞鸿钧转前敌将士:

溯自卢变爆发,日侵日深,威胁察绥,喋血平津。近因华北不逞,乃转而谋我淞沪,战舰云集,胡骑横行,轰炸杀戮,惨绝人寰。幸赖我前敌将士,本"一·二八"抗战精神,抱大无畏牺牲精神,迎头痛击,誓死周旋,大义彪炳,争辉日月。惟大战序幕既开,敌寇势焰方张,尚祈益矢忠贞,继续奋斗,不惜头颅,不吝热血,歼彼丑虏,保我国土。本会率领全县民众,誓为后盾。谨电勉慰,诸希垂察。[4]

鄞县抗敌后援会虽由地方当局组织,但其中也包括了各文化机关、民众团体、相当一批爱国士绅以及共产党人。随着战争的不断深入扩大,这些共产党人与爱国人士的活动空间和影响力也随之扩大。比如担任该会"第

---

[1] 揆一:《"释囚"我见》,《时事公报》,1937年8月15日。
[2] 《鄞高地两院准保释已未决各犯》,《时事公报》,1937年8月15日。
[3] 《沪抗敌后援会电贺八路军告捷》,《时事公报》,1937年9月29日。
[4] 《鄞县抗敌后援会慰勉淞沪华北抗敌将士》,《时事公报》,1937年8月15日。

四十二宣传队"队长的卢琼英便是失去组织关系的中共党员,而庄禹梅则是在恢复党籍后由中共浙东临时特委派遣进入该会担任执行委员。因此,从某种意义上说,鄞县抗敌后援会也带有抗日民族统一战线的某些性质。

1937年11月,面对淞沪会战期间日机、日舰不断侵扰镇海、宁波的严峻军事形势,浙江省临工委发出关于"加强统一战线,组织群众,准备武装抗日"的指示,中共浙东临时特委指派鲍浙潮出面同鄞县县长陈宝麟商谈组建民众抗日游击武装。商谈决定成立带有抗日武装性质的飞鹰团,由陈宝麟任团长,鲍浙潮任副团长,竺扬任联络股长,朱镜我、庄禹梅任政治教官,并于月底在洞桥天王寺举办"民众抗日游击干部训练班"(又称飞鹰团训练班)。飞鹰团明面上虽由鄞县县长任团长,并由县政府社训总队督导员担任军事教官,但陈宝麟热心抗日救国,又不过问具体事务,所以实际领导权掌握在中共浙东临时特委手中。"特委"充分利用这一合法组织,以自己掌握的"生活团"为基础,吸收鄞县、奉化一带失去组织关系的党员和爱国青年80余人前来受训。训练班除设置军事课程外,还宣讲中共《抗日救国十大纲领》以及社会科学知识,并要求学员返回各乡镇后广泛组织抗日游击武装,保卫家乡。宁波建立抗日民族统一战线的工作不断深入推进。

1937年12月,原属桂系的黄绍竑接替朱家骅出任浙江省政府主席。次年2月,黄绍竑在共产党人的推动帮助下,以组织动员全省人民团结抗战为宗旨,制定颁布《浙江省战时政治纲领》,同时又下令全省各县组建战时政治工作队,其基本任务为:"后方县队的工作,以动员民众抗战为重心,前方县队及省队,则以深入敌区,展开对敌斗争为最高之要求。"[1]《浙江省战时政治纲领》颁布后,黄绍竑于2月27日发电给各区行政督察专员和县长,再三强调,《纲领》所规定事项"为政治上贯彻抗敌自卫国策等最低限度之要求,务于

---

[1] 黄绍竑:《黄绍竑回忆录》,广西人民出版社1991年版,第416页。

短期间内,全部实现,各级从政人员,皆当人手一篇,按此鹄的各运心力详加研讨……望平日从政体察所及,详细切计议,推行政纲各项方法,务于电到后五日内条陈备核。"[1]《浙江省战时政治纲领》是全省人民团结抗战的政治基础。它的颁布确定了全省人民抗战的共同方向,统一了全省战时行政的设施和一切民众救亡运动的步骤,充实了全省抗日的统一领导组织的政治力量,严厉地杜绝了一切违反抗战利益及妥协的主张,使抗战初期的浙江,有了一个为国共两党所共同遵循的政治纲领,是一个保卫浙江的纲领性文件。[2]

在宁波地区,余姚县于1938年3月成立县政工队,镇海、慈溪、鄞县、奉化、宁海各县也相继成立,甚至国民党驻甬陆军194师和宁波防守司令部也分别成立了政工队(194师政治队是1938年10月吸收沪甬青年成立的)。各县政工队的主体是爱国青年学生,一般多由县长兼任队长,但核心人物往往是中共党员,这些政工队虽人数不多,内部也较复杂,但有共产党员和进步青年参加,他们作风艰苦,工作活跃,在宣传、组织群众方面起了相当大的作用。其中最有代表性的是余姚县政工队。该县政工队队长由要求抗日的县长林泽担任,承担实际工作的副队长则由国民革命时期的共产党员郭静唐担任,5月中共宁绍特委又派鲍浙潮前来就任副干事长,而县队下属6个区队的正副队长也大多由共产党员担任。余姚县政工队规模最大时拥有90多名队员,其中有60多人被先后发展为共产党员。在中共的实际领导下,该县政工队高举抗日民族统一战线的旗帜,以各种形式广泛深入地发动和组织群众。由其所组织的青年救亡宣传室后被改组为拥有40多个支团、2万多名成员的战时社会服务队。同年夏季,政工队又和进步人士共同努力,促成余姚抗日自卫总队的成立。[3]

---

[1]《浙江省战时政治训令》,转引自楼子芳:《浙江抗日战争史》,杭州大学出版社1995年版,第93页。
[2] 楼子芳:《浙江抗日战争史》,杭州大学出版社1995年版,第91页。
[3] 陆学斌等:《抗战初期的余姚政工队》,政协宁波市文史资料委员会编:《宁波文史资料》第十三辑,1992年12月印行,第16—19页。

政工队实际上成为抗战爆发后宁波抗日民族统一战线的一种重要组织形式,在推动宁波团结抗战中发挥了积极的作用。

此外,在宁波地方当局控制的其他民众团体和党政宣传机关

1940年秋,余姚政工队全体队员在余姚龙泉山合影

中,也多有共产党人在积极从事抗日救亡工作。1938年2月《浙江省战时政治纲领》颁布后,鄞县当局即将抗敌后援会改组为抗日自卫委员会,并组建其他救亡团体。中共宁波地方组织相继派遣党员和进步分子参加"抗日自卫委员会""战时文化事业推进会""救亡宣传队""流动施教团"等官方组建的救亡团体开展工作。如庄禹梅担任了抗日自卫会和文化推进会委员。傅志评、孔令嘉等受命考入宁波城防司令部宣传队和鄞县县政府宣传队。在国民党194师宣传队、鄞县县党部郭青白宣传队和鄞县妇女会宣传队中,也有一些共产党员在忘我工作。[1] 他们和这些团体中的其他爱国者一起运用各种方式,宣传组织群众,推动着宁波地区抗日救亡运动的蓬勃发展。

抗日战争全面爆发后,在国民党控制十分严密的宁波地区,共产党组织仍未能公开活动,国共两党之间的合作只能以间接的方式进行。这就使宁波地区的抗日民族统一战线及其活动方式与全国层面很不相同,呈现出不完善和不稳定的特点。

---

[1] 中共宁波市委党史研究室:《中共宁波党史》第一卷,中共党史出版社2001年版,第168—169页。

四、抗日民族统一战线内部的合作与冲突

宁波抗日民族统一战线的建立,特别是《浙江省战时政治纲领》的颁布实施,为动员各阶层民众团结抗日提供了有利条件。中共宁波地方组织利用《浙江省战时政治纲领》规定的"严禁一切藉名苛派,设法减轻地租,改善贫民生活"等比较开明的措施,积极争取人民民主权利,改善工农大众的生活,激发人民群众的抗战情绪。

食盐是关系国计民生的重要物资。全面抗日战争爆发后,由于全国大批专卖市场已属沦陷区,食盐销路中断,廒商[1]停收,食盐无法出卖,盐民走投无路,生活十分困苦,而内地各省因无盐而备受淡食的痛苦。为了解决食盐运销问题,余姚党组织通过县政工队和上层人士推动县长林泽专电省府告急,促使省政府黄绍竑于1938年8月来余姚巡视,政工队派员面陈详情,要求省府电告国民党政府财政部盐运使设法解决。对此,黄绍竑非常重视,经与国民政府财政部协商,共同成立食盐收运处,负责食盐的收运工作,"不但解决了浙江盐民的生计问题,而且还救济了江西、湖南一部分的盐荒"[2]。在基层,余姚县政工队则发动盐民到盐场公署等地请愿,要求督促廒商收足上年盐额和当年产盐。经过多次呼吁、请愿和斗争,迫使廒商收购了部分食盐,并通过与盐政当局交涉,向盐民支付了现款,这是盐民多年来未有之事,大大激发了盐民参与抗日救亡运动的热情,有500多名盐民参加了政工队在盐场建立的救亡室。

余姚县政工队还运用黄绍竑开展战时合作工作的政策,从1938年秋天起先后建立周朝、大云、潭海和盐区等10余个战时合作社,在此基础上,于翌年6月建立了余姚战时合作社联合总社。战时合作社在稳定粮价、反对

---

[1] 旧时盐商的一种。两浙盐场贮盐地方称廒,故名廒商。
[2] 黄绍竑:《五十年回忆》,岳麓书社1999年版,第449页。

奸商囤积居奇和粮棉运销等方面起了相当好的作用,切实维护了抗日民众的切身利益。1939年5月,中共余姚县委以政工队出面,在各地青年救亡室成员中,开展抗日志愿兵运动,共有140名热血青年向县政工队报名参加志愿兵,组成余姚子弟兵连,被编入省抗日自卫总司令部第六支队第一总队,经过一个月的训练,赴海盐抗日前线杀敌。[1]

各县政工队在动员民众,推行战时政府法令,以及开展对敌斗争中发挥的非常重要作用,也得到中共浙江省委的肯定。在1939年7月召开的中共浙江省第一次代表大会政治报告中,省委书记刘英把组织各县政工队列为浙江战时政治进步的表现之一。他说:"政工队在各地经常地做宣传动员和组织民众参加各种抗战的工作,赞助召开保民大会,解释政府法令及改善民众生活的工作,这对浙江各种抗战工作的确起了极大的推动作用。"[2]

在国共两党的共同推动下,宁波抗日民族统一战线不断得到巩固与发展。七七事变后,慈溪县县长章驹以抗战为县政的中心任务,成立县抗敌后援会,组织宣传队,四处活动;组织救护队,培训救护人员;组织募捐队,募集废铜旧铁、军用棉衣等物资,推动了慈溪抗日救亡运动的蓬勃发展。他出于爱国主义思想,能团结进步人士共同抗日,在他建立的多个抗日救亡组织中,有许多共产党员出任骨干。章驹不一定知道他们的政治身份,只赏识他们热心爱国、积极能干,即使意识到他们是中共党员,也并不摒弃排斥,仍同他们团结抗日,这也体现出国共合作精神。在他任队长的政工队里,以庄鸥、余瑾、方乃吉、翁心惠、洪文道、杜秀白、陈捷等进步青年(实际上是中共地下党员)为一方,同以余克泉、胡子民、凌茂生等反动青年为一方的两派对立,

---

[1] 中共宁波市委党史研究室:《中共宁波党史》第一卷,中共党史出版社2001年版,第173页。
[2] 浙江省档案馆:《浙江革命历史档案选编》(抗日战争时期·上),浙江人民出版社1987年版,第111页。

章驹始终站在进步青年的一边,同时也赢得了进步青年的有力支持。[1]由于战时工作出色,章驹曾受浙江省政府的嘉奖。抗日救亡运动的蓬勃开展也对慈溪沦陷后能较快地建立敌后政权,并把日伪的活动局限在少数据点起到一定作用。

中国的抗日战争自1938年10月进入相持阶段后,日本的侵华方针有了重大变化,即对国民党政府从以军事进攻为主、政治诱降为辅转变为以政治诱降为主、军事打击为辅的方针,以汪精卫为代表的国民党亲日派于1938年12月公开投降。1939年1月,国民党召开的五届五中全会,使国内政治局势发生逆转,国民党政策的重点逐渐从对外转为对内,决定了"溶共、防共、限共、反共"的反动方针,会后设立"防共委员会",制定了一系列反共的具体办法,在全国各地挑起了一起起反共摩擦事件。宁波抗日民族统一战线内部由合作转向冲突。

国民党五届五中全会后,宁波国民党顽固派积极推行蒋介石的反共方针,秘密将30余名共产党员和进步人士列入所谓"异党"嫌疑分子名单,迫不及待地进行所谓排除"异党"活动,蓄意制造了一系列拘捕共产党员、查封中共领导的进步爱国团体(单位)事件。1939年6月中旬,宁波警察局先后逮捕中共宁波中心县委工运负责人陈理节和城区区委委员、"学周社"负责人孔令嘉。由于政治面目较红的党员已奉命相继撤离城区,党组织未遭破坏。在慈溪,国民党县党部于10月扣押政工队队员、共产党员方乃吉,县党部还对中共掌握的慈南、慈北两个任务大队进行限制和破坏,他们把共产党员严式轮调离慈南工程任务大队,派国民党员接任大队长职务,还把战时任务大队改为战时服务大队。1940年春,由于县党部停发了活动经费,服务大队被迫解散。在奉化,县党部查封了中共奉化县工委创办的"抗战书店",设

---

[1] 方子长:《为抗日殉难的慈溪县县长章驹》,政协宁波市暨各县(市、区)文史资料委员会、宁波市档案馆编:《宁波文史资料》第十二辑,1992年7月印行,第224页。

在书店的县工委交通联络站被迫撤销,中共宁波中心县委决定迅速闭歇宁波新生书报社,避免了损失。在余姚,国民党县党部秉承省当局的旨意,说"余姚赤化了""要注意和限制共产党的活动",通令限制群众运动,查封和没收进步书报,并提出"共党嫌疑分子"名单,点名郭静唐是共产党干部,一批乡镇长还联名告政工队就是"共产党",企图打击政工队和救亡室,并强令解散由政工队建立起来的泗门乡农会,省党部还撤掉了所谓"对付共产党无能"的余姚县党部书记长,调来曾暗杀过共产党员和进步分子的特务分子左询接任,之后,对共产党员和进步分子进行恐怖活动。

到1940年,宁波国民党顽固派为了进一步推行限共、反共政策,在宣传上,动员和组织舆论机关,大放反共言论;在组织上,他们发出通令,强迫政工队员"集体加入国民党",三青团则搞"集体入团",把这一反共政策强加在各机关、学校和救亡团体的青年头上。国民党各县党部还利用他们的政权,解散救亡团体,用社会服务团的名义并吞各种救亡组织。如由中共秘密控制的余姚县政工队被国民党强行改组为"三民主义青年团青年服务队",规定原政工队员必须由三青团"甄别"后接收,并且强迫队员加入国民党或三青团。这样,大批共产党员和进步分子被迫撤出政工队。8月16日,国民党顽固派拘捕了余姚县政工队副队长、进步人士郭静唐。此后,其他人民抗日救亡团体先后被迫解散,致使宁波抗日救亡运动的形势出现逆转。

面对抗日民族统一战线中出现的新问题,1939年5月,中共宁绍特委召开中共宁绍特区代表大会,特委书记杨思一[1]做工作报告。他针对国民党顽固派的反共政策,要求全区党组织正确执行党在抗日民族统一战线中独立自主的原则,提出要"扩大和巩固群众基础,以巩固上层统一战线",在统一

---

[1] 杨思一(1901—1957),原名杨云亭,浙江诸暨人。1930年加入中国共产党。1932年7月,在上海参加反帝大同盟代表会议时被捕,判刑6年,关押在国民党苏州陆军监狱。1937年5月经保释出狱。上海沦陷后,他回到家乡诸暨,参加抗日救亡运动。1938年1月,与当地党组织接上关系,恢复党籍。1938年5月,任诸暨县委书记,兼宁绍特委委员。1939年1月,任宁绍特委书记。

战线工作中应注意"从落后中争取进步,在进步中保持警惕",切实遵循"不暴露、不威胁、不刺激"的原则。

根据宁绍特区代表大会的精神,全区党组织和共产党员,继续高举党的抗日民族统一战线旗帜,组织党员及时揭露国民党顽固派妥协、分裂、倒退的行径。

1939年5月,中共宁绍特区代表大会在奉化江口竺扬家中召开。图为竺扬家旧址

由于国民党顽固派长期封锁中共消息,中共中央《为抗战两周年纪念对时局宣言》从未在国统区的报刊上发表过。为了揭露国民党顽固派反共阴谋和妥协、分裂、倒退活动,使广大群众拥护中国共产党坚持抗战、团结、进步的方针,争取时局好转,1939年10月,鄞县、慈溪、奉化、余姚等县党组织,根据浙江省委和宁绍特委的部署,组织发动共产党员和进步分子,集中时间,秘密张贴、投寄党的《七七宣言》,使中共中央的文件直接与广大人民群众见面,以明中国共产党的抗战立场,揭露了国民党顽固派消极抗日、积极反共的行径,鼓舞了广大群众和各界爱国人士抗战到底的信心。

同时,及时转变组织形式和斗争方式,对付国民党顽固派对抗日群众运动的阻挠和破坏。鉴于国民党顽固派掀起反共逆流,一些共产党员和进步分子先后被捕的情况,为使党的组织和进步团体免遭破坏,中共余姚中心县委根据绍属特委指示,及时做出决定,加强政工队在山区和盐区的力量,使政工队远离县城政治中心,为以后抗日游击战争打基础;把政工队的公开合法活动同党的秘密工作严格划分开来；为避免政工队领导的"青年救亡宣传室"（简称"青宣室"）同时遭受打击，乘当时国民党正在设立"战时社会服务处"之机，把全县"青宣室"改为"战时社会服务团"（简称"战社团"）；以政工队名义，加强党对各界人士的统一战线工作，建立它与各方面的联系。至1940年下半年，一批党员干部陆续撤出政工队，转移到政府机关、乡镇公所和群众团体工作。

因中共宁绍特委管辖范围过大，不能应对复杂的斗争形势，中共浙江省委决定将宁绍特委分为宁属和绍属两个特委。1940年1月，宁绍特委在余姚马家路召开会议，传达贯彻省委决定，研究分别设立宁属特委、绍属特委具体事宜。同月，宁属特委成立，省委候补委员、原宁绍特委书记杨思一任绍属特委书记，同年3月，宁属特委在慈东洋墅成立，王文祥[1]任宁属特委书记。

由于宁波各地党组织宣传贯彻党中央"坚持抗战、反对投降，坚持团结、反对分裂，坚持进步、反对倒退"的三大政治口号，贯彻执行党的正确方针、政策和策略，从政治上、组织上及时采取有效措施，转变斗争方式，从而保存了党的组织和爱国进步力量，为反击国民党顽固派的反共逆流，争取时局好转做出了积极的努力。

---

[1] 王文祥（1906—1945），原名高子清，又名高世恩、高仰止，化名王平、王超伦、王耀章，浙江绍兴人。1927年由共青团员转为中国共产党员，1930年9月去杭州时被捕，被判处无期徒刑，长期监禁在国民党浙江陆军监狱。1937年12月经党组织营救出狱，恢复党籍。1938年2月，任中共浙江省工委委员，在金华、兰溪、永康、宁波、绍兴、余姚、慈溪等地恢复和发展党组织。1939年1月，任中共宁绍特委委员兼组织部长，直接领导余姚党的工作。1941年1月，地下党由委员制改为特派员制，王文祥任宁属特派员。1945年10月新四军浙东游击纵队奉命北撤，王文祥被秘密送往上海治病，12月22日病逝。

第四章

日军对宁波的侵略

一、日机对宁波的轰炸

1937年8月淞沪会战开始后,国民政府第三战区成立浙东守备区,负责防守浙东沿海,宁波成为淞沪会战的南翼军事节点,也成为日军轰炸的重要目标,轰炸的重点是机场、火车站等重要交通设施。"八一三"淞沪会战爆发后的第二天,日军飞机就入侵宁波领空侦察。8月19日,日机侦察鄞县栎社机场[1]。8月24日,日机首次向栎社机场投下2枚重500磅的炸弹,破坏机场的跑道。这是宁波第一次遭受日机轰炸。9月6日,1架日机首次空袭宁波城区,向停泊在江北码头的海清、海安二舰投弹3枚,未中,伤及附近市民5人,造成1人溺水身亡。[2]

11月12日,即上海沦陷的当天,日机首次对宁波城区实施大轰炸,目标是位于江北的火车站。上午10时51分,宁波防空监视哨拉响空袭警报。接着有两批日机共11架,由东南的象山方向窜来,向西北方面逸去,全城市

---

[1] 栎社机场兴建于1936年,由鄞县政府建设科施求臧等设计建造,占地面积1000亩,66.6万平方米,为国民政府军用机场。

[2]《一年来地方大事记》,《时事公报》增刊第二版,1938年3月30日。《鄞县大事记簿》(1937年2月1日—1938年8月25日)也有相关内容,但没有人员伤亡的记载(宁波市档案馆馆藏档案,案卷号旧6-1-123)。本文以《时事公报》为准。

民顿时陷入惶恐之中。12时25分,警报声再次响起,又有两批日机各5架,从东南和西北方向窜入市区上空,先由3架日机在高空投下3枚炸弹,并用机关枪向下扫射,后面2架日机也投下2枚炸弹。不久又有3架日机投下4枚炸弹。下午1时50分,又有3架日机先后在江北白沙路、孔浦之间投下7枚炸弹。投弹的日机由西北方向入境,投弹后向东南方面飞去。日机前后盘旋宁波城区上空时间超过3小时,共投弹16枚,其中有4枚燃烧弹。

当时日机所投下的炸弹都是重达550公斤的重磅炸弹。这些炸弹从3000米的高空投下,威力巨大。被炸弹波及区域,房屋被震倒、震塌,断壁残垣比比皆是。受害的民众被炸成断臂残肢者有之,身中数弹者有之,被震倒的房屋压死者有之,血肉模糊者更多,真是惨不忍睹。据次日《时事公报》的报道,日机的轰炸造成30余人死亡,其中查有姓名者16人,没有查明的有20余人,八九十人受伤,在医院救治的伤员达55人,被炸毁、震塌及延烧的房屋200余间。[1]抗日战争全面爆发后,宁波防守司令部虽然鉴于"淞沪应战,形势严重",宣布即日起实行戒严,但当时宁波市政无防空设施,防守司令部所属部队没有一架高射枪炮对轰炸日机予以还击,从而导致这次轰炸给宁波城区造成了惨重的人员伤亡和财产损失。

上海、杭州等地相继沦陷后,由于上海仍有租界存在,沪甬线航轮仍在通航,宁波成为内地各省物资的运转口岸,大量物资通过宁波港集散,宁波的工农业产品也畅销内地各省,安徽、江西、湖南、湖北、四川等省客商纷至沓来。1940年宁波港的贸易额达到20861万元,税额达到566万元,分别比1936年增长6倍和3倍。[2]当时行驶沪甬线的大小船只多达20余艘(打着

---

[1]《敌机五架昨袭甬,江北区损害惨重》,《时事公报》,1937年11月13日。另据《鄞县大事记簿》(1937年2月1日—1938年8月25日)(宁波市档案馆馆藏档案,案卷号旧6-1-123)记载,此次轰炸,导致平民死伤100余人,损失房屋二百数十间,与报纸报道的人员伤亡数据基本相同,但未分伤与亡,本文以前者为准。

[2]郑绍昌:《宁波港史》,人民交通出版社1989年版,第348页。

外国旗号，以避免使货物受日军查扣），每天从上海"进口"的棉布、百货、五金、日用品在1万吨以上，"出口"运往上海的物资也在5000吨以上。[1]

为了打击宁波人民的抗战斗志，封锁宁波港口，淞沪会战后，日机继续对宁波实施狂轰滥炸。[2]

1939年4月28日，灵桥附近的商业繁盛地带遭到日机疯狂轰炸，宁波城区遭遇空前浩劫。上午8时30分，龙山方面发现日机一队向城区侵入。不久，即有7架日机由东北分批飞到宁波，在城区及四郊上空盘旋侦察，而后在灵桥东西两堍附近东渡路、灵桥路、滨江路（即半边街）、后塘路、百丈路口等处及灵桥投下爆炸弹、燃烧弹22枚，并散发传单（即汪精卫荒诞声明）。炸弹落地后立即起火，大火燃烧12小时，直到晚上8时多才完全扑灭。此次轰炸，是抗日战争爆发以来日机侵犯宁波城区致损失最惨重的一次：炸死市民120余人，炸伤370余人；焚毁商店行号及住宅200余家，烧毁房屋500余间，炸沉泊停在奉化江边的民船10余艘。[3]灵桥几至被毁，商市一落千丈，长期未能复原。

从4月28日到5月14日，日机轰炸宁波城区多达8次，造成平民163人死亡，524人受伤，毁屋多达1759间，把宁波城区繁华的商业区炸成一片

---

[1] 李政：《解放前宁波市的民族工业》，政协宁波市文史资料委员会编：《宁波文史资料》第一辑，1983年12月印行，第102页。

[2] 1937年11月，日本制定的《航空部队使用法》第102条明确规定："战略攻击的实施，属于破坏要地内包括重要的政治、经济、产业等中枢机构机关。并且至关重要的是直接空袭居民，给敌国造成极大的恐怖，挫败其意志。"见：[日]防卫厅防卫研究所战史室著，天津市政协编译委员会译：《日本海军在中国作战》，中华书局1991年版，第263页。

[3] 关于此次轰炸导致的人口伤亡人数，众说不一。蔡文认为，死120人，伤200余人，依据为1939年4月29日《时事公报》的报道（蔡益人整理：《日机对宁波市区七次大轰炸》，政协宁波市暨各县（市、区）文史资料委员会、宁波市档案馆编：《宁波文史资料》第十二辑，1992年7月印行，第13页），但笔者未能找到这份报纸；据《敌机又炸甬市区投弹十余枚》的报道，死120余人，伤370余人，见：《宁海民报》，1939年5月2日；据《浙江省防空司令部敌机空袭统计表》（1938—1940），死125人，伤300人，浙江省档案馆馆藏档案，案卷号L017-000-0062；据《鄞县大事记簿》（1938年5月26日—1939年6月14日）的记载，死120余人，伤370余人，宁波市档案馆馆藏档案，案卷号旧6-1-124。因《宁海民报》和《鄞县大事记簿》的伤亡数据相同，故笔者采用这两份档案文献资料的数据。

废墟。日机密集轰炸宁波城区的目的是想通过轰炸造成一种恐怖的气氛,迫使宁波军民屈服。5月17日,日军通过上海的广播,造谣说,轰炸后有人到上海洽谈投降事宜。针对日军的造谣,宁波各界发表通电,表达了将抗战进行到底的决心。5月20日,蒋介石也命令军需署汇款5万元作为救济费并发秉电代为慰问。[1]

蒋介石的老家奉化溪口,也遭到日机的重点轰炸。1939年12月12日,日机6架轰炸溪口,投弹21枚(其中燃烧弹2枚),文昌阁、汽车站、武岭学校第二幢楼房及附近民房148间被炸毁、40余间被震倒,丰镐房弹痕数处,毛福梅(蒋介石结发之妻、蒋经国之母)等21人被炸死,28人被炸伤。蒋经国从赣南赶来奔母丧,手书"以血洗血"四字,勒石立碑于其母罹难处(现存溪口小洋房展厅)。[2]1940年2月5日(农历十二月廿八),蒋经国回溪口老家送年祭祖,在武岭公园内中国旅行社下榻。2月10日(农历正月初三),日机9架又轰炸溪口,投弹42枚(有几枚是燃烧弹),从溪口民房、武岭公园一直轰炸到隔溪的上山村,房屋被炸

被日机炸死的蒋介石发妻毛福梅之遗像和蒋经国泣书的石碑

---

[1] 鄞县文献委员会:《鄞县大事记簿》(1938年5月26日—1939年6月14日),宁波市档案馆馆藏档案,案卷号旧6-1-124。

[2]《浙江省防空司令部敌机空袭统计表(1939年7月—1941年4月)》,浙江省档案馆馆藏档案,案卷号L017-000-0061;《武岭蒋氏宗谱》,奉化市档案馆K2.5-4。

毁86间、震倒96间,炸死10余人,炸伤46人,上山村祠堂和庙里的军用物资也被炸毁。幸亏蒋经国早于2月6日吃过送年饭就离开,才逃过一劫。[1]

除了宁波城区和溪口,宁波各地都先后遭到日机的野蛮轰炸。从1937年8月26日日机开始袭击镇海城区,到1943年12月23日,先后空袭镇海县境的日机为315架次,投掷炸弹达1052枚,毁房2311间,

从1937年到1941年,日机对宁波城区不断实施轰炸。图为宁波市区遭日机轰炸后的惨象

震坍1469间,死伤309人,受害地区遍及城区、江南、江北8个乡镇。[2]象山县境遭受日机袭击也极为严重。1939年6月22日,丹城、墙头等地遭敌机首次轰炸。最惨重的一次是1940年10月9日,4架日机轮番滥炸石浦,毁房878间,死20人,伤1人。[3]慈溪县境内公路沿线上的重要集镇多遭日机轰炸。1938年2月8日、6月4日、7月28日日机三次轰炸慈北重镇观海卫,投弹20枚,炸死居民19人,伤无数,毁屋多间。余姚县在1939年6月12日首次被炸后,又多次被炸,共炸死43人,毁屋250余间。宁海县第一次遭受日机轰炸,是在1940年10月6日。日机投弹6枚,其中1枚燃烧弹,炸

---

[1] 《浙江省防空司令部敌机空袭统计表(1939年7月—1941年4月)》,浙江省档案馆馆藏档案,案卷号L017-000-0061、L017-000-0062;《采访周阿绍等的记录》,《采访蒋瑞富等的记录》,原件存奉化市委党史研究室,奉化市抗战课题调研资料11-02-03-05。
[2] 戴士清整理:《日机日舰在宁波各地的肆虐》,政协宁波市暨各县(市、区)文史资料委员会、宁波市档案馆编:《宁波文史资料》第十二辑,1992年7月印行,第19页。
[3] 戴士清整理:《日机日舰在宁波各地的肆虐》,政协宁波市暨各县(市、区)文史资料委员会、宁波市档案馆编:《宁波文史资料》第十二辑,1992年7月印行,第20页。

毁商店40余家,居民住宅数十家,死16人,伤22人。到1941年4月,县境内共计被炸6次,投弹47枚,死伤60余人,毁屋300余间。[1]

根据对各地材料进行的统计,日机在宁波的轰炸多达632次,造成人员伤亡3217人。[2]

在灾难面前,宁波人民没有畏缩,而是勇敢面对,同仇敌忾,展现出将抗战进行到底的决心。灾难发生前,城区居民积极采取措施进行应对。1937年8月10日,在县防护团召开的第三次团务会议上,宁波商会邀集各业代表为充实本部防空设备经费举行会议,决定抽收全市房屋两个月房租,由房主七成,房客三成缴纳。灾难发生后,城区居民积极采取各种救助措施。日机轰炸刚结束,各救护队、消防队就立即出动,不惧危险,奋勇施救,涌现出多个感人事迹。消防队第三中队中队长吴帆因奋勇救护伤员,致足部受伤,他家的吴同升大饼店及住所虽然在轰炸中被炸毁,但他公而忘私,仍然积极投身到救护他人的服务中。中国红十字会鄞县分会救护队员徐竹青,因奋勇服务,弹片穿入胸部,以身殉职。中共鄞县县委组织城区共产党员和"学生周刊社"社员,冒着生命危险,奔赴爆炸现场,参与救援工作,还以鄞县县政府宣传队的名义在电台广播《告父老同胞书》,控诉日军暴行,激发民众的抗日热情。

二、日军对宁波沿海地区的侵扰

日军除以飞机对宁波进行狂轰滥炸外,还四处出动军舰对宁波沿海地区进行侵扰。其目的,一是封锁宁波港口,二是劫掠财富。

---

[1] 戴士清整理:《日机日舰在宁波各地的肆虐》,政协宁波市暨各县(市、区)文史资料委员会、宁波市档案馆编:《宁波文史资料》第十二辑,1992年7月印行,第21页。
[2] 《宁波市抗战时期人口伤亡和财产损失的调研报告》,浙江省宁波市委党史研究室:《宁波市抗日战争时期人口伤亡和财产损失》(上),中共党史出版社2015年9月版,第25页。

1937年9月20日,日舰首次进犯镇海要塞,向威远、宏远炮台发炮25发,要塞炮台以21厘米口径大炮还击25发。1939年6月7日,日军水上轰炸机6架空袭宏远炮台。其中一架蹿至1800米上空投弹时被要塞高射炮击中,坠落于甬江口岸800米处,2小时后沉没,飞行员跳伞坠于镇远老炮台左侧,被守军围捕后自杀。从1937年9月20日到1940年7月17日,镇海要塞炮台与日机、日舰交战40余次,仅1939年6月24日、25日、28日和29日四天,日军轰炸机就累计轰炸76架次,向要塞炮台投弹550余枚,致炮台受损严重。到1940年7月,日军第一次在镇海登陆时,威远炮台1门大炮已不能发射,宏远、镇远两台7门大炮有部分损伤,影响正常使用。[1]到1941年4月19日镇海失守,日舰先后10余次向要塞炮台的小港、龙山、澥浦、郭巨等沿海地区发射炮弹达600余发,炸毁大批房屋,还击沉渔船30余艘,船上渔民无一生还。[2]

侵占镇海不能得逞的日舰将其注意力转向宁波另一个重要港口——石浦。1939年8月6日,满载海军陆战队的日舰在石浦铜瓦门强行登陆。当时,守卫部队不支后退,全镇人民携老扶幼纷纷逃离。就在这危难时刻,驻石浦的两浙盐务税警部队官兵挺身而出,承担起保卫石浦港的重任。驻石浦两浙盐务税警部队担负缉私护税任务,人数虽然不多,但装备较好。在分区区长吴国柱的率领下,200名税警战士,迅速占领登陆点附近山冈,布阵迎战。当时,已登陆的100余名日军,在得知守军败退后,放松了警惕,遭到税警部队的迎头痛击。顿时,日军张皇失措,乱窜乱闯,待他们惊魂稍定,仓皇组织应战时,已乱了阵脚。为挽救其不利战势,日军动用海空力量对象山县石浦、延昌等地实施狂轰滥炸。炸死邬阿四等13人,炸毁中央塘、营房

---

[1] 镇海地方志编纂委员会:《镇海县志》,中国大百科全书出版社1994年版,第276页。
[2] 蔡益人整理:《日机日舰在宁波各地的肆虐》,政协宁波市暨各县(市、区)文史资料委员会、宁波市档案馆编:《宁波文史资料》第十二辑,1992年7月印行,第20页。

街等地房屋46间，焚毁家具、衣服等物什2016件，停泊在石浦港内的12艘渔船也被炸毁。[1] 面对日机的轰炸，税警部队立即利用有利地形，分散隐蔽。日军见枪声稀疏，一方面用汽艇抢运尸体和伤员，另一方面紧急运送舰上士兵上岸，企图施行大迂回战术，围歼守军。税警部队遂以分队为单位，分散独立作战，各自监视海上小艇，一旦敌人靠岸，就予以迎头痛击。战斗从上午8时一直打到下午8时许，给日军以重大杀伤。日军不知守军虚实，不敢恋战，天黑退出铜瓦门，狼狈向东海方向窜去。此次战斗，日军死伤100余人，为浙东抗战史上的第一次胜利，显示了宁波人民抗击侵略者的决心。[2]

不甘心失败的日军加强了对宁波海面渔船和渔民的报复行动。1939年8月，象山县涂茨镇金宝永号、金永顺号2艘货船各载货100吨，航行在浙南三门湾鳗山洋海面上遭日舰炮击沉没，船、货俱失，船员架小舢板得以逃生。金宝康号和金万顺号航行在浙东孝仁洋海面遭日舰炮击，在同一洋面航行的还有1艘黄岩县籍的货船。3艘船均被击沉，造成船毁人亡的惨剧。[3]

日军在袭扰宁波沿海的过程中，不仅掳掠渔船，还对被抓捕的渔民实施残忍的折磨，之后杀害。

1940年春汛，大目洋大黄鱼旺发，宁海县砂崎乡（现为强蛟镇）薛岙等村，有15对计30艘木帆渔船，载200余名渔民扬帆出海，与峡山、西店石孔头、团堧等渔船百余艘，浩浩荡荡驶向大目洋渔场去捕大黄鱼。5月9日，当渔民们正在大目洋海域传统作业区撒网捕大黄鱼时，日舰105号向捕鱼作业区冲驶而来，强制所有渔船向军舰靠拢，薛岙、峡山、西店樟树等村的渔船只得无奈地慢慢向敌舰靠拢。因船多，日军就分批登船一一进行搜查，凡发现渔船中藏有枪支的均据为人质。经过搜查后，日军将大部分渔船放行，扣

---

[1]《象山县财产损失报告表》（1940年6月22日），象山县档案馆馆藏档案，案卷号01-7-154。

[2] 周义华整理：《象山军民抗日纪实》，政协宁波市文史资料委员会编：《宁波文史资料》第十三辑，第119—120页。

[3]《象山县财产损失报告表》（1939年8月17日），象山县档案馆馆藏档案，案卷号01-3-1572。

留了有人带枪的5艘围网船,并将5艘船上所有的渔民驱赶到105号巡洋舰上,那5艘船经抢掠毁坏后随海水漂去。上舰后,日军将劫持的44个渔民剥掉衣服,用绳索把他们反绑,用木棍、枪托敲打,施行集体刑罚,还用残酷的手段,用铁丝穿入每个人的灯盏骨(锁骨),有3个人一串的,也有4个人一串的,将他们统统推入大海。有身强力壮的、水性较好的渔民一时难以淹死,仍在海水中挣扎,日军就用机枪扫射取乐,顿时鲜血染红了大片海水。这40多具浮尸随潮水陆续浮到舟山群岛的六横岛附近海面上,被该岛渔民发现捞上岸埋葬。[1]当惨案消息传到家乡,受害人家属及村民顿时哭声震天。当年侥幸逃生的薛国斌活到86岁,他在世时,每每回忆起当年的惨案,总是夜不能寐,泣不成声。

1941年3月15日,象山县檀头山岛(今属石浦镇)渔民19人分乘3只涨网船从石浦返回檀头山。当船驶到百亩礁附近时,遭遇一艘日本炮艇拦截。日本兵用绳子把渔民缚起来,用刺刀戳,枪托打,皮鞭抽,打得他们全身血肉模糊。再用铁丝穿过肩锁骨悬吊起来,打一回,就把全身是血的人吊到海水里去沉一回,打打沉沉,已经差不多了,再把他们扔回船里,然后在每只船上浇上柴油,放一把火。在3只船燃起熊熊大火后,日本兵斩断渔船的船缆,船随风随水漂去。有人想跳落水里逃命,日本兵就用机枪向他们扫射,没烧死没淹死的渔民也要被打死。当时,海面上一片火光,鲜血染红了海水,尸体漂浮在海面上。三艘渔船的19人有18人中弹身亡,只有戴加法头顶锅盖凫水逃生。[2]

日军对沿海的侵扰,给宁波渔民造成了惨重的人员和财产损失。据鄞

---

[1] 薛国苗口述,张立平、刘昌达整理:《日军在大目洋残忍杀害宁海渔民惨案调查》,浙江省宁海县委党史研究室编:《浙江省宁海县抗日战争时期人口伤亡和财产损失》,中共党史出版社2015年版,第26—27页。
[2] 象山县政府:《敌人罪行调查表》(1945年9月),象山县档案馆藏档案,案卷号01-3-1584;盛行方:《日寇杀害19名檀头山渔民的暴行》,《今日象山》,2004年12月24日第四版。

县大堰乡公所1946年11月26日的呈报,东钱湖外海渔业合作社原有大对船(长5丈,宽1丈)61对计122艘,冰鲜船11艘(长7丈,宽17尺),由于渔船渔具被炸或因不能外出捕鱼而腐蚀,造成大对船和冰鲜船的营业损失,计96000元。以营业损失每年度23500元计算,从1937年抗战全面爆发到抗日战争胜利的八年间,共计损失1708000元。原来合作社社员有1038人,到1946年基本社员只有80人。[1]

三、开明街鼠疫

飞机不断轰炸和军舰封锁沿海等手段都不能达到切断宁波这条海上交通补给线,故日军开始对宁波实施细菌战。

1940年8月初,由臭名昭著的731部队组成的远征队"奈良部队",在石井四郎的带领下与南京"荣"字第1644部队派出的队员会合,在杭州笕桥机场集结,准备对宁波发动细菌战。据731部队特别班班员石桥直方的证词,"南京'荣'字第1644部队当时抽调50名专业人员配合731部队行动,侵驻杭州的日军华中派遣军第22师团也参加了宁波鼠疫作战"[2]。他们的目的有两个:一是检验鼠疫战的成效,二是通过鼠疫的流行,迫使宁波封闭港口。

10月27日晨约7时,天色阴霾,空袭警报突然嘶鸣,一架日机窜入宁波市区上空,盘旋一周后俯冲而下,没有扫射轰炸,却在抛下大量传单后,向西飞去。下午2时许,日机再次入侵,投下大量麦粒和面粉,散落在宁波市中心开明街一带,该处上空顿现一片淡黄色云雾,屋瓦上发出"沙拉拉"的响声。飞机飞过后,许多居民都出来查看,发现房顶上、地上散布着大量的麦

---

[1] 《浙江省渔业局战时渔船损失调查表》(1946年11月),宁波市档案馆馆藏档案,案卷号旧2-1-24。

[2] 郭成周、廖应昌:《侵华日军细菌战纪实——历史上被隐瞒的篇章》,北京燕山出版社1997年版,第332页。

子、粟粒和面粉,还有成片的血红色的跳蚤[1]格外醒目,都感到十分惊奇和惶恐。29日,一场雨把麦粒和疫蚤从屋瓦上冲洗下来,漂浮于住户露天水缸的水面上,次日水缸形成一层红色的漂浮面(当时宁波居民大多有饮用雨水的习惯,家家都备缸盛接雨水)。不久,就有人染上鼠疫病,并相继发生死人情况。死于鼠疫的尸体像烤熟的虾子,抽搐成一团,面部发黑,样子十分吓人。

疫情继续蔓延,暴死者有增无减,身披丧服者比比皆是,哀号声此起彼伏。从10月31日发生第一起死亡案例,到12月6日左右陈和尚死亡,长达37天的时间里不断有患者死亡。由于一开始不明真相,疫病刚发生时死亡人数激增。在一个星期的时间里,就有53人死亡。其中,11月6日一天就有17人死亡,为死亡人数最多的一天。到11月15日,有8户人家全部

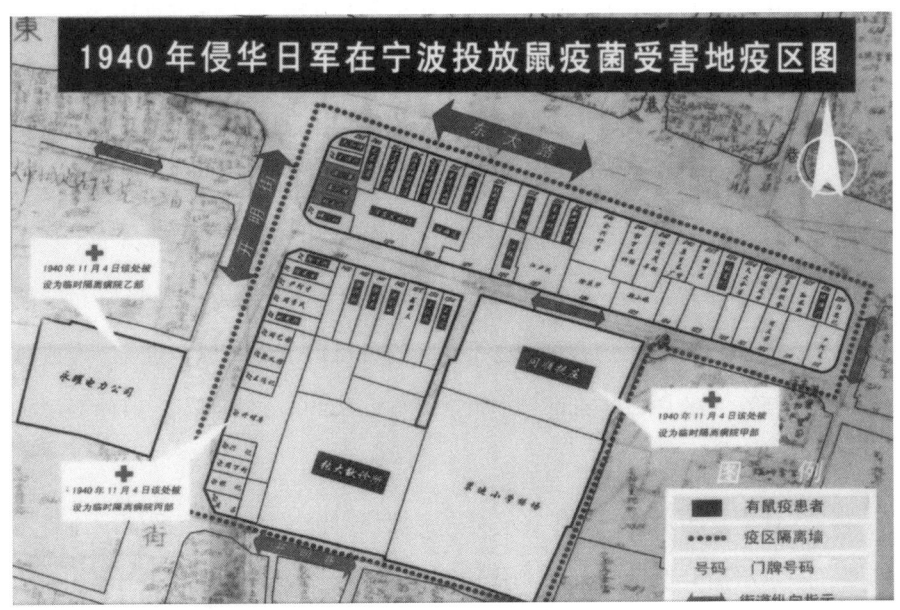

宁波城区开明街鼠疫分布图[2]

---

[1] 这种跳蚤与宁波的跳蚤不一样,形体略小,色红,后来在浙江衢县再次被发现,被浙江省卫生处确定为印度蚤。
[2] 浙江省宁波市委党史研究室编:《宁波市抗日战争时期人口伤亡和财产损失》(上册),中共党史出版社2015年版,第6页。

死亡。

1940年以前宁波一带从未发生过鼠疫流行的现象。开明街鼠疫的发生是日军造成的。据731部队特别班成员石桥直方的供认:"我参加过宁波的鼠疫作战。1940年8月西郡班一些人到达杭州,在国民党航空学校的飞机场乘轻型战斗机飞往宁波。后来,增田美惠药剂大尉驾驶这架飞机把731部队、1644部队培植的鼠疫跳蚤连同高粱、麦粒一起,投撒到宁波城。"[1]

鼠疫发生后,当时的鄞县县政府在浙江省政府专家的指导和社会各界人士的帮助下采取积极有效的措施进行防治。

一是封锁疫区。在鼠疫得到初步确诊后,县政府医防人员于11月2日经会商决定封锁疫区。2日晚,县政府派出警察120余人维护秩序,防疫人员按疫情发生情况勘定界限,随后由工程队用木桩绳索将疫区圈起来。封锁分成内、外两线,内线由保安警察负责,外线由行政警察负责。县政府要求该地段商店停市,同时告令第一学区(开明街这一带属第一学区)各小学,查明学生住处,凡疫区寄宿生禁止返家;通知学生暂行停课(至5日,县政府通告各校一律停课)。到4日,县政府又发布告示(第391号),宣布宁波发生鼠疫灾祸,严加封锁疫区。毗邻疫区的灵桥镇也发布紧急通知,责成各保甲长对新迁入的户口特别注意,如系来自疫区的应立即报告,以便派员查询,杜绝蔓延。

在5日成立防疫处后,鄞县政府决定加强封锁措施,在疫区周围建筑隔围墙。除东后街开明巷一部分利用原有围墙外,其余各处筑以高1丈10寸(市尺)的空斗墙,每丈间有实叠墩柱。围墙从11月8日动工,昼夜不息,到11日完工。共修建了66.66平方丈的隔围墙。墙内搪以泥浆,墙顶加弧形

---

[1] 郭成周、廖应昌:《侵华日军细菌战纪实——历史上被隐瞒的篇章》,北京燕山出版社1997年版,第332页。

白铁皮压顶,以防鼠类窜越。隔围墙仅设门3处,以备工作人员出入。同时,防疫人员还将中山东路行人道及各户排水瓦筒掘毁,将北太平巷的阴沟堵塞,以阻绝鼠类的地下通道,并在墙外挖了3尺宽、4尺深的隔离沟,遍撒石灰,防止携带鼠疫的跳蚤逃窜。

二是消毒疫区和捕鼠灭蚤。在封锁疫区的同时,从11月3日起,对封锁区内沿街门牌板壁缝均用白纸粘封,沿途用石灰水浇洒。3日晚起,各商店用硫磺熏蒸,并将地板撬开浇石灰水。据11月4日《时事公报》披露,"当局购得硫磺600公斤"。以此量计算,约可消毒面积1500平方米的房屋。至4日,计有69户用硫磺熏蒸了12个小时。熏蒸以后,由工务队扫除死鼠秽物,并将地板天花板拆除,焚化死鼠。所有工作人员都穿着防蚤衣。截至11月23日,凡鼠疫感染者居住的房屋,均已消毒两次,经中央防疫队(十七队)叶树棠队长等调查研究后,准予启封,由各户将自己物品,择要移出。为此,防疫处又成立了一个疫区物品消毒处,按照规定给每个住户发放两只竹箩、两只麻袋,以两箩两袋为限对住户的物品代为消毒,每天消毒20户。消毒办法有煮沸、热蒸、用福尔马林和石炭酸4种,视物而定。

三是设立临时隔离病院。疫情发生后,患者多往医院及某些中、西诊所求治。至11月2日,华美医院已诊治8人。为方便患者,疫区的县东镇公所还与县中心医院联系,印制急诊券,凡染疫者可随时向镇公所索取,赶往中心医院急救。从11月3日起,设扑灭鼠疫临时办事处于民光戏院(今民光电影院),要求凡发现昏睡高热病人,即送该处就诊,确诊后,再送南门外大禹庙临时设立的隔离医院医治,其他医院不得接收疫区患者。

由于大禹庙离疫区远,送病人比较困难。为防止疫源播散,11月4日起,在疫区内和疫区附近设甲、乙、丙三个临时隔离医院。甲部设在疫区内同顺提庄,收容确诊的鼠疫病人,配医生、护士各一人,遇死亡者,由掩埋队装入棺木运至老龙湾深埋。甲部从11月4日设立到11月30日结束,收容61人,死亡59人，治愈二人为钱贵法、陈和尚。[1]乙部，设在疫区开明街斜对面的永耀电力有限公司营业部（当时市区的高大建筑之一），收容者须先经洗浴、更衣才能入院，每人注射鼠疫菌苗两次，自11月4日设立到11月26日结束，共收容193人，准予出院时都发给证书。丙部，设在疫区内的开明庵，配医生、护士各一人，收容疫区内外的可疑患者，若确诊为鼠疫再转入甲部。自11月7日设立到20日结束，先后收容17人，内迁甲部后死亡者9人，在院

身染鼠疫后唯一的幸存者钱贵法于1995年向中央电视台《新闻调查》栏目的记者陈述当年遭受日军细菌战的实情

内其他病死亡者1人，余下7人经诊断非鼠疫，病愈后发给证书出院。据12月1日《时事公报》刊登的《鄞县政府布告》中的统计，各隔离医院共收容疫区居民253人。至11月15日止，住院者中超过潜伏期经预防注射而给证出院者127人，另有63人因无家可归仍留乙部（以后移至董孝子庙）。

四是搜查外逃病人。感染鼠疫暴死的情况发生后，疫区内居民以及部分染疫者，为逃避瘟疫，纷纷回老家或外出投亲靠友。为防止疫情扩散，县政府决定在封锁疫区后开始追查病人。11月3日，县政府电告各乡镇，开明街一带发生鼠疫，要求各地凡是发现有头痛及淋巴结肿痛、恶寒、高热，旋即不省人事的病人，或死后皮肤有黑斑的，立即电告县府。县防疫处于6日成

---

[1] 见：容启荣的《浙江鼠疫调查报告书》，但据1940年11月22日的《时事公报》记载，甲部当时有三名病人，即徐贵法（钱贵法）、陈和尚和朱陈氏。另据钱贵法回忆，随甲部迁南郊董孝子庙的有他和陈和尚两人。因此，对朱陈氏的去向难以断定。

立后，专门设置了一个搜查队，负责查找从疫区外逃的居民和病人。搜查队的工作取得了较好成效，控制了疫情的蔓延。据11月5日至15日《时事公报》的统计：共追回疫区居民62人，发现已死亡的患者15人。其中，11月4日追回疫区居民2人，5日发现15人（死亡9人），7日追回患者4人，8日追回嫌疑病人14人，9日发现4人（2人死亡），10日发现7人（3人死亡），11日发现5人（1人死亡），13日追回1人，14日追回10人。另据事后统计，出逃在外而后死亡者达32人以上。

五是进行预防注射。注射鼠疫菌苗，是预防鼠疫的有效措施。市区于11月9日起实行鼠疫菌苗预防注射，并为此在县防疫处防治组下增设了一个预防注射大队，把以开明街疫区为中心，东至碶闸街，南至大梁街，西至南北大路，北至苍水街的市中心一片的居民作为注射对象。9日、10日，鄞县县政府发布通知，把与疫区人有过接触的疫区外的其他居民，以及全市中小学生，也作为注射对象。至15日，共注射人数5790人。此后，这项工作继续进行。整个防治期间，共注射鼠疫杆菌疫苗达23343人次，对重点人群还注射了两次。

六是焚烧疫区。在11月25日召开的第17次防疫会议上，鄞县政府在征得省政府的同意后，决定忍痛烧毁疫区的全部房屋及遗留的财物，并派员逐户登记造册。从11月30日晚上7时始，焚毁开明街疫区全部房屋。被焚住户（包括店号）115户，房137间，地面面积约为5000平方米。这次焚烧历时4小时，疫区内建筑物尽付一炬，留下一片瓦砾废墟，后来人称"鼠疫场"。

焚屋时，省府派卫生处长陈万里、第六专员公署专员徐箴代表省府作为监视员到场监视，另有警备官长33人、警长174名（警察局人员207人），中央防疫队11人，防疫处征集股3人，医官4名，官佐8名到场。还调动了全市10余支水龙布防，以防火势蔓延至他处。

开明街鼠疫导致的死亡人数,有名有姓的多达135人。[1]开明街的鼠疫呈现出散布迅速、散布范围广、病症严重、死亡率极高等特点。自10月31日晚发生因疫死人情况后,从11月1日至10日,每日均有新病例发现,多者9—10人,少者2—3人,至11日,死亡人数已经达到87人(仅就已查到姓名者而言)。据容启荣《浙江鼠疫调查报告书》中有病情记录的61例病人统计:腺鼠疫58例,败血鼠疫3例。[2]因发病剧烈,虽经医生用各种注射疗法与中医各种方药进行治疗,均不见效,除当时甲部的钱贵法一人幸存外,其余都已死亡。

开明街鼠疫给患者带来了巨大的痛苦。泥水匠戚信荣,曾经参与1940年11月对开明街一带鼠疫疫区封锁隔离围墙的建筑以及尸体的掩埋工作。鼠疫患者临死前的惨状在他的脑海里留下了极为深刻的印象。他说:"我亲眼看到患者脸红似醉汉,两眼充血发红,表情惊恐痛苦,两手乱抓头发,头向墙壁乱撞,胡言乱语,狂叫一阵之后,疲惫不堪,终于昏了过去。由于死人多,棺材供不应求,有时只好把两具尸体合放入一口薄皮棺材中,其状惨不忍睹,使死难者家属痛哭流涕,不能自已。"[3]另据钱贵法回忆,在他被转移到甲部的半个月里,"触目所见皆为揪心撕肺的悲惨场面,成为永远无法抹去的记忆"。"我到'同顺提庄'的当天,周围便暴死十多人。有人大声吼叫,凄惨钻心;有的讲痴语,手脚抽搐,死去如烤虾般弯曲,眼珠突出,全身发黑;有的病人突然大声一叫,从病床上滚下来,脸红如醉汉,神志不清,胡言乱语,满地打滚,乱扯乱抓,全身痉挛后万分痛苦地死去。我还看到一名40岁左

---

[1] 浙江省宁波市委党史研究室:《宁波市抗日战争时期人口伤亡和财产损失》(下),中共党史出版社2015年版,第360页。

[2] 中央档案馆、中国第二历史档案馆和吉林省社会科学院合编:《细菌战与毒气战》,中华书局1989年版,第257页。

[3] 黄可泰、吴元章、顾生霖(执笔):《"黑色疫魔"袭宁波——侵华日军制造细菌战的罪恶史实》,宁波市新四军暨华中敌后抗日根据地研究会编《浙东抗战与敌后抗日根据地史料丛书》第一卷,中共党史出版社2001年版,第566页。

右的妇女喊着要水喝,见无人理会,便挣扎着爬到墙边喝了两口沟水,不一会儿,全身抽搐几次便不动了。"[1]

　　开明街鼠疫也给受害者家属造成了难以磨灭的痛苦和折磨。家住宁波市区郎官巷的傅玉娟,60多年前她的新婚丈夫何福林就死于这场鼠疫。当她得悉消息,从绍兴老家赶到宁波,何福林的尸体已经埋在老龙湾。她未能见丈夫最后一面。从此,她开始了60多年无依无靠的孤寡生活。可以想象,她在苦熬光阴中的痛苦景象。

---

[1] 钱贵法:《我在宁波细菌战中的悲惨遭遇》,《纵横》,1996年第4期。

第五章

抵御日军进攻的努力

一、毁路封港

交通作为战争的一个基本要素,是保障军队作战的生命线。在空间上表现为对战争物资流的控制,瘫痪敌方交通,阻断其兵力移动、火力转移和物资输送,也是达成战争目的的战略内容和迅速结束战争之捷径。在内忧外患之下,在主政者以"筑路为今日唯一要政"思想主导下[1],1927年至1937年浙江新式交通建设取得了巨大的发展。宁波虽然在民国初期的近20年间"道路建设进展极少,可说毫无进展"[2],但在大环境的带动下,也迎来以鄞慈镇公路和鄞奉公路两条省道的建设为重点公路建设的高潮。

鄞慈镇公路从鄞县起,迄于慈溪观海卫,是连接鄞县、镇海、慈溪三地往来的交通要道。鄞慈镇公路由宁波旅沪同乡会于1929年倡议修筑,并为此专门成立了公债劝募委员会,推销公债50万元,1933年9月鄞慈镇公路建成通车。鄞慈镇公路所经过的重要地点有鄞县县治、白沙市、贵驷桥、骆驼桥市、澥浦镇、松浦市等,全长44公里,黄土路基,路面铺砌碎石,宽6.6米,可以通行汽车。鄞镇慈公路还有支线,由镇海招商局开始到澥浦,全长16.67

---

[1] 曾养甫:《浙省建设当前之两大任务》,《浙江省建设月刊》,第5卷第9期(1932年3月)。
[2] 徐蔚葳:《近代浙江通商口岸经济社会概况》,浙江人民出版社2002年版,第78页。

公里,途经石塘下、俞范村、前后施、甜桥市、沙河头、白门头、十七房等地,路基以黄土建筑,路面用碎石铺砌,路面宽6.6米。

鄞奉公路是鄞县通往奉化的交通要道,也是奉化至鄞县与杭甬铁路的关键连接点。早在1923年,宁波商人孙梅堂等人就倡议修筑鄞奉公路,但不久就因受时局影响而搁置。1927年6月,旅沪浙江商人重新倡议修筑鄞奉公路之事,得到鄞县、奉化旅沪商人积极响应,旋即筹款50余万元开工修建,并于1930年5月竣工通车。鄞奉公路是宁波境内的第一条公路,全长51公里,路宽7.5米,沿途经过段塘、石碶、栎社、横涨、江口等处,路面以碎石筑成,通行汽车。鄞奉路的江溪支线由江口到溪口,长29公里,宽7.5米,经过大埠、畸山、溪口等处,通行汽车。江溪支线路面用石子铺成,全线路面较为平坦。1930年仅通过江溪支线往来的旅客达到35万人之多。[1]

除鄞慈镇公路和鄞奉公路这两条省道外,县道的建设也在稳步推进。1930年鄞县政府曾规划以宁波城区为中心修建五大干线公路,辐射东南西三乡。这五大公路干线为宁穿线、宁横线、宁道线、横皎线和宁凤线,五条干线之间以支线公路相互贯通成一个扇形公路网。除宁穿、宁横线在1934年前后建成外,由于种种原因,宁道、横皎和宁凤三线迟迟未能动工。

交通线既是迅速调动兵力、物资,有效地打击敌人的重要工具,一旦落入敌手,也将成为打击自己的利器。为此,《民国二十六年度作战计划(甲案)》中说,为己"务尽万般手段,尽量利用所有机关,而增大其输送能力",为"不资敌用计,应预有破坏之准备,其破坏之程度,则按国军尔后之企图,而决定之"。[2]早在1936年,宁波防守司令部司令王皞南就拟订了毁路封港的计划。在12月12日向南京参谋本部呈送的《宁波防守区沿海一带战时封

---

[1] 徐蔚葳:《近代浙江通商口岸经济社会概况》,浙江人民出版社2002年版,第87页。
[2] 中国第二历史档案馆:《抗日战争正面战场》(上),江苏古籍出版社1987年版,第19页。

锁阻塞破坏修复计划(草案)》[1]中,王皞南提出了毁路封港,阻止日军登陆、增强宁波的防御力量的办法。其具体措施主要有四点:一是毁路。对宁横、宁穿、鄞龙、镇骆和五长等公路干线,以及宁波市区的新江桥、老江桥与杭甬铁路沿线的桥梁予以临时性破坏(即将来可以修复)。二是沉船阻塞。沉船阻塞是借用中法战争镇海战役中的做法。在镇海甬江口虎蹲山附近,由于水浅且流速不快,可以用3条3000吨以上的钢板船,装载石块,等距离沉入,达到阻碍日军军舰侵入的目的。三是水雷封锁。在镇海口埋设水雷,阻止日舰进入甬江口。四是破坏码头。对宁波的重要码头,如穿山三北码头、镇海江北岸三北码头和伏龙山三北码头予以永久性破坏。对于王皞南的计划,南京参谋本部23日的回复是,对于桥梁的破坏没有意见,认为水雷封锁切实可行,但对沉船封锁是否能达到预期效果心存疑虑,原因有二,一是船只数量不足,达不到封锁之目的,二是实施沉船的技术比较复杂,如果不是训练有素,很难达到预期目的。

1937年11月5日,日军在金山卫登陆,为阻止敌人进攻,国民政府当局拆除上海松江48千米路轨;12月,日军增兵嘉兴,企图进犯杭州,沪杭线所存机车车辆材料一律移至浙赣线。为封锁钱塘江,12月23日下午5时,国民政府当局主动炸毁钱塘江桥;杭州沦陷后,又将江边至诸暨64千米路线、桥涵彻底破坏。但因撤退无序,除抢运出机车车辆和物资以外,对京沪、沪杭、苏嘉路均未彻底破坏,反为日军利用,迅速推进。为吸取教训,黄绍竑令浙东实行焦土策略,对可能为日军所用的铁路和公路实施破坏。

1937年11月,萧山至曹娥江段铁路刚刚铺通就接到浙江省政府的命令,将甬曹段、曹萧段铁路全部拆除,因曹娥江桥尚未竣工,将东段车辆拉至丈亭站附近焚毁,将机车拆卸沉于江中。[2]1938年1月22日,宁波城防司令

---

[1] 原件存于中国第二历史档案馆,本书引用的是镇海海防历史纪念馆档案复印件。
[2] 史理斋:《甬曹段铁路沿革》,浙江省政协文史委:《浙江文史大典》,中华书局2004年版,第703页。

部奉令开始破坏公路、铁路。2月,黄绍竑又下令"拆毁曹甬段铁路及观曹段等公路之路基"[1]。在沪杭甬铁路管理局奉命将萧甬线的轨道和枕木逐段拆除后,由于拆毁路基工程量浩大,实施起来难度很大。经省政府派人实地勘察,决定选择险要路段予以破坏。12月,宁波城防司令电令慈溪县政府,要求其征集民工,于1939年1月中旬前完成并上报。[2]民国时期宁波的铁路除沪杭甬铁路外,还建有铁路专用线,即孔浦支线[3]、龙山铁路[4]和育王轻便铁道[5]。1938年为防日军进攻,孔浦支线被奉命拆毁,但龙山铁路和育王轻便铁道未能在宁波沦陷前拆毁,宁波沦陷后,被日军拆毁。

对公路的破坏从1938年1月一直持续到宁波沦陷。据统计,宁波抗战时期破坏的公路里程达973.25公里,桥梁93座。[6]

1937年9月,为阻止日军从海上进攻,宁波防守司令部开始实施沉船封港计划,将新江天轮和象宁轮沉入甬江口[7],堵塞航道。1938年,防守司令部在甬江镇海入口处的海底打了一道梅花桩,各桩用铁链连锁,作为第一道防线。后因轮船无法进口,在梅花桩中间开了一个口子,能容千吨以下轮船进出。

1939年,防守司令部再次下令将当时停泊在甬江上的"太平轮"(约

---

[1] "浙江省政府秘机字第冬号代电文一件"(1938年3月2日),浙江省档案馆藏档案,案卷号L085-002-3177。
[2]《甬曹段路基彻底破坏》,《申报》,1938年12月27日。
[3] 孔浦支线铁路自宁波江北槐树路(今江北公园附近)至孔浦,属于沪杭甬铁路甬曹段支线,主要为便于机车出入而建。1919年由沪杭甬铁路管理局承建,全长3.92公里,有桥3座,日开行客车4对。
[4] 龙山铁路自镇海龙山镇伏龙山到三北轮埠码头之间,由虞洽卿在1916年出资修建,全长4公里,主要行驶小火车。
[5] 即育王铁路,起自鄞县宝幢,终端到璎珞河头,1931年开始建立,1933年建成通车,全长3公里。育王铁路全线有桥3座,主要行驶小火车,客货兼营。到1934年7月由于宁穿公路建成,铁路运输业务不断萧条,于是改为人力推车运行。
[6]《宁波市抗战时期人口伤亡和财产损失的调研报告》,浙江省宁波市委党史研究室:《宁波市抗日战争时期人口伤亡和财产损失》(上),中共党史出版社2015年版,第32页。
[7] 鄞县县政府:《敌人罪行查报表》(1946年10月),宁波市档案馆藏档案,案卷号旧5-1-57。

宁波防守司令部凿沉新江天轮于甬江口。图为封江时的情景

2800总吨,属上海太平轮船公司,临时来甬装货)、"福安轮"(约1200总吨,福建船,捷美洋行代理,专装南货来甬)、"大通轮"(约1000吨)和"定海轮"(约260总吨,永川轮船公司,行驶定海沈家门)、"新宁海"(约220总吨,宁海轮船公司,行驶象山)、"象宁轮"(约200总吨,象山轮船公司,行驶象山海宁线)、"姚北轮"(约240总吨,三北轮船公司,行驶穿山)等大小轮船及"海光""海皓""海星"3只小兵舰和8只帆船(均装有石子)等共计18艘船,凿沉于镇海口招宝山外小金鸡山一带,作为第二道防线。因为沉船时缺乏计算,所沉各船竟然歪斜不能形成一线。1940年7月,日本海军封锁镇海口外海面,防守司令部又一次将"凯司登"(约1500吨,原上海民生轮船公司,当时持德商海毕洋行旗帜,行驶沪甬线)和"海登"2艘轮船,沉于镇海拗鳖港转弯处,作为第三道防线。前后三次共有20艘万余吨小船被沉于甬江航道,筑起了一道所谓"海底篱笆"的防线。

这道封锁线虽然涨潮时连小轮都未能开入,但对日军的汽艇完全没有阻拦作用,而且给宁波港交通带来极为不利的影响。由于从上海开来的海轮必须在封锁线外停船并以小船驳货入港,造成客货运输上的重大困扰,导致这些商船通常均满载或超载。1940年3月,在宁波新江桥北面利涉码头接驳超载的景升轮,在突然听到日军飞机入境的警报后,船上乘客乱作一团,船体摇晃不定,再加上潮水急,导致匆忙离开码头时,立即向外侧倾斜下沉,乘客全部坠入江中,发生了死亡240人的"景升轮惨案"[1]。

毁路封港虽然在一定程度上延缓了日军对宁波的进攻速度,但也给当时的经济和民众生活带来了诸多不便。

二、利用宁波机场对日本实施纸片轰炸

1937年12月,南京失陷,国民政府宣布迁都重庆。在上海、南京沦陷后,中国政府及民营部门、大批难民以及各种战略物资大举西迁至西南重庆,其中大部分因运输不及仍滞留于武汉,使武汉成为重庆政府的政治、军事中心和作战物资主要集散地。为此,日本航空兵加紧对武汉实施空袭,不断进行狂轰滥炸。面对气焰嚣张的日本侵略者,为了打击日本侵略者的气焰,展示中国空军的力量,国民政府统帅部决定派飞机远征日本,空军司令部将宁波栎社机场作为远征空袭的起飞基地。

1938年3月,国民政府军事当局专门制订了《空军对敌国内地袭击计划》,决定派飞机远征日本。当时,中国空军既缺乏远程飞行训练,对空通信设施也极为简陋,因此远征日本所需的航行、指挥、气象、场站等都需临时准备。[2]从3月到5月初,军事当局着手进行各方面的准备,主要是重修浙江境内的机场,并在汉口到浙江沿海设了7座对空电台,其中汉口经南昌、衢州到宁波一线为主,长沙、温州、丽水为辅,相互联络,这些准备为空军的远征提供了较好的技术条件。

经过在成都凤凰山基地1个多月的秘密训练,空军司令部决定由徐焕升1403号机组(徐焕升正驾驶、苏光华副驾驶、刘荣光领航、吴积冲通信员)

---

[1]《报告驳轮覆沉溺死乘客情形》(1940年4月),中国第二历史档案馆藏档案,案卷号一一二.621。
[2] 秦孝仪主编:《中华民国重要史料初编·对日战争时期·第二编(三)》,(台湾)"中央"文物供应社1981年版,第108页。

和佟彦博1404号机组（佟彦博正驾驶、蒋绍禹副驾驶、雷天眷领航、陈光斗通信员）执行任务。他们各驾驶一架"马丁"139WC型轰炸机。这种飞机配有2台775马力的发动机，翼展21.49米，机长13.63米，起飞重量7430千克，最大速度为343公里/时，航程为1900公里。为了增大航程，还对飞机进行了改装，把轰炸机的炸弹舱改装为一个大型的油箱。

5月间正值长江流域梅雨季节，天气变幻莫测，中方因没有日本本土气象资料，只好逐日抄录东亚各地气象报告进行推测，数日归纳的结果是：在月圆望月前后难以出现良好天气。由于武汉战局日紧，一旦延迟不知道还有没有机会实施远征，徐焕升队长干脆直接飞赴前进基地宁波，依靠自己长期海上飞行的经验，从当地直接观察、推测东海洋面天气变化。

5月19日，空军当局派第14大队队长徐焕升、副队长佟彦博等率队员8人，分别驾驶重型轰炸机，从汉口起飞经南昌、衢州，然后停于宁波的栎社机场。两架飞机飞行了两个小时，降落在宁波的机场。因为从武汉到日本再返回武汉超过了马丁B-10型轰炸机的最大航程，所以飞机要在宁波补加燃油。

当时在宁波电话公司工作的叶安宝，说起当天的情况，还记忆犹新：

中国空军两架飞机在宁波栎社机场加油，即将飞往日本本土散发反侵略战争的传单

1937年10月起，日本飞机肆虐栎社机场，宁波市区相应建立了防护团、防控指挥部，加强执行空袭警报。天气晴好的日子，市民一早就带着食物跑往郊区躲避，大小店铺都关门，空袭过了，人们才返回市区，当时的商店都是夜间营业，子夜才打烊。他记得很清楚，5月19日下午，空袭时间过了，防控指挥部的人正要下班，接到了奉化防空监视队的电话：有两架飞机从新昌方向飞来，越过奉化上空，飞向宁波……一时间，空袭警报响彻宁波上空，刚回到市区的人在街头小巷四处跑。接着又来了一通电话说明：飞机是我国空军的，来宁波需要检修加油、飞行员需要休息。这次通话后，防控指挥部解除了警报，老百姓才恍然大悟：虚惊一场。叶安宝说，当晚的情况很特殊，他一直在接栎社机场的电话，了解飞机的准备情况，又要和指挥司令部互通讯息，让警察局加强巡逻，还得到防空指挥部的指示，严禁当晚拉响警报。[1]

当晚11点48分，两架飞机再次起飞，调整航向后径直朝日本飞去。5月20日2时45分，两架飞机飞临日本长崎上空。这次空军远征的目的在于宣传我国抗日的意义和唤起日本民众的觉悟，故飞机所载的都是反对日本军国主义的宣传品，如《告日本工商业者》《告日本全体劳动者》《告日本农民大众》等6种传单。传单上云："尔国侵略中国，罪恶深重。""尔再不训，则百万传单将一变为千吨炸弹，尔再诫之。"两架飞机在长崎撒完传单后，又折向福冈方向，总计在日本本土撒下的传单超过100万张。直到此时，日本的防空部门才"大梦初醒"，对福冈实行灯火管制，全城一片漆黑，地面高炮也猛烈开火，但两架飞机毫发无损地从长崎附近脱离日本领空出海，胜利返航。这就是世界航空作战史上著名的"纸片轰炸"。

---

[1] 叶安宝：《振奋人心的壮举——1938年中国空军远征日本》，宁波市新四军暨华中敌后抗日根据地研究会编：《浙东抗战与敌后抗日根据地史料丛书》第一卷，中共党史出版社2001年版，第400—403页。

在胜利返航时,两架飞机途经宁波市区上空还盘旋了三圈,宁波人民奔走相告。当时的校园里还为此唱了一首赞歌,歌词有两句是:传单抛尽天色明,平平安安回祖国。飞机约11时在武汉上空会合,降落于汉口机场。国民政府行政院院长孔祥熙、军政部长何应钦,中共中央和八路军驻武汉办事处代表周恩来、陈绍禹、吴玉章、罗炳辉等亲自来到机场迎接。

中国空军的远征用传单代替炸弹,虽然没有对日本进行军事打击,但它的意义也是非常深远的,它向世界人民证明了中国人民是爱好和平的,中国是爱好和平的国家,同时它也表明中国空军有能力长途轰炸日本城市,这也是对日本军国主义的一个严重警告。

中共代表周恩来、王明及吴玉章等代表中国共产党和八路军向凯旋的空军英雄献旗

三、镇海保卫战

1938年10月武汉会战结束后,中日战争进入相持阶段。日军为了削弱中国的持久抗战能力,决定切断中国的海上补给线。日军大本营在1938年11月26日,起草制订了《1938年秋季后的对华处理方略》,作为对华长期作战纲领,正式提出了对中战略,尤其是政略要地,应坚持顽强的航空作战以及海上封锁,尽力切断其残存的对外联络线,特别是输入武器的路线的作战方针。在1939年先后发动攻占海南岛、汕头和潮州的战事,解决华南问题后,日军将切断中国海上补给线的重点放在了浙江沿海。

第五章 抵御日军进攻的努力

负责浙江防务的国民政府军第 10 集团军总司令刘建绪[1]认为,杭嘉湖一带是浙江对日作战的主战场。为了不分散兵力,他对于漫长的浙江沿海只安排了少数兵力。守军备广而兵分的态势完全在日军掌握之中,日军认为浙江沿海这种防御部署不堪一击。在 1940 年 1 月 22 日日本陆军偷袭萧山得手后,部署在上海的日海军第一遣支(华)舰队[2]加快了入侵浙东门户镇海的步伐。第一遣支(华)舰队司令、自信满满的日本海军中将细萱戌子郎深信,国军将会因防线一点被突破而全线崩溃。因为过于自信,日军甚至随军带有《朝日新闻》《每日新闻》《读卖新闻》等报纸的记者、摄影师,准备记录他们的"赫赫战功"。

1940 年 7 月中旬,日军集结在镇海海面的兵力多达 3000 多人(其中伪军 700 余人),并有 1 艘航空母舰(载飞机 7 架),30 余艘兵舰和 40 余艘汽艇参与其中。[3]预先得到情报的宁波防守司令部,以镇海要塞为中心进行防御部署,第 194 师以第 1126 团于甬江北岸展开,第 1125 团于甬江南岸展开,第 1127 团作为预备队,镇海要塞防务则由要塞守备团担任。在前线展开的两个团抓紧时间进行防御部署,并构筑钢筋水泥的机枪掩体作为阵地主干。

7 月 16 日拂晓,日军集中各式船舰 14 艘开始炮轰镇海要塞,要塞受弹 300 余发,要塞炮兵以仅有的旧型重炮猛烈还击。天亮后日舰撤退,接着日机 12 架飞机分批向要塞投弹 80 余枚,然后日舰 30 余艘继续炮击要塞。要塞受创甚重,左清凉山的探照灯阵地被摧毁。17 日凌晨,日军各舰再度猛烈炮击镇海要塞,随后日军以两艘汽艇运载步兵在穿山码头试探登陆,第 1127

---

[1] 刘建绪(1890—1978),湖南醴陵人。保定陆军军官学校第 3 期炮科毕业,湘军著名将领。
[2] 《宁波防守司令部浙江镇海战役战斗详报》认为是第 3 舰队(见:中国第二历史档案馆馆藏档案,案卷号七八七.12284),笔者认为不准确。因为 1939 年 11 月,日军中国方面舰队进行整编,将第 3 舰队改编为第一遣支(华)舰队(活动于中国中部海岸及长江流域),直到 1941 年 4 月第 3 舰队才另建。(见:黄力民《二战时期日本海军舰艇部队》,《军事史林》,2013 年第 4 期;《第三舰队(日本海军)》,https://ja.wikipedia.org/wiki/)。
[3] 《宁波防守司令部浙江镇海战役战斗详报》,中国第二历史档案馆馆藏档案,案卷号七八七.12284。

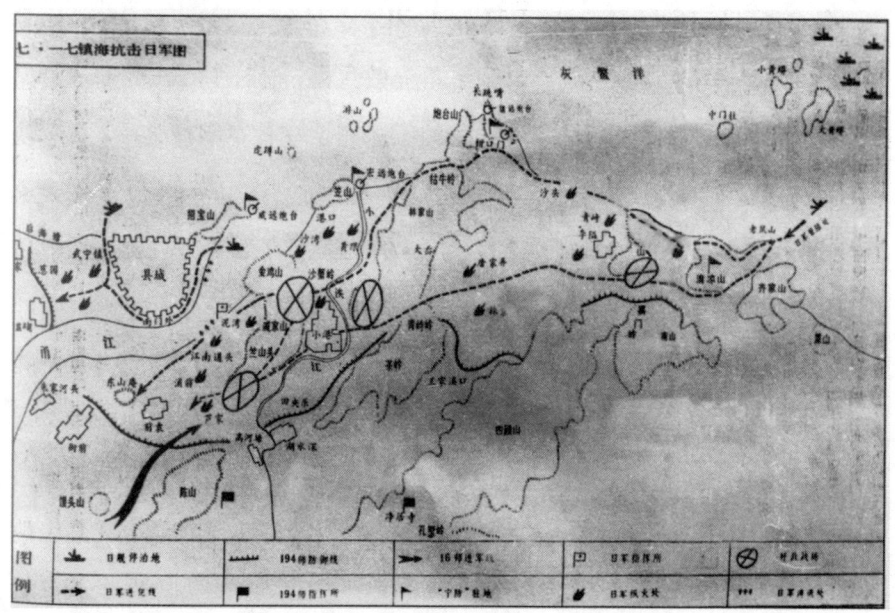

"七一七"镇海抗击日军作战示意图

团第 5 连奋起抵抗,集火扫射,击沉敌军汽艇 1 艘。日军在试探攻击之后开始搭乘汽艇在齐毛贝村登陆,第 194 师第 1127 团兵力过于分散,无法有效逆袭。所以日军在登陆之后轻易突入并向镇海要塞后背快速推进,随后以一部占领了镇海县城。下午 5 时,日军又在招宝山的紫竹林登陆。镇海要塞守备团驻威远、宏远两台的一个营不支溃退,日军占领了招宝山各炮台,又攻占了江南镇与制高点——戚家山。

194 师师长陈德法此时面临抉择,镇海已经沦陷,宁波防务危急。若将全师主力投入镇海方向,日军可以任意择点登陆;但若继续维持原守备态势,第 1127 团绝对无法挡住日军。于是陈师长决定将甬江北岸的第 1126 团转移到甬江南岸,与预备队第 1125 团一起投入镇海方面作战。而在甬江以南布防的第 1125 团霍远鹏团长此时则在骆驼桥占领阵地,防止日军深入内地。陈师长命令第 1125 团朱企团长率部渡江赶往青崎前线,堵住甬江防线上的缺口，第1126团代团长蒋得善率全团恢复戚家山阵地。陈德法师长与参谋长戚大哉上校亲率特务连到前线督战。

当俞济时[1]得到宁波危急报告之后，急饬第16师师长杜道周[2]由上虞率部驰援镇海。杜师长奉到驰援命令之后，立即以第16师第48团为前锋急行军驰援镇海。18日下午，第48团团长罗鹏瀛上校率部赶抵镇海县的衙前岭，遇到日军一个中队正在放火焚烧衙前街的觉海寺，第48团马上出击。日军遭到突袭后急忙收缩兵力，退守制高点戚家山。罗鹏瀛认识到戚家山地势险要，关系战局成败，所以毫不迟疑率部猛烈进攻，争夺山头。日军知道戚家山失守就会被驱赶下海，所以集中主力死守。第48团与日军激战于戚家山，不仅挡住了日军对宁波的攻击，也使日军不得不集中兵力，间接拘束了日军的主力。陈德法得以整理战线，第1125团在甬江南衙前站稳脚步，第1127团赶到甬江北岸俞范、清水浦一线占领阵地。第16师的第46团与第47团先后抵达戚家山正面。

18日凌晨，第1126团代团长蒋得善亲率全团接替第48团猛攻戚家山。蒋得善以第1营正面冲锋，第2营与第3营两翼包抄，强攻山头，日军居高临下顽抗，并召来飞机8架助战，海面军舰也开炮支持，战况惨烈。上午11时，日军逆袭，第3营第8连阵地被突破，第3营全线败退，第1营也因伤亡过重而撤退。陈德法得报后亲到戚家山前线整顿部队，将第3营第8连连长就地枪决，并命令第1营乘夜攻山。入夜，第1营营长陶师倪率部轻装摸上戚家山，冲入日军阵地与敌肉搏。日军大乱，以舰炮胡乱射击，但是夜里

---

[1] 俞济时（1904—1990），浙江奉化人。黄埔军校一期毕业。1937年8月在淞沪会战中因战功升任第74军军长，率领74军先后转战上海、南京、豫东、武汉、南昌等地，奠定第74军迈向荣誉最高峰的基础。1939年10月，俞济时调任第10集团军副总司令，被刘建绪总司令派驻金华，负责协助浙江省主席黄绍竑部署浙东海防，把第16师作为战略预备队。
[2] 杜道周（1893—1969），湖北沔阳人。保定陆军军官学校第6期炮兵科、陆军大学将官班乙级第2期毕业。1939年5月11日升任第16师中将师长。第16师源于何键的湘军，是浙东海防线的精锐部队。

无法分辨目标,所以第1营得以借近战抵消日军在炮兵上的优势。日军失去炮兵掩护后无力坚持,第1营顺利克复戚家山。当年的日本随军记者小俣行男在《日军随军记者见闻录》一书中写道:"激烈的手榴弹战,挥动着白刃进行殊死的劈杀,双方相继不断地有人倒下去。这不是电影,这是流血的现场。望着这可怕的场面,可真叫人心里受不了啊!"[1]其战斗悲壮惨烈可想而知。

20日夜9时,第194师以戚家山为依托,向镇海县城的日军主力发起攻击。第1127团直取宏远台,第1126团猛攻小港镇。21日深夜,第1127团在黄鹤根突破日军防线,第1126团攻占小港镇。日军知道大势已去,21日全线逆袭,展开激战。陈德法知道镇海县城三面环海,涨退时岸边为汽艇无法靠泊的沙滩,所以算准退潮时对镇海县城发动主力攻势。日军弃城而逃,在海滨无船可登的日军又遭重创,沙滩上遗尸累累。夜8时,日舰向第194师阵地疯狂炮击,掩护海军陆战队撤退,阵地落弹3000余发。10时,第194师在弹雨下奋勇推进追击。11时30分,第48团攻克金山,第194师攻克港口,并歼灭了未及退走的日军断后部队。22日凌晨1时第48团克复泥湾,2时30分第1127团克复宏远台,第1125团克复镇海县城,3时克复戚远炮台。日军完全败退。日本随军记者小俣行男在回忆文章《发生在眼前的白刃战》中,追忆了记者们逃离时的狼狈相:"刚想从建筑物后往码头跑,敌人的子弹便嗒、嗒、嗒飞来。于是慌忙退回来,怔怔地贴身在建筑物旁边进退不得,等了相当长的时间,才跑到一艘送饭来的小艇上,转而回到军舰。"[2]

镇海保卫战国民政府军以阵亡472人、负伤530人的代价,取得了毙伤

---

[1] [日]小俣行男:《发生在眼前的白刃战》,宁波市新四军暨华中敌后抗日根据地研究会编:《抗日救亡与党的重建》,中共党史出版社2001年版,第368页。

[2] [日]小俣行男:《发生在眼前的白刃战》,宁波市新四军暨华中敌后抗日根据地研究会编:《抗日救亡与党的重建》,中共党史出版社2001年版,第369页。

第五章 抵御日军进攻的努力

日军1000余人,击落日军侦察机1架的胜利[1],在宁波抗击外来侵略史上谱写了光辉的一页。战后,第三战区司令长官顾祝同对有功人员进行嘉勉,第16师师长杜道周擢升为第86军副军长;第194师师长陈德法升任宁波防守司令部中将司令。

1940年7月22日晨,国民政府军击退日军。图为国民政府军将士收复镇海时留影

国民政府军的抗日行动得到了宁波民众的大力支持。7月17日,第194师1127团团部在净居寺驻扎,团政治指导室请唐爱陆先生到东岗碶普庆寺商定:抬运伤兵所需民夫,尽可能找保长,不要擅自拉夫抓人;当地保长要尽快派人,不得躲避、推托、拖延;所出民夫工钱,凭军队证明,由各乡、镇长负责支付。随后,唐爱陆向各乡镇长传达做工作。18日午后起,长山桥、东岗碶、下邵至五乡等地的凉亭,桥头旁、大路口摆有茶水摊,供伤兵民夫饮用,还出现给伤兵送饭、喂饭的事。胆大的民夫直接到戚家山不远的高河塘抢运伤员,许多群众用洗净的被夹里布包扎伤员伤口。

听闻日军入侵镇海的消息后,中共庄桥支部立即派出战地服务队,带着担架、急救用品和慰劳品,赶赴镇海抗日前线,积极开展救护伤员、慰问难民和战地宣传服务等活动。

21日拂晓,有六七个老百姓上戚家山送咸光饼、绿豆汤给抗日将士充饥

---

[1]《陆军第一九四师于镇海要塞及镇海县城附近战役战斗详报》(1940年7月),中国第二历史档案馆馆藏档案,案卷号七八七.12285。

解渴。是日，戚家山肉搏鏖战，1126团一个连长为了让官兵吃饱了上前线，拿出私人款子要司务长买头猪，却一时难以买到。此事被群众得知，到邻村宰了一头，烧熟后，将白切肉送到前线。48团某连长，在戚家山战斗中身负重伤，由其勤务兵（是他侄子）护送往宁波医治，在抬往五乡碶途中，自知身体不行，要求侄子在他死后给他买口棺材入殓，送回老家。但不到东岗碶已经身亡，然而附近却没有棺材购买。得知情况后，有位老太太出来说："后生也是娘生的儿子，可怜啊！"遂将为自己准备的棺材送给连长入殓，运往宁波。

　　胜利捷报传到宁波后，各界人士也组织了欢庆大会，鄞县动员委员会主委俞济民下令制作梅花形金边、蓝地金字"七一七"镇海抗战胜利纪念章，颁发给宁波市内有关工作人员和参战人员留念。宁波各机关组成慰问团和镇海工商团体、城区百姓慰问抗日将士。东大路各商铺店主听说鄞县动员委员会在城区征募慰劳品慰劳前线将士和伤兵的消息后，大开店门，表示欢迎，凡是所需糖果食品、草席、内衣、防暑药品，踊跃捐赠，毫不吝惜。

第六章

日军侵占宁波

一、宁绍战役和宁波沦陷

不甘心失败的日军大本营于1940年7月23日下达"大陆命第四百三十九号",为了确保上海、南京、杭州之间地区的治安,首次将宁波地区纳入中国派遣军要确保的地区。[1]为达到这一目的,1941年2月下旬,日军大本营密示中国派遣军,可使用驻上海吴淞的第5师团,在浙江沿海实施登陆作战,并在作战任务结束后,仍须以一半兵力暂时驻守该地。日军侵占宁波的目的有三个:一是封锁港口,二是掠夺象山的飞机制造业原料——氟石,三是占领蒋介石的老家——奉化溪口,以此作为解决中国事变的一种手段。[2]

对于大本营的训令,驻沪日军第13军司令官泽田茂颇不以为然。他在4月10日的日记中写道:"所谓作战,以给敌人痛击使其丧失战斗力为第一位。夺取物资为第二位,只不过是辅助手段。近来总是主次颠倒,主张军队突然对敌实行半途而废的或以夺取物资为主的行动。作为军队,应引以为耻,必须严加防止。这一问题在第二十二师团发动作战时,进一步予以晓

---

[1] 日本防卫厅防卫研究所战史室:《中国事变陆军作战史》第三卷第二分册,中华书局1983年版,第69—71页。

[2] 日本防卫厅防卫研究所战史室:《中国事变陆军作战史》第三卷第二分册,中华书局1983年版,第115、117页。

谕。"[1]为此,他将寻找第10集团军主力作战列为首要目标。4月14日,泽田茂设指挥所于杭州,抽调第22师团、15师团、独立混成第11旅团及伪军一部共3万人,作为主力,在西线用于从杭州方面向诸暨、绍兴进攻;东线则以从上海吴淞南下的第5师团、海军横须贺第四特别陆战队和伪军一部,分四路进攻镇海、石浦、海门、瑞安等地。宁绍战役爆发。

4月7日起,镇海口外不断有日舰活动。15日,日舰增至10余艘,不时炮击小港、镇海、澥浦沿海一带,日机也多次轰炸上述地区,共投弹200余枚。16日凌晨前,在佐世保完成陆海空联合登陆作战演习的日军第5师团第9旅团[2]共1万余人的船队,驶抵金塘锚地集结,准备入侵宁波。17日拂晓后,日军汽艇10余艘,分批驶进青峙、小港、招宝山、后海塘、石塘下、南泓等地,到处开枪打炮,进行火力侦察。

在日军1940年1月偷袭萧山得手后,黄绍竑被迫将抗敌自卫军交给中央政府接管整编。4月,浙江抗敌自卫军改编为4个步兵师(暂编32师,暂编33师,暂编34师,暂编35师),自卫军总部裁撤并另成立暂9军指挥这4个师。黄绍竑交出抗敌自卫军后,同时表示不愿再负责布防浙江的防务,第三战区司令官顾祝同要求俞济时出任浙江沿海军总指挥,统掌浙东防务。俞济时虽然是浙江省奉化县人,但面对浙东海岸线长逾700公里,防守面广兵力单薄的情况,迟迟不愿就任。正如俞济时在《"四一九"宁波战役述感》所叹:"对保卫乡邦,焉复退缩,实因浙海防线,长逾四万余公里,部队三师,

---

[1] 日本防卫厅防卫研究所战史室:《中国事变陆军作战史》第三卷第二分册,中华书局1983年版,第115页。
[2]《宁波市志》认为第9旅团的旅团长是寿其少将(见:《宁波市志》,中华书局1995年版,第2039页),沈宏康认为日海军指挥官为大津和郎(见宁波市新四军暨华中敌后抗日根据地研究会编:《浙东抗战与敌后抗日根据地史料丛书》第一卷,第336页)。日军随军记者小俣行男指出,日军第5师团第9旅团旅团长是楠本实隆,海军指挥官应是西野茂。(见:"日军下午3点占领宁波城区。4点30分,旅团长楠本和海军的西野部队长在江北新马路会师。"[日]小俣行男:《日本随军记者见闻录——太平洋战争……》,世界知识出版社1985年版,第10页。)

兵力两万，枪枝六千，远不足负此重任；加以各海口封锁工事，均系抗战初期，打桩沉船，久已失效；其要塞设备，尤属有名无实。"[1]经第10集团军总司令刘建绪亲自劝驾，俞济时只好硬着头皮就任。

俞济时在1940年8月勉强就任浙东海防总指挥后，面对700公里海岸、4个主要港口，只有3个师可以使用的窘境，沿袭黄绍竑时期的部署，仍将海岸分为四个守备区，但是在兵力分配上则有调动。对浙南台州与温州两港，俞济时认为两处腹地不广，港口狭小，重要性相对不高，所以在浙南虽然编制有两个守备区，但是总共只部署1个步兵师。在北面的绍兴守备区多次遭杭州方面日军掠夺性攻击，对绍兴的防御部署在第10集团军的规划之内，俞济时只让苏本善指挥海上游击纵队，予以协助。俞济时将布防的重点放在象曹守备区（担负南起象山港、北至曹娥江，包括鄞县、镇海、慈溪、余姚、奉化等县的防守任务），安排两个师的兵力。其具体部署为：194师2个团防守镇海口南岸，1个团守卫奉化、象山；暂编34师防守镇海口以北地区；守备团分别布防于镇海和象山港；警察总队担任宁波城区和城郊的防务。尽管这样，宁波防守面大与兵力少的矛盾仍然非常突出。

在宁波战役爆发前，各师副师长、团长和各团唯一的重武器——迫击炮连，都在桐庐集训未归，不仅导致战争爆发时指挥混乱，而且火力大大削弱。更致命的是，由于4月17日绍兴沦陷后，暂编34师要奉命赶赴百官准备参与绍兴、诸暨方面作战，俞济时虽然强硬留下一个团，但194师两个团不得已将右翼向北延伸填补左翼暂编34师撤离后留下的空白，兵力布置更加薄弱。正当正面防务交接未竟之际，东线镇海之战即告爆发。[2]

18日晨，日军汽艇数十艘，在飞机轰炸扫射掩护下，驶进沿海各地继续骚扰，窥测登陆地点，炸除设在海滩上的栅栏、铁丝网等障碍物。10时前后，

---

[1] 俞济时：《"四一九"宁波战役述感》，《时事公报》，1946年4月19日。
[2] 俞济时：《"四一九"宁波战役述感》，《时事公报》，1946年4月19日。

日军舰艇10余艘,载海军陆战队200余人,在招宝山紫竹林海滩强行登陆,进行排雷、清障作业,守军暂编第34师1团第1营的抗日官兵,以安远炮台附近的钢筋水泥构筑的重机枪掩体为核心阵地,在招宝山上英勇抗击,战斗极为惨烈。傍晚,日军终于被击退,守军也伤亡一半以上。

19日拂晓,满载日军的200余艘汽艇、驳船,在海军陆战队的护卫下,分别在江南、江北10余处地方,同时抢滩登陆。招宝山外甬江口海面,机声轰鸣,响彻云天。天亮后,日机二三十架,盘旋俯冲,炮弹、炸弹爆炸声,机枪扫射声,震耳欲聋。招宝山守军暂编34师1团3营九连的爱国官兵,没有被来势凶狠的日军吓倒,孤军坚守招宝山,顽强阻击。直到9时左右,日军先后从招宝山后的仙人洞、钩金塘迂回过来,包围了招宝山,九连官兵前后受敌,伤亡殆尽,招宝山失守。19日的阻击作战时长4个小时左右,延滞了日军一举突入甬江,当天攻下宁波的计划。1营、3营爱国官兵伤亡三四百名。2连连长蔡文烈,在日军逼近时,跃出战壕,手持轻机枪向日军猛烈扫射,弹尽后,胸部中弹,当即阵亡。1营营长戚威良,率部冲锋时,腹部中弹,肠子、大动脉被打断,鲜血喷射,壮烈殉国。日军从洋关、东门外、大道头进入镇海城区,9时40分,3营残部在张鉴碶突围,镇海县城陷落。

在镇海口江南一线,日军汽艇近百艘,载海军陆战队千余人,在林大山、算山、沙头、黄瓦跟、金鸡山等处先后强行登陆,与守军194师581团(原1126团)前哨部队激战后,抢占了滩头阵地,接着,日军主力部队第5师团不断登陆,迅速向纵深穿插。守军前沿阵地通信联络中断,各处阵地陷于单独作战。黄瓦跟登陆的一股海军陆战队约200人,不久又续增陆军千余人,与金鸡山登陆日军会合后,继续向西攻击进犯。581团刁君岳连孤军坚守戚家山,被日军包围后,通信中断,后援无继,终因寡不敌众,全部壮烈殉国。

10时许,日军炮艇攻破镇海口封锁线,溯甬江西犯,直扑宁波城区。一股日军于11时在甬江北岸王家洋登岸。下午2时700余日军在清水浦上岸进犯宁波江北岸下白沙、孔浦。下午3时，另一股日军3000余人在甬江南岸鄞县梅墟上岸，突破194师的江东防线，进犯宁波江东，形成钳形夹攻态势。

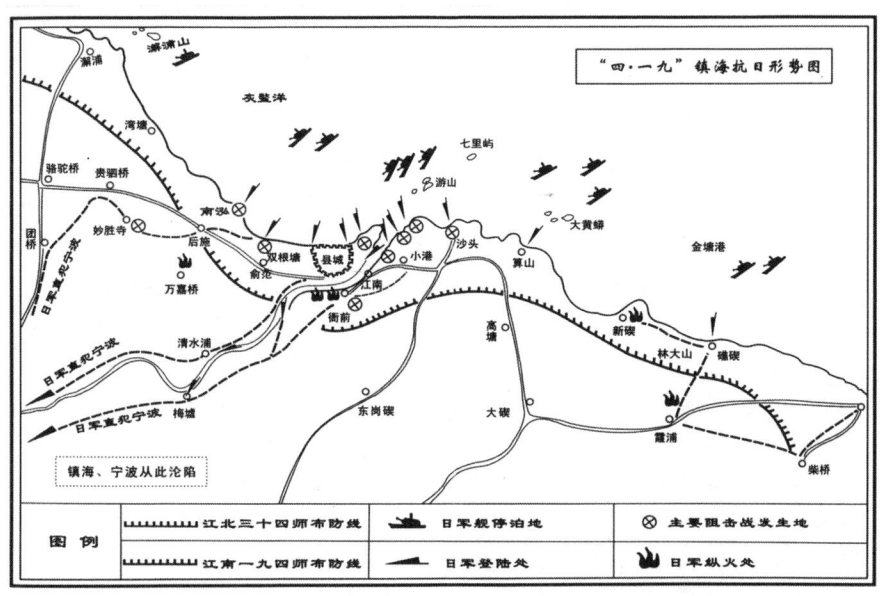

1941年4月19日，日军攻陷镇海口。到4月23日，镇海、鄞县（今宁波市）、奉化、慈溪、余姚相继沦陷。图为"四一九"镇海抗日形势示意图

下午3时左右，驻宝幢的194师582团（原1127团），奉命防守宁波，以第1营布防在江东和丰纱厂沿江一带；第2营与警察大队布防在江北岸、新江桥、和义路一带。傍晚，日军溯江西进的艇队，遭到582团重机枪和炮兵1团第5连山炮的封锁射击。海军布雷大队在灵桥下布放的一批漂雷（其中真的15枚，假的数十枚，均有伪装、真假难辨）在甬江中顺流而下，日军进攻一度受阻，入夜未能到达宁波。日本随军记者小俣行男记载："离宁波越近，敌人的抵抗便愈加激烈。敌人从江河两岸用机枪猛扫江中的海军部队，这支艇队成了挨打的靶子；陆军部队在绿油油的麦田中行进，但由于敌人构筑阵地顽强抵抗，部队前进受阻"；"在如此困难的情况下天黑了，在弹雨的笼

罩下又迎来了黎明。"[1]

20日天亮后,日机20余架,在市区投弹100余枚。582团军用电话线路多处中断。守军在和丰纱厂以及新江桥等处与日军激战。江北岸日军200余人,企图从新江桥冲入东门口,遭到防守在新江桥南堍、东昌弄、余姚航船埠头等处的2营某连阻击。守军从大有丰百货商店取来火油2听,泼在堆放在桥面板上的旧麻袋上,点燃引起大火,阻止日军过桥。此时,新江桥守军的后方,华美医院(今第二医院)方向,突然响起激烈的枪声,窜抵压赛堰的日军迂回部队千余人,在守军防守最薄弱的湾头地区,从北门渡一带用橡皮艇强渡姚江,在日机轰炸扫射下,守军582团2营阻击未能成功。日军沿环城马路直趋西门、南门,与沿甬江进攻的日军夹击城区。各处守军边打边撤,后卫部队在下午3时左右,撤离市郊,甬城陷落。

20日夜,194师撤至奉化江口和鄞江桥一线,宁波警察总队退至鄞江桥、凤岙一带。21日,暂编34师第1团撤到溪口。20日,占领甬城的日军以主力沿鄞奉公路向奉化进犯。22日,日军攻陷溪口。23日,日军在飞机掩护下发起对奉化县城的攻击,奉化陷落。从宁波撤至奉化的194师损失惨重,不得不转移到嵊奉公路沿线的枫树岭、陈

1941年4月20日,日军平山部队侵入宁波城

---

[1] [日]小俣行男:《日本随军记者见闻录——太平洋战争……》,世界知识出版社1985年版,第10页。

家坪、妙高台一带凭险阻敌前进。在日军一路进攻宁波、奉化、溪口的同时，另一路日军于23日凌晨向慈溪发动攻击,慈溪、余姚先后沦陷。

在4月19日凌晨,另一路日军乘汽艇在象山县延昌乡的沙塘湾及昌国乡的南沙等处登陆,然后经起家山、汝慈分路进犯石浦及大金山一带,当日石浦失守。原驻防象山港的宁波防守司令部守备团也奉令调到奉化。

面对日军精锐师团的进攻,国民政府军虽然英勇抵抗,但终因实力不济,在付出了惨重的代价后,痛失大片国土。

二、大皎惨案

鄞县大皎村坐落于四明山麓,是鄞西山区重要的经济集镇之一。东北出蜜岩乡可达樟水、鄞江,有竹排直通宁波;西南经杖锡直达奉化、余姚和嵊县。全村有400多户人家。长一里许的繁华街道横穿全村,街上有米店、布店、药店、南货店,及米坊、酒坊等,周围五六个乡的乡民均到此处购买生活必需品,市场繁荣,人们安居乐业。

宁波沦陷后,六区专员徐箴及鄞县县长兼宁波警察局长俞济民[1]等转移到鄞西。驻甬地方军政机关也纷纷撤迁到鄞西以大皎为中心的四明山区。当时云集在这一带的机关有宁波防守司令部、浙江省第六行政督察专员公署兼保安司令部、宁波警察局、浙江省高等法院第三分院和鄞县、镇海、慈溪、定海、余姚等县政府。由于鄞县县政府仍保留着比较完整的机构,这些众多的机关人员及其家属和纷至沓来、系统不一的军队的后勤给养、物资补给、人员调用乃至电信联络,均由鄞县为主承担。

1941年端午节前两天(5月28日),谍报队长陈鹏华报告,侵甬日军已

---

[1] 俞济民(1902—1957),浙江奉化人,俞济时之兄。毕业于北京高等警官学校,1932年任宁波警察局长,1939年兼任鄞县县长。

准备撤退。当天，侵犯鄞县凤岙市和鄞江桥的日军先后被击退。四明山游击区司令部判断这两方面日军的进犯是为掩护其宁波撤退，防止被追击。得知这一消息，流亡在大皎的官兵及其家属非常兴奋，都打好行装，准备回宁波过节吃粽子。

29日，梁弄、后隆两地先后报告有敌情，而后隆电话旋即中断。六区警备指挥部机要室参谋王兴藻觉得情况不妙，大皎似处于日军四面包围之中，于当日午夜向四明山游击区司令部报告。经讨论后，司令部决定下紧急总退却令，全面向四明山区纵深转移。当30日拂晓司令部到达下严时，听到枪声，发觉日军已占据山头，以火力封锁，阻住去路。司令部当即组织敢死队冲杀，但被日军阻杀。司令章桂龄下令人员分散，单独作战，突出重围，到燕子窝集中。此时，日军分别从蜜岩、大皎岭、半坑、茶岭岗和下塘等分六路偷偷包围了大皎、细岭和下严等几个村庄。

混乱中，村里百姓遭殃尤甚。日军进村以后，杀人放火，强奸妇女，掳掠财物，无恶不作。他们先将大皎全村男女老少赶到村头大操场集中，然后将村中财物抢掠一空。洗劫以后，即在房屋上泼上汽油，用火弹点着烧村，霎时烈焰腾空，哭声连天。大火从31日上午烧到下午，全村600多间房屋，除6间单独的简陋房子和半个祠堂幸存外，全被烧光[1]。村里有一个70多岁的老婆婆和一个七八岁的小孩被日军活活烧死。有两个农民被日军杀害后抛进大火堆焚烧。在烧村的同时，日军又把被他们打死的人，像叠柴爿似的叠起来焚烧，毁尸灭迹。为了把抢劫来的财物运到据点里去，日军又抓来许多壮丁，强迫他们挑东西，遇有年老体弱挑不动或中途掉队的，就用刺刀活活

---

[1]《铁蹄下的鄞县惨象》（见：政协宁波市暨各县（市、区）文史资料委员会、宁波市档案馆编：《宁波文史资料》第十二辑，1992年7月印行，第46页）认为有1600多间房屋被烧毁。《敌人罪行查报表》（见：宁波市档案馆馆藏档案，案卷号旧5-1-57）认为有257户农户受灾，600余间房屋被烧毁。本文依据后者。

捅死,其状惨不忍睹。陈如宝的伯父就是因为拉不动黄包车被日军打死的。[1]

战后对证,得悉日军为达到出其不意的目的,出发前扬言要撤退,而谍报员道听途说就向上报告。日军在凤岙市佯攻,在鄞江桥虚张声势,吸住我正面主力,重兵放在后隆。"浙保总队"闻风避走,日军当晚即占领后隆山顶要口。梁弄一路日军,也如入无人之境,"挺进纵队"已闻风而逃。当日军翻译闯进赵绪珠大队打电话,被话务员卢念慈听出破绽,赵大队长同翻译在搏斗中,后知日军蜂拥而来,就向边门溜脱。假如不是卢念慈发觉,后果更不堪设想。[2]

即使如此,日军的偷袭也造成了惨重的损失,六区专员公署和鄞县、镇海、慈溪、余姚4个县政府均被冲破,"员警阵亡及查无下落者达三分之一"[3],司令部谍报科长和副官当场阵亡。事后,象曹守备区派高参龚橙生来调查,认为大皎之役溃败主要有三个原因:一是凑拢部队,保存各自实力不听命;二是情报判断错误;三是机构臃肿,行动迟缓,造成不必要的损失。[4]章桂龄引咎辞职,改由陈天侨接替。

日军突袭给当地百姓造成的伤害更为深重。在日军火烧大皎后,许多家庭妻离子散,家破人亡,全村百姓无家可归,有的投亲靠友,有的外出做工,很多人不得不逃到外地讨饭、逃荒、流浪,其中仅外出要饭的就有300多人。留下的人因为无处栖身,只能在茅坑(厕所)、凉亭里搭棚群居。那年适逢天气干旱,疫病流行,日军又加紧封锁,粮食和其他商品进不来,老百姓只得忍饥挨饿,吃草根,扒树皮,许多人得了浮肿病和疥疮。因衣食无着,贫病

---

[1] 《采访陈如宝的记录》,原件存于鄞州区委党史办公室,抗战损失课题调研资料11-02-11-18。
[2] 王兴藻:《大皎溃败记》,政协宁波市暨各县(市、区)文史资料委员会、宁波市档案馆编:《宁波文史资料》第十二辑,1992年7月印行,第185页。
[3] 王兴藻:《大皎溃败记》,政协宁波市暨各县(市、区)文史资料委员会、宁波市档案馆编:《宁波文史资料》第十二辑,1992年7月印行,第185页。
[4] 《俞济民致黄绍竑函》,宁波市档案馆馆藏档案,案卷号旧1-1-198。

图为1941年5月31日日军火烧大皎遗址——已被皎口水库淹没的大皎村所在地

交加而病死饿死的就有120多人,其中全家饿死的达10多户。人们为了生存,强忍悲愤行走六七十里直至上百里的山路,到上虞、余姚等地去买粮、挑食。而居住在蜜岩据点里的日本兵更是穷凶极恶,他们强迫来往人群鞠躬行礼,强行搜索财物,甚至侮辱妇女,殴打乡民,还不时向下塘、下严、大皎、细岭和茶岭岗方向打枪打炮,杀害无辜群众。

据1942年鄞县县政府民政科947、1333号档案,大皎乡第一、二、三保保长夏方水、杨习恒、杨全生于1942年3月6日、11日两次向鄞县县长俞济民呈请赈灾报告云:"本保等人民,灶无炊爨之粒,身无蔽体之衣,在此寒气刺骨之际,日住倒墙茅棚,夜睡草堆破絮之中,发肿者如鼓,饥饿者如柴,患病在榻者占百分之七十以上,冻死、饿毙者已有二百余名,号哭之声随地可闻,死亡埋葬之事时有所见。其凄惨之状,非笔墨所能形容。"[1]

三、反攻溪口

奉化溪口东距萧王庙15华里,距奉化县城30华里,东北距江口30华里,南距嵊县百余华里,由溪口至嵊县有公路可通,公路两侧都是高山峻岭,

---

[1] 引文为笔者所加。鄞县政协文史委:《铁蹄下的鄞县惨象》,政协宁波市暨各县(市、区)文史资料委员会、宁波市档案馆编:《宁波文史资料》第十二辑,1992年7月印行,第47页。

具有非常重要的战略地位。守住溪口,不仅可以保住蒋介石的家乡,还可以阻敌南进。日军占领溪口,是发动宁绍战役的主要目的之一,不仅扼住了国民政府收复宁波的咽喉,还具有重要的政治影响,"因为该村是蒋介石委员长生母的坟墓所在地。这说明为了寻求解决事变的方法,还曾在这里打过主意"[1]。

宁波失守后,194师退防奉化溪口。4月22日晨,日军第5师团第41联队侵占溪口,194师再次败退,不得不转移到嵊奉公路沿线的枫树岭、陈家坪、妙高台一带凭险阻敌前进。溪口沦陷当天,日军进村到处烧杀抢掠,下街蒋孝能之妻吴香花等人被无辜枪杀,蒋孝报在割麦时被刺死于桂花树下,蒋国授从田间归来稍迟被刺死于四房堂前,蒋孝元之妻毛荷利被杀害于上白岩村。溪口许多居民外出避难,日军就破门而入,水缸锅灶、日用器具都被捣毁,财物任其掠夺。次日清晨,蒋周庵及其妻王氏去投亲避难,走到村西端藏山大桥(洋桥)边,被日军岗哨刺死。[2]

溪口沦陷后,日本间谍芝原平三郎露出真面目,出面组织成立"维持会"(后改称"乡镇自治联合会",溪口汪伪政权的前身),并诱劝蒋介石的亲属出任维持会会长,充当日军的统治工具,为日军支派民工,筹办军需物资等服务,并"审查"各村村民,搜刮、残害民众。闻知此讯的蒋介石电令194师师长陈德法从速营救,并责令其负责收复溪口。

日军占领溪口后随即强征数百民工,砍伐大批树木和毛竹,构筑溪口据点。在溪口村子东端的武山脚下、村北的龙驹潭、村西端的洋桥头和武岭公园内,筑起4个水泥碉堡(武岭公园内一个碉堡至今犹存);村子周围用铁丝网封锁,只留东、西两头出口,允许村民通行。又在溪口村四周的溪南山

---

[1] 日本防卫厅防卫研究所战史室:《中国事变陆军作战史》第三卷第二分册,中华书局1983年版,第117页。
[2] 《武岭蒋氏宗谱》(1948年纂修)卷二十五,第32页,奉化市档案馆馆藏档案,案卷号K2.5-4。

（前门山）、大庙山（上周家村对面）、武山、蛇山（魏家庄）、鲇鱼山等山顶上，挖筑5个壕沟和炮台，昼夜驻防。

4月26日，194师占领康岭、棠岙、赤泥岭、沙堤、入山亭之线，在溪口西南面布下弧形半包围阵地。5月7日，副总司令俞济时抵奉化前线。5月8日清晨5时许，向溪口的日军攻击，一部占领虞家村西南高地，一部占领溪南山、下白岩等处，擒日军5名。不久遭日军猛烈攻击，伤亡较重，中午，撤回阵地与日军对峙。14日晨，赤泥岭阵地失守；15日，遭日机轮番轰炸，撤往岩头、大坑一带。日军沿着奉新公路向西进攻，16日午时，暂编34师在晚香岭的警戒阵地被攻破，撤至新昌剡界岭。

5月18日，194师、暂编34师各派一部，乘夜袭击六诏、上下跸驻、柏坑的日军，杀死部分日军。19日晨5时后，日军500余人在炮火掩护下，猛扑大坑、西岙、剡界岭。日军虽然经国民政府军强韧抵抗退却，但马上又抽调部分日军跟踪追击；下午3时，占领六诏、上下跸驻、柏坑等处。是晚，194师一部向许江岸、班溪，暂编34师一部向西隅、亭下，又施行夜袭。20日晨，攻占上述这几个村子，中午，进占康岭；后又攻至溪口入山亭附近，但被日军炮火所阻，退守康岭一带。25日下午1时，日军在沙堤横山架炮，猛烈轰击康岭等地，还发射催泪瓦斯弹数枚。随后，日军又向西侵占了奉新公路沿线各村。反攻失败后，国民政府军调整部署：194师开往鄞县樟村一带，暂编34师在奉化山区棠岙、袁家岙、许家山一线守备。[1]

第一次反攻溪口失败后，日军第5师团第41联队加紧在奉化萧王庙、畸山下、溪口、鄞江桥等地构筑工事，准备长期固守，以作为宁波的外围屏障。在获悉日军从各战区抽调兵力企图再犯长沙，打通粤汉铁路的企图后，暂编第9军军长冯圣法奉上级之命，电令暂编35师（附暂编34师第2团、

---

[1]《国民政府第十集团军浙东及浙西各线战役之作战经过及检讨》（1941年），中国第二历史档案馆馆藏档案，案卷号廿五.5319。

暂编32师一个营)于9月28日进攻溪口,暂编34师(缺第2团)开到六诏附近策应作战,以牵制日军使其不能抽调转用他处。

9月27日深夜11点,暂编35师司令部进驻下跸驻村后,师长劳冠英进行作战部署:第1团从溪口北面进攻,第3团从溪口南面进攻,两个团会合攻取溪口,第2团在康岭、亭下一线策应;暂编34师第2团指挥奉化自卫队,攻击萧王庙,切断公路,阻击来增援之敌;暂编32师一个营开往鄞奉交界的奶部山、峰岭岙一线,警戒鄞县鄞江桥之敌。

28日黄昏,暂编34师第2团,向萧王庙、畸山的日军发动进攻,但伤亡较重,难以攻入。次日拂晓前,被从江口来增援的日军围困,只得突围,往南撤到林家附近。暂编35师第1团于28日黄昏攻占入山亭、沙堤横山,随后又攻占了上下白岩等村。29日凌晨4点开始,攻打蒋母墓地最高点和溪口东端的武山,战斗非常激烈,由于日军工事坚固,没有攻入;4点50分,驻江口、奉化县城的日军用汽车运载步炮兵先后前来增援;6点左右,攻至武山附近的两个连被日军包围,伤亡惨重;攻占沙堤横山的两个排也被冲散;8点左右,敌炮兵开始轰击上下白岩、入山亭等处,日机2架也在阵地上空盘旋扫射。29日4点50分,溪南山西坡日军两个据点在攻占后又被日军夺回,第3团只得退守原有阵地。

29日上午9点30分,战场沉寂,双方对峙。暂编35师师部,命工兵连编为2个爆破班,分别配置第1、3团,破坏日军工事及障碍物;又挑选40名官兵组成"奋勇队",配置于第1团带头冲杀。当日下午2点,师部下达命令:再度攻取溪口。晚上11点,第1团再次攻打蒋母墓地最高点,破坏日军工事及铁丝网;另一部攻占武山并毁坏日军工事,但武岭学校工事坚固不能攻克;"奋勇队"冲入溪口街后陷入重围,下落不明。第3团再度攻克溪南山西坡日军的两个据点并破坏其铁丝网,但该山东面日军据点炮火很猛烈,攻打也没奏效。因各部伤亡较大,经请示,30日凌晨3点30分,师部下达停止

日军在奉化县交通要道——溪口班溪康岭桥旁构筑的碉堡遗址

攻击命令,各团开始撤退。

面对日军精锐师团的进攻,国民政府爱国官兵虽然顽强抵抗,但终因实力不济,在付出了惨重的代价后,未能收复溪口。据《浙东沿海战役战斗要报》统计,参加这次战役的暂编30师、暂编33师、暂编34师、暂编35师和194师官兵共计阵亡3377人,受伤2846人,失踪1472人。[1]

再次反攻溪口战斗是国民政府军在宁波地区进行的最后一次较大规模的战斗。两次反攻溪口失利后,在敌强我弱的情况下,宁波各抗日武装开始走上以游击战来反抗日军侵略的道路。

---

[1] 《浙东沿海战役战斗要报》,中国第二历史档案馆馆藏档案,案卷号七八七.5666。

第七章

日军对宁波的殖民统治

一、日伪军在宁波的军事部署

宁绍战役结束之后,日军第5师团第9旅团在旅团长楠本实隆少将指挥下侵驻宁波城区,进行长期坚守的准备。第9旅团辖有第11、41两个联队,第11联队联队长为大佐大桥熊雄,第41联队联队长为冈部贯一,兵力7400余人,旅团部设于城区江北岸。日本国立公文馆网上,披露了日军第5师团在"F1浙东作战"中关于兵团各部队匿名变更的通牒,其中明确将所属第9旅团更名为"楠本部队","步一一"(即步兵第十一联队)更名为"大桥部队"(即大桥熊雄),"步四一"名为"冈部部队"(即冈部贯一)。不过,日本1941年5月出版发行的《写真周报》(总第167期)指出,1941年4月20日在宁波鼓楼下举行入城式的日军部队为"平山部队",这可能是日军为了保密而让新闻媒体编的番号。[1]

为了参与即将开始的太平洋战争,第5师团于1941年10月初撤离宁波,由独立混成第20旅团接防,文字代号"枪"。独立混成旅团相当于小型师团,其下一般不设联队,而拥有三至八个独立步兵大队。这种建制于1934年创

---

[1] 《关于参加宁绍战役的日军部队》,2011年3月7日,http://blog.sina.com.cn/s/blog_4423cedf0100pmy4.html。

设,主要任务是对日军占领区实施警备和维持治安。独立混成第20旅团有第102至第105四个独立步兵大队,分驻宁波各地。其中,旅团部设在效实中学,105大队侵驻城区,102大队侵驻奉化,103大队侵驻镇海,104大队侵驻鄞西及慈、姚一带。[1]该旅团的首任旅团长是池田直三,但他可能并未到过宁波,这支日军侵驻宁波时的长官,是野副昌德少将。

在1942年4月发生美军飞机轰炸日本的事件后,为了防止美军利用衢州机场对日本进行轰炸,日军决定发动浙赣战役,摧毁衢州机场。1942年4月,根据军令陆甲第八号,以原驻宁波的独立混成第20旅团为骨干编成第70师团[2]。第70师团第61旅团于5月14日夜,从奉化开往新昌,准备参加浙赣战役。侵驻宁波的日军由从日本调来的62旅团驻防。浙赣战役结束后,日军第13军作命第一八四号要点(8月27日下午4时),第70师团仍继续执行宁波地区(包括嵊县、新昌附近)之任务,同时还需固守和平定杭州地区。[3]其中,第62旅团继续侵占宁波。

1944年2月,为应对盟军可能在长三角登陆,日军调整军力部署,第22师团从第13军调入第23军,第27师团从关东军调入中国派遣军直辖,令第4、11野战补充队纳入第13军。其中,第11野战补充队队长为岩本高次少将,1944年2月7日编成,3月31日编入第13军作战序列,下辖4个大队。在第62旅团于1944年6月初离开宁波参加"金衢会战"后,岩本队长率第1

---

[1] 鄞县地方志编纂委员会:《鄞县志》,中华书局1996年版,第1207页。

[2] 第70师团,承袭了独立混成第20旅团的代号。师团长为内田孝行中将,下设步兵第61旅团和第62旅团两个旅团,下辖8个大队,军力约8000人。第61旅团由原来的独立混成第20旅团改编而成,下辖独立步兵第102、103、104、105大队等四个大队;第62旅团的各部队是在日本国内的广岛、滨田、山口、福冈等地分别组成的,下辖第121、122、123、124大队等4个大队。其中,步兵第61旅团的旅团长先后由野副昌德少将(截至7月末)和西胁宗吉少将(7月末以后)担任;第62旅团的旅团长为山崎三子次郎少将。山崎于1943年8月初离任,接任旅团长职位的,是横山武彦大佐。未几,横山被擢为少将。《中华民国史资料丛稿译稿:昭和十七、十八年的中国派遣军》,中华书局1984年版,第56页。

[3]《中华民国史资料丛稿译稿:昭和十七、十八年的中国派遣军》,中华书局1984年版,第163页。

大队,第2、第3大队各一部以及炮兵队等组成岩本支队,配属第11军参加湘桂作战,余下的部队担负余姚、宁波的警备。其中第2大队一部(队长原田清人少佐)驻宁波,第3大队一部(大队长久米川猪平大尉)驻瀣浦,第4大队(大队长冈淑郎大尉)驻余姚。[1]

1945年初,世界反法西斯战争处在最后胜利的前夜,日本帝国主义败局已定。日军大本营为挽救危局,决定在本土及中国、朝鲜占领区加强防御,准备同美军进行决战。为此,指令中国派遣军以美军为主要作战对象,并将作战准备的重点放在华中、华南沿海地区。中国派遣军从年初开始整编部队和调整部署,主要是加强中国东南沿海地区长江下游和上海周围地区,以及海南岛的兵力和战备,以便在盟军进攻时,能发挥最大的战斗力,与之决战。

2月25日,以甲支队在温州编成独立混成第89旅团,以第11野战补充队一部为基干编成独立混成第91旅团,编入第6军战斗序列。独立混成第89旅团,旅团长梨冈寿男少将,司令部设奉化,下辖独立步兵第524、525、526、527和528大队等五个大队。独立混成第91旅团,旅团长宇野节少将,司令部设于慈城,下辖独立步兵第631、632、633、634和635大队等5个大队,其中大部分是从日本调来的新兵。[2]

在大量日军开往南洋群岛,为发动太平洋战争做准备后,为了加强浙江沿海地区的防守,1941年10月,日军把在江苏、上海活动的伪10师调到宁波。伪10师师长为谢文达,司令部和直属队,38团全部、39团全部和40团一个营,兵力共3000多人,分两批调往宁波。司令部初设在奉化栖凤村,11月迁鄞县横溪镇,次年8月司令部由横溪搬到宁波效实中学。到宁波后,38团驻扎在奉化吴家埠、方门一带接替日军的防守,后一直延伸到西坞,39团

---

[1] 耿成宽、韦显文:《抗日战争时期的侵华日军》,春秋出版社1987年版,第173页。
[2] 耿成宽、韦显文:《抗日战争时期的侵华日军》,春秋出版社1987年版,第198页。

驻扎在裘村、横溪、甲村,去象山接替日军防守。伪10师在宁波的任务是:在日军的指挥下保障交通,控制市区,封锁四明山区。1942年4月,扩建37团,占奉化东部、鄞县西部;38团踞慈溪、余姚;39团驻象山。

南京汪伪政府形式上接管宁波地区行政机构,建立"浙东行政长官公署"后,也开始成立自己的武装。1942年8月,以伪10师参谋处长虞兆祺为处长的伪浙东保安处成立后,先后将原定海国民兵团何芳部、原94师姚华康连、上虞滕祥云部、宁波北郊一带的周志毅部改编为伪浙江省保安第六、七、八、九大队,将原鄞县第八区自卫大队王坤部、慈溪国民兵团宋青云部改编为伪鄞县保安大队和伪慈溪保安大队。其中,何芳部由"保安特务大队"改编为伪浙江省保安第六大队,辖有五个中队暨一个独立分队(原称特务排),防地从江东至五乡碶直达镇南大碶头。姚华康的"镇北保安团"改编为伪浙江省保安第七大队,驻镇北澥浦。上虞的滕祥云部改编为伪浙江省保安第八大队。驻防宁波江北岸和北郊一带的伪浙江省保安第九大队,大队长周志毅,只有两个中队。王坤的"鄞南保安大队"改编为伪鄞县保安大队,防地从宁波南门永宁桥到鄞南。1944年,国民党慈溪国民兵团宋青云部叛变投敌,改编为伪慈溪保安大队,在慈溪庄桥一带活动。

伪军每个大队都由宁波日军派一联络官监督控制,但他们的弹药武器装备及官兵粮饷,日军向不过问,伪浙东保安处也同样。

二、日军在宁波犯下的罪行

日军从1941年4月入侵宁波到1945年9月投降撤离,在不到4年半的占领时间里,犯下了滔天罪行。

日军从踏入宁波土地的第一天就开始大肆烧杀掳掠。1941年4月23日凌晨,日机9架空袭镇海霞浦,随后日海军陆战队千余人,由两艘泊于毛樵的日舰掩护,从林大山棺材湾登陆。9时许到达霞浦,沿途烧杀抢掠,有63人被杀害,17人受伤,400余间房屋被毁。[1]日军在霞浦肆虐后,过新桥到柴桥又掳掠3天,街上阜盛当铺等商铺被洗劫一空。他们在柴桥夺船拉夫,将劫掠的财物共装127船,从内河运到穿山码头,搬入停泊在黄峙江中的日舰上。[2]同时,下洋、昆亭、上阳、梅山、泰北、白峰等乡也深受其害,共有9人被杀害,15人受伤,208间房屋被毁。[3]5月3日,100余日军从舰艇上登陆至穿山,将泊在道头外的68艘渔船焚毁。[4]5月7日,日军从江南朱家河头登陆(今属小港街道),杀害村民3人,纵火烧毁都神殿、乡公所、朱连英洋房99间。[5]

1941年5月8日,国民政府军第194师奉命进攻盘踞溪口的日军,曾一度攻占溪南山、下白岩等处,因伤亡颇重,退回董家桥、赤泥岭与敌对峙。5月14日,日军突破国民政府军第194师的赤泥岭阵地,日机空袭相配合;5月16日,日军又突破暂编34师的晚香岭警戒阵地;5月25日,日军攻入沙堤村,并在横山架炮轰击。徐家埠、公棠、康岭、班溪、塔下、上下跸驻、六诏、晚香岭、沙堤等16个村惨遭烧杀,共计被烧毁房屋1911间,被杀害或烧死村民84人。[6]奉新公路沿线一片瓦砾,哀鸿遍地。

---

[1] 《镇海县柴桥区日寇暴行损失调查表》(1945年10月),镇海区档案馆馆藏档案,案卷号旧2-70。
[2] 《镇海县柴桥区日寇暴行损失调查表》(1945年10月),镇海区档案馆馆藏档案,案卷号旧2-70。
[3] 《镇海县柴桥区日寇暴行损失调查表》(1945年10月),镇海区档案馆馆藏档案,案卷号旧2-70;《采访周德兴、丁畊复的记录》,原件存于北仑区委党史研究室,北仑区抗战课题调研资料11-02-10-08。
[4] 《采访丁文龙、邹克茂的记录》,原件存于北仑区委党史研究室,北仑区抗战课题调研资料11-02-10-08。
[5] 《采访江秀青、陈立贵等人的记录》,原件存于北仑区委党史研究室,北仑区抗战课题调研资料11-02-10-04。
[6] 《康岭乡报告》(1946年5月4日)、《沙堤村报告》(1946年4月),中国第二历史档案馆藏档案,案卷号二一.15181;《采访孙友千、宋盛芝、康宝良等人的记录》,原件存于奉化市委党史研究室,奉化市抗战课题调研资料11-02-03-06,11-02-03-13。

在占领宁波后，为了打击宁波的抗日武装，日军对半沦陷区和后方游击区频繁发动"扫荡"。

1941年12月，驻鄞县、奉化、慈溪、余姚、上虞等地的日伪军对四明山区发动六路"扫荡"。国民政府军第三战区挺进纵队和余姚自卫队首先在梁弄以北狮子山一线顽强阻击敌军，战斗持续了4天之久，使日伪军遭受重大伤亡。日伪军经增援后从正面猛攻梁弄，守军挺进纵队被迫撤退，致使地处浙东前线的几个县政权都遭到冲击，其中慈溪县县长章驹在北溪突围中不幸以身殉职。

1942年1月29日，日军分三路进攻新浦镇腰塘村，意图歼灭"忠义救国军"李文元部。腰塘村113间房屋（含教堂）被日军烧毁，其中草房93间，瓦房20间，37户人家无家可归，8人被日军杀害，3人致残（轻伤者未计在内）。[1]

10月7日，中共武装三北游击司令部和四支队于阳觉殿一带同日军激战后转移。8日，日军到阳觉殿报复，共杀害道士及受伤被俘的三五支队战士等14人，刺伤女道士2名。日军在次日清晨离开前又纵火烧毁了阳觉殿，除玉皇宫外所有的宫殿、客厅和平房，或全毁或坍塌。[2]

1943年2月6日，日军对余姚长泠江附近五个村庄进行残酷

阳觉殿遗址

---

[1]《采访沈纪林等人的记录》，原件存于慈溪市委党史研究室，慈溪市抗战课题调研资料11-02-02-06。

[2] 叶洪灿：《谈阳觉殿战斗》，洪水良：《忆阳觉殿战斗后日寇暴行》，慈溪市新四军研究会编：《三北风云——纪念抗日战争胜利55周年》，2000年8月印行，第20—25页。

的烧杀抢掠。日军一边杀人,一边放火烧村,大火足足烧了两昼夜,烧死一位老人、3个小孩和10余头耕牛,烧毁5个村庄房屋652间,受难群众158户,抢走的财物装满十余艘大船。[1]

4月30日晚,驻余姚县城的日军、伪军百余人,由汉奸带路,偷袭驻余姚陆埠洋菜厂的陆埠联乡自卫队。虽有哨兵鸣枪报警,但为时已晚,自卫队员来不及反击撤退,敌我兵力悬殊,18位自卫队员,当场被打死1人,重伤1人(后在后方医院牺牲),伺机冲出2人,其余14人被捕。敌人在每个队员的手心或锁骨里穿扎上铁丝串在一起押解余姚县城刑讯。同年5月18日洋菜厂事件中被捕的14人被杀害在玉皇山。[2]

除了烧杀掳掠,日军还在宁波犯下了令人发指的性侵犯罪行。日军对宁波妇女的侵犯不分年龄。1941年4月19日,象山石浦沦陷,日军挨户搜查,洗劫三天。40余名妇女遭强奸、轮奸,最大的60多岁,最小的仅13岁。[3]日军实施性暴力的目的,除了满足其兽欲外,还以最野蛮最残酷的手段对妇女实施性虐待,以期从中得到一种畸形的心理满足。1941年4月,在宁波市西门口,日军拦住一对母子,兽性大发,先用刺刀刺进小孩的肛门将其举起来,致使小孩惨死,然后在光天化日之下强奸小孩的母亲,奸后再用刺刀将其刺死。[4]对于不从的妇女,日军的手段更是毒辣。据庄桥姚家村孙文菊老人回忆,1941年日本兵进村时,要强暴一名叫孙小妹的姑娘。孙小妹不从,后被日本兵割下双乳致死。[5]

---

[1] 陈英浩、肖青回忆,张杰整理:《火烧长泠江》,政协宁波市暨各县(市、区)文史资料委员会、宁波市档案馆编:《宁波文史资料》第十二辑,1992年7月印行,第83—87页。
[2] 中共余姚市委党史研究室:《日军在余姚暴行》,《浙东抗战与敌后抗日根据地史料丛书》第二卷,中共党史出版社2001年版,第369—372页。
[3] 象山县政协文史委:《灭绝人性 惨不忍睹——日军暴行在象山》,政协宁波市暨各县(市、区)文史资料委员会、宁波市档案馆编:《宁波文史资料》第十二辑,1992年7月印行,第37页。
[4] 《采访张悦铭的记录》,原件存于宁波市委党史研究室,宁波市抗战课题调研资料11-02-00-06。
[5] 《采访孙文菊的记录》,原件存于宁波市委党史研究室,宁波市抗战课题调研资料11-02-00-06。

日军除了经常四处掳掠妇女，还在一些长期占领的地区设立"慰安所"、军妓院、行乐所等，或通过武力威逼，或通过诱骗等方法强行逼迫良家妇女充当"慰安妇"。据王景行长达近10年的调查，宁波城区有4处"慰安所"，其中两处位于海曙区，两处位于江北区。海曙区的两处"慰安所"，一处为旗杆巷47号洋房（兴建天一广场时拆毁），另一处为药行街护城巷的大型浴室。江北区的两处"慰安所"，一处在玛瑙路41号。该房子为一位庄姓商人所有。房子还未造好就被日军霸占，并被装饰成日本人喜欢的风格，取名为"月の家"，在日语中有性服务所的含义。该地已保留下来并正在修缮，以作为日军在宁波犯下性侵犯罪行的罪证。还有一处为江北岸外滩的东亚旅社，是日军高级军官的"慰安所"。[1] 除了宁波城区有日军"慰安所"外，奉化、象山、慈溪县城也有大量的"慰安所"存在。如奉化沦陷后，伪维持会筹划开办的"清风庄"或"慰安所"有7处。在象山，日军从各地掳掠许多妇女，在县城设立军妓院、行乐所、"慰安所"供日军长期奸淫。江北区慈城（原慈溪县城）有"慰安所"4处。

"慰安妇"同样是日军性侵犯罪

日军在奉化县城小路街和南门头设立的"慰安所"

---

[1]《追寻侵华日军宁波慰安所罪证》，《鄞州日报》，2003年11月4日。

行的受害者。充当"慰安妇"的妇女过着悲惨的生活。在象山茅洋上黄村日军的军妓院和行乐所，被掳掠来的妇女，白天给日军洗衣做工，夜里被日军轮奸，有的妇女一夜竟被奸污达十来次，许多妇女因不堪日军虐待凌辱而死。[1]

更为卑鄙的是日本侵略者还在宁波贩毒害民。1937年日军在攻占上海、南京和苏、浙、皖等省市后，便开始有计划地推行鸦片毒化政策。1939年4月，在日军配合下由日本特务里见甫建立宏济善堂，作为日本在侵华期间贩卖毒品的机构。宁波在1941年沦陷前为烟毒肃清地。日军占领宁波后，采取放任自流的办法引诱市民吸食毒品。在伪浙东行政公署成立后，日伪在宁波江北岸设立"宁波地方禁烟局"，名为禁烟，实则贩烟。烟土由江北岸后马路145号同德行经销，上海宏济善堂向同德行供给货源。随后，上海宏济善堂宁波分堂成立，宁波地方的烟土销售业务，就由分堂独家配给经营。在沦陷区"清毒运动"的声讨中，损失惨重的宏济善堂于1944年3月初宣布自动关闭。1944年春，禁烟局改称"宁波地区禁烟局"，不仅未有所收敛，反而把管辖防卫由宁波城区、鄞县乡下扩大到管理余姚、慈溪、镇海、奉化、象山及定海等县的烟土行业。同时成立"宁波特业公会"，专为排解经营毒品的同业间纠纷及营业上的障碍，代向禁烟局谋求烟土配给等事宜。当时宁波城区参加"特业公会"，公开经营烟土的店号计16家。营业招牌打的是"××特货商店"，专卖烟土。经日伪政府禁烟局批准开灯之"烟民售吸所"约40家，遍布宁波城厢。凡在以上场所吸食鸦片的烟民，可以不受任何机关的检查。当时宁波城区每月销售烟土约3000两，余姚、慈溪、镇海、奉化、象山和定海等地所需的烟土，都经宁波配给销售，为数也相当庞大。

日、伪勾结，通过在沦陷区推行毒化政策，公开贩卖毒品，攫取了大量财富，烟民交纳登记费由最初的1元（储备票）涨至宁波抗战胜利前的150元；

---

[1] 象山县政协文史委：《灭绝人性 惨不忍睹——日军暴行在象山》，政协宁波市暨各县（市、区）文史资料委员会、宁波市档案馆编：《宁波文史资料》第十二辑，1992年7月印行，第38页。

烟民售吸所交登记费三四千元,以后按月交纳特种营业税 300 元;烟土每两由 20 元涨至 1 万元左右[1],烟民上瘾之后,即使倾家荡产也要去食鸦片。在侵占宁波的 4 年多里,日伪通过售毒,仅在城区便掠走 270.022 亿元"中储券",其中运动费 40 万元、特种税 180 万元、烟土售价 270 亿元。[2]至于对宁波烟民的身体和家庭造成的伤害,更是无法计算。

三、建立伪政权

宁波作为浙江财阀的重要发祥地和蒋介石的老家,受到日军的高度重视。为使占领宁波的利益最大化,1941 年 4 月下旬,中国派遣军总司令部内的政治工作人员积极要求,"把该地划归汪政权统治下"。5 月 1 日,向第 13 军提出此事,于是宁波地区被划归汪伪政权管辖。[3]

当然,宁波划归汪伪政权管辖,但其不过是日军"以华制华"的统治工具,设在城内日军宁波特务机关才是其统治浙东的最高政治权力机构。

1941 年 4 月松井师团侵占宁波,杭州特务机关长大佐渡边随军进入,与该机关派遣在宁波潜伏的情报科长芝原平三郎会合,于 4 月 20 日在鄞县政府内成立宁波特务机关,由渡边兼任机关长,上属杭州特务机关领导。下设政务、经济、文教、情报、庶务等五科,为日军在浙东最高行政机构。4 月 23 日,宁波特务机关迁入宁波市惠政巷 8 号办公。凡是浙东各县维持会组织均由政务科控制、指派、联络、执行统治;经济科负责统制宁波地区工业原料,土

---

[1] 宁波警察局第四分局:《呈复敌伪毒化罪行详查情形》(1946 年 5 月 29 日),宁波市档案馆馆藏档案,案卷号旧 161-2-4。
[2] 闻师:《日伪在宁波贩毒害民》,政协宁波市暨各县(市、区)文史资料委员会、宁波市档案馆编:《宁波文史资料》第十二辑,1992 年 7 月印行,第 159 页。
[3] 日本防卫厅防卫研究所战史室:《中国事变陆军作战史》第三卷第二分册,中华书局 1983 年版,第 117 页。

产及粮棉等物质；情报科除配合日军警备队清剿国共抗日武装外，还策划收编汉奸队伍和主持建立宁波维持会兼任联络官；文教科直接控制学校、报社等机构团体，举办文教登记、日语学校及宣传大东亚共荣圈，毒化沦陷区民众思想；庶务科负责后勤工作。[1]

在7月宁波汪伪政权初步建立开展活动后，机关长渡边返回杭州，另由上海特务机关派遣大佐泉钱翁继任机关长。1942年11月汪伪浙东行政公署成立后，特务机关名义上将各县乡镇联合会、维持会、宁波公安局等交由汪伪浙东行政公署领导，而特务机关改称"浙东地区宁波联络部"，但实际上仍是浙东行政最高统治机构。联络部向各县派遣联络官监督汪伪政府的政治、军事措施并建立定期汇报制度，而其本部由原来的五科改为四科，原来的情报科改称"治安科"。

与日军"宁波特务机关"互相配合的是日军宁波宪兵队。1941年4月宁波沦陷后，日本杭州宪兵队即派久保田大尉随军来宁波组建宁波宪兵队。宁波宪兵队设在开明街永耀电力公司内，初由村田中尉任队长，内设政务、思想、特高等三班。政务班主要负责在宁波轮埠码头检查，思想班负责搜捕爱国人士，特高班的工作范围是

当时日本宪兵队驻地——开明街宁波永耀电力股份公司旧址

---

[1]《宁波特务机关概况》，宁波市档案馆馆藏档案，案卷号旧165-4-13。

调查抗日游击武装的动态和侦破市区谍报人员。宪兵队驻地底层建有两大一小可关押七八十人的牢房，中层为刑审室，并配有刑房一间，备有电刑、灌水等各种刑具，思想班还豢养了一群狼狗。抗日爱国人士一旦落入这个魔窟，即使幸免于难，也无不被折磨得遍体鳞伤，终身残疾。宪兵队还雇用一批汉奸充当宪佐、翻译、密探和联络员。其中被称为"四大金刚""八大人"之类的首恶人物更是为虎作伥，开设变相特务机关"一乐天"茶室，强占民房，抢劫财物，奸淫妇女，残杀同胞，犯下了不可饶恕的罪行。在灵桥等市内交通要冲和通往郊外的出入口都设有日军岗哨，过往行人均须出示"良民证"、鞠躬行礼。如忘带证件，忘了行礼，甚至鞠躬不到90度者，轻则挨打，重则被扣。[1]

除了维护宁波市内治安的宁波宪兵队，日军还设立了维护整个宁波地区安全的警备队。宁波警备队是日军从当地驻扎的陆军部队中分派出来专门以担负所谓"社会治安"的武装执行机关。它没有单独的系统组织，是日军根据各地区的不同情况设立的，部队受当地陆军司令部直接指挥，战时仍担负作战任务，平时则在被占领区担负"扫荡""清剿"人民抗日武装，以及所谓当地"治安"的任务。活动范围除宁波市区外，还包括鄞县、慈溪、镇海、奉化等4个县。

1941年宁波沦陷后，侵占宁波的松井师团在5月份派该师团的枪3130部队（因队长是清水，又称清水部队）为宁波警备队。同年10月，松井师团调往南洋群岛参加太平洋战争，清水部队也随之离甬。宁波警备队由该兵团枪7230部队（因队长是小正津，又称正津部队）担任。1942年5月正津部队随第70师团继续进犯浙江新昌、嵊县及金华地区，1943年起宁波警备队系枪1152部队，直至日军投降。警备队的组织形式除队本部（即司令部）

---

[1] 吉人：《日谍芝原平三郎》，政协宁波市文史资料委员会编：《宁波文史资料》第三辑，1985年8月印行；吕瑞棠：《日本特务芝原平三郎》，应瞻光供稿、林雨整理：《杀人魔窟——日本宁波宪兵队》，政协宁波市暨各县（市、区）文史资料委员会、宁波市档案馆编：《宁波文史资料》第十二辑，1992年7月印行。

外,下设警备小队,自有警备队组织开始,警备队曾先后在宁波市区下设东、南、西、北和中区等小队。各个小队还自行组织了密探、联络员70多名。[1]

为实施"以华制华"政策,1941年4月20日,在驻甬日本特务机关的策划下,"宁波乡镇联合会"于当月26日成立,原宁波商会会长袁端甫为会长,原红十字会会长刘镇泰、新采染坊经理郭逸民为副会长。之后在各县也相继成立维持会。次年7月10日,又成立"浙东行政公署",直隶伪国民政府行政院,下辖鄞县、慈溪、镇海、余姚、奉化、象山等6县,由伪浙江省政府民政厅长沈尔乔任行政长官,下设民政、财政、教育、建设、警务五科。原"宁波乡镇联合会"则于7月28日改称"鄞县乡镇联合会"。1943年4月,"浙东行政公署"改为"浙江省第一区行政督察专员公署",隶属于伪浙江省政府,原辖6县之外的定海、上虞、南田3县也划归其统治,专员仍由沈尔乔担任,下设4科1室8股。1944年8月又改称"浙江省第六区行政督察专员公署",由陶孝洁接任专员。与此相应,"鄞县乡镇联合会"于1943年3月1日改称"整理鄞县县政专员公署",至4月1日整理就绪,正式成立鄞县县政府,由宋复任县长,下设秘书室和第一科(总务)、第二科(民政)、第三科(财政建设)、第四科(教育)。在此前后,浙东沦陷各县也均由乡镇联合会改组成县政府,如余姚就由铁杆汉奸劳乃心出任县长。[2]

为镇压抗日活动以维护统治,伪政权还相继组建保安和警察武装。1942年8月,在宁波成立"浙东保安处",由虞兆祺任处长,次年4月改称"浙江保安处浙东分处",辖有1个保安总队、3个保安大队。1941年4月26日即成立伪宁波公安局,由葛和卿任局长,1942年7月改称"鄞县警察局",由刘荫浓任局长,下辖4个警察分所和1个警察大队。此外,还在宁波设置了其他

---

[1]《日寇宁波警备队参考资料》,宁波市档案馆馆藏档案,案卷号旧165-4-20。
[2]《鄞县城区各级伪组织内情调查表》,宁波市档案馆馆藏档案,案卷号旧8-1-364;《浙东行政公署成立典礼》,《申报》,1942年7月11日。

各种伪机关，如"鄞县地方法院""鄞县地方检察署""鄞县青少年团总指挥部""鄞县城区区公所""财政部浙东盐务管理局""财政部宁属税务处""中央经济局宁波经济分局"等。[1]

日伪政权成立后，为加强对沦陷区的统治，并强化赋税征收和对物资的掌控，对宁波实施残暴统治。其中，又以"清乡"最为残酷。从1942年10月开始，日伪将浙江划为三大区域，相继实施"清乡"。其中浙东的余姚地区为第三"清乡"区。1943年2月，汪伪政府成立"浙东地区清乡办事处"，由"浙东行政公署"长官沈尔乔兼任办事处主任，日军宁波特务机关副机关长田中任清乡司令，余姚汉奸劳乃心为特别区署长兼自卫总团团长。由于浙东经济地位重要，1943年4月，行政权划归伪省府治办，遂于6月将"浙东办事处"改为"余姚地区清乡办事处"，专司庵东盐场的"清乡"，所有的"清乡"事务归由伪余姚县政府办理，直至抗战胜利。

首先，由伪中央税警团、伪1师、伪浙东保安武装等发动对当地抗日武装的"扫荡"。1942年1月至2月，日军宪兵、保安队、伪10师、伪中警团、伪盐务税警队等2000余人，混编成"清乡队"，对庵东盐场进行"清乡"。周巷段头湾村一名妇女遭6个日本兵轮奸。"清乡队"向村民摊派"犒赏费"，否则就用"打夯子""摔翻天跤""点天灯"[2]，以及叫狼狗咬、活埋等酷刑来残害盐区人民。其二，划定并设置封锁线。封锁线分南、北两线，南线东起新浦沿，西至英生街，用毛竹编筑高2米、长43公里的篱笆；北线用燕竹编筑高2米、长32公里的米字形篱笆。在各市镇要道开设笆门，在笆门通行处共设检问

---

[1]《鄞县城区各级伪组织内情调查表》，宁波市档案馆馆藏档案，案卷号旧8-1-364。
[2]"打夯子"：日军用绳捆住被害人的手足或双足，用棍子插入绳索下面的四肢或双足之间，由两个日军抬起后猛然摔下，或用绳索穿过树枝（或横梁），将人拎上后突然放手，被害人背或头朝下，如夯猛然击地，轻则内伤，重则心肺俱裂或头破颈折。"摔翻天跤"：又叫甩仰天跤。四个日军捉住被害人的四肢，一齐用力往上抛，被害人横着跌下，轻则嘴鼻流血，重则内脏俱裂。"点天灯"：日军用汽油或煤油浇浸被害人头部和全身，再用明火点燃其头发，被害人疼痛难忍，狂奔猛跳挣扎，日军在旁嬉笑为乐。

所22处,配备封锁人员132名。其三,整理保甲户口,组建自卫团。对"清乡"区内9326户的46860人逐个进行登记,强迫拍照,制发"良民证",并突击检查户口,实施联保连坐。同时经分批抽调轮训,以特别区公署署长任区自卫总团团长,各乡镇长任队长,各保长任排长,每保抽选3班,每班11人,组成一支3000余人的自卫团武装。其四,建筑碉堡。从1942年4月中旬至5月底,强迫群众沿南封锁线修筑宽4米、长32公里的泥面公路,并在南北两线各据点间修筑总长30公里的纵向支路9条。同时在南北据点要口修建碉堡22座,驻扎日军七八十名,伪军986名,后增至2000余名。由此,数万庵东人民被限制在封锁圈内,失去自由,生无宁日。[1]

此外,日伪还加强对"清乡"区内所产之盐的管制,规定只准卖给日伪开办的"华丰"公司,并将价格由每担30元压低至15元。名谓收购,其实是穷凶极恶的掠夺。而且,民众还须无偿应征苦役,定期缴纳"清乡费"。

日伪对余姚地区的"清乡"一直延续到抗战胜利前夕,10万无辜民众也因此陷于这人间地狱长达两年半之久。

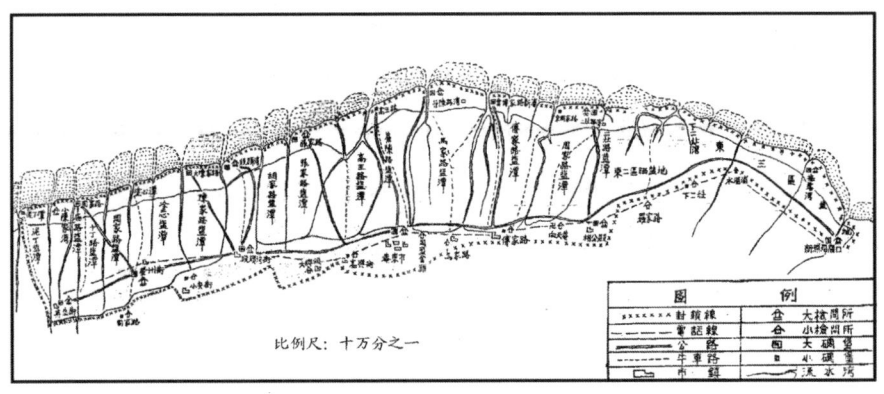

浙江省余姚地区"清乡"区域图[2]

---

[1] 胡仲达:《"清乡"区是个活地狱》,政协宁波市暨各县(市、区)文史资料委员会、宁波市档案馆编:《宁波文史资料》第十二辑,1992年7月印行,第99—100页。
[2] 浙江省宁波市委党史研究室编:《宁波市抗日战争时期人口伤亡和财产损失》(上册),中共党史出版社2015年版,第14页。

四、疯狂掠夺经济资源

掠夺宁波的经济资源，是日军发动宁绍战役的重要目的。为了达到"以战养战"，称霸亚洲乃至世界的目的，日军在占领宁波后实施了疯狂的经济掠夺。

占领宁波后，日军大肆掠夺物资，成批库存的面粉、棉纱与桶装铁钉全被掠走。国民政府财政部为躲避日机轰炸，藏于慈溪庄桥葛氏宗祠20余万斤蚕茧和财政部贸易委员会中国棉业公司藏在慈溪观海卫城内和锦堂师范校舍内的350万斤棉花先后被日军发现后抢掠至上海。[1]到1941年11月，甬曹段路轨及孔浦机厂所藏之机头及列车，沿途桥梁之铁材均被搜刮殆尽，总计由日军2000余吨的运输轮装运出口达十二三次之多，2万吨左右。还有孔浦机厂之废铁及招商码头堆存路轨一千二三百条，正在待运中。[2]

除了直接掠夺，日军还采用强制收购的方式搜刮宁波的金属和其他战略资源。"甬市银楼大小计六十三家之多，均受敌方限制，搜刮我金银，其方法令伪乡镇联合会出面令各银楼业收购金子，每星期须缴十两，银子须缴十两，多奖少惩。"[3]"敌令伪乡镇会令饬各铜锡店收购铜货，每斤价一元零八角，锡笔管每百斤八百五十元，元勾每百斤一千五百元，限各店每星期缴十斤，多奖少惩，各店均因限价太低无法维持。"[4]据日方自己统计，1942年日本在浙东掠取的重要战略物资即有原木24905根、坑木311659根、坑用原木235912根，

---

[1]《密报》(1946年)，宁波市档案馆馆藏档案，案卷号旧164-1-110。
[2]《鄞县县府关于日寇经济侵略的报告》(1941年11月)，浙江省档案馆、中共浙江省委党史研究室编：《日军侵略浙江实录(1937—1945)》，中共党史出版社1995年版，第463—466页。
[3]《鄞县县府关于日寇经济侵略的报告》(1941年11月)，浙江省档案馆、中共浙江省委党史研究室编：《日军侵略浙江实录(1937—1945)》，中共党史出版社1995年版，第463—466页。
[4]《鄞县县府关于日寇经济侵略的报告》(1941年11月)，浙江省档案馆、中共浙江省委党史研究室编：《日军侵略浙江实录(1937—1945)》，中共党史出版社1995年版，第463—466页。

有色金属652311斤,银币、铜币13982枚。[1]对于粮食资源,日军除了设立宁波粮食公司,统制宁波的粮食资源,确保日军的军粮供应外,还大量从农民手中低价收购。据伪鄞县粮食管理委员会报告,从1944年8月到1945年3月,日军从鄞县各乡镇共强征早谷280.9万斤、晚谷415.5万斤,合计696.4万斤。[2]1945年9月日军投降后,驻象山伪军团长孟志杰处尚留有所掠军粮20万斤、黄鱼鲞万余斤、柴爿20万余斤。[3]

日军在宁波抢掠的大米

余姚,既是浙江最大的棉花产地,年产量达50余担,也是浙江最大的盐场,年产300万担。[4]余姚的棉花,虽然纤维短,不大好纺细纱,但纺粗纱、织土布和作棉胎,很有竞争力,是服装用品极重要的原料。余姚沦陷后,日军对棉花的控制非常严密。日军通过设立棉花收购公司,统制棉花收购。仅从1941年7月到1942年10月就强制收购棉花1000万斤运往上海。[5]

在直接掠夺和强制收购外,日军还采取间接掠夺的方式,如通过开办银

---

[1] 浙江省档案馆、中共浙江党史研究室:《日军侵略浙江实录》,中共党史出版社1995年版,第521页。
[2] 金礼:《日伪军在农村疯狂抢粮》,政协宁波市暨各县(市、区)文史资料委员会、宁波市档案馆编:《宁波文史资料》第十二辑,1992年7月印行,第166页。
[3] 周义华:《象山军民抗日纪实》,政协宁波市暨各县(市、区)文史资料委员会、宁波市档案馆编:《宁波文史资料》第十二辑,1992年12月印行,第127页。
[4] 黄绍竑:《五十年回忆》,岳麓书社1999年版,第512页。
[5] 《密报》(1946年),宁波市档案馆馆藏档案,案卷号旧164-1-110。

行,发行"中储券",来掠夺宁波的经济资源。

1941年4月日军侵占宁波后,便在宁波设立伪中央储备银行宁波支行,在余姚、镇海等地设办理处,以推广"中储券"。宁波地区"中储券"的发行额约为1926亿元,随着发行额的膨胀和物价上涨,日伪从中对宁波人民实施残酷掠夺。日本侵略者一方面靠刺刀和严刑峻法,利用伪政府和储备银行强制取缔并廉价收兑国民政府法币,使储备券成为宁波沦陷区唯一的通货,以便彻底控制和垄断沦陷区的货币金融,另一方面他们为侵略需要,随心所欲到银行强行借贷、透支或任意提取现金,并利用收兑来的法币到国民政府统治区或游击区掠夺、套购军需物资和土特产,以发展日伪工商业,扩大军工生产,达到"以战养战"的目的。如1942年10月15日,伪中央储备银行宁波支行经理兼整理旧币委员会宁波分办事处主任王正茹致电伪财政部说:"镇海县贸易业组合员海丰行以向宁海、温州采办军需品及土产,经镇海海军特务部负责办理申请旧法币70万元,已予权先兑付。"[1]10月20日,再致电伪财政部:"查职处所存旧币因供给友邦军商,日渐短绌,近以宁波特务机关四处购米谷、棉花,需要益殷,商请准备旧币1000万元向沪运领,以供兑用。"[2]以上可见,日伪对宁波金融掠夺程度之疯狂、手段之狡猾。

日军对宁波沦陷区工矿企业的掠夺,以开采象山的氟石[3]矿为主。

1941年4月19日,日军侵占石浦。4月28日,松原雪夫率领石浦小林大队73名日军从蛎港埠登陆,入侵茅洋,探测氟矿资源,测绘建房、铺轨、修路、建场和安装设施的图纸。20天后,大批日军押解由安徽、山东、江苏、上海等地抓来的500名劳工,运来采矿机械设备,在松岙登陆,进入茅洋,安营

---

[1]《日军统治浙江沦陷区金融史料选编》(三),《浙江档案》1992年第9期。
[2]《日军统治浙江沦陷区金融史料选编》(三),《浙江档案》1992年第9期。
[3] 氟石,俗称萤石,是飞机制造中所需的重要化工原料和冶金催化剂。

扎寨，掠夺矿产。当地驻茅洋的有日军1438部队大尉木股龙一率领的警备大队182人，由少尉所长安步五郎率领的"华中矿业公司矿警队"50人，另有汪伪军民生产队第一、第二中队，伪溪口乡、泗十乡警备队和自卫队约120人。他们将世居上黄村及附近的92户农民全部赶走，在那里建造营房、工棚，铺设轻便铁路，安装采矿设施，开始采矿。

日军占领茅洋氟矿之前，茅洋破后山氟矿的开发权属东麓乡井头村顾圣仪兄弟所有。日军占领茅洋后，即派人传口信，叫矿主携带矿山契据和矿图前往日军驻地接洽，被顾圣仪等兄弟婉辞。日军即率兵将顾氏家团团包围，勒令其缴出矿照、矿图，并强迫顾氏签订日军事先印就的合同，迫顾氏转让矿山所有权。处此暴力之下，顾氏兄弟无奈忍辱屈就，日军获得了矿山开采权。

在茅洋沦陷期间，由于日军的破坏性开采，许多坑道和矿区段面大面积塌方。有一次南矿区坑道发生大塌方，50多名矿工被活埋在100多公尺深的矿井下而丧生，而且使所在段面的氟矿不能再度开采。据国民党象山县党部1946年调查汉奸励乃鹏的材料记述："在茅洋氟矿中丧生的劳工大约有2700人。"[1]

随着日军在太平洋战场上的节节败退，日军逐步丧失了在浙东的制海权和制空权，盟军飞机开始在海上

象山县茅洋乡氟石矿井遗址

---

[1] 周义华：《茅洋万人坑》，政协宁波市暨各县（市、区）文史资料委员会、宁波市档案馆编：《宁波文史资料》第十二辑，1992年7月印行，第79页。

袭击日舰。华中矿业公司的一艘运输船"兴亚丸"在1945年4月2日中午在三门口白玉湾洋面被盟军飞机炸沉,从茅洋来往石浦的运输船也几次被炸。1945年5月25日,日军在茅洋举行所谓矿业所"闭山典礼",结束了在茅洋掠夺氟矿的历史。据估计,在盘踞茅洋的4年中,日军共掠夺氟矿石10万吨。其中5万吨已运往日本,5万吨来不及运走,堆在石浦和蛎港码头上。这10万吨氟矿石沾满了中国人民的鲜血。

五、实施奴化教育

为泯灭民众的反抗意识,巩固在沦陷区的统治,日伪在浙东占领区竭力推行奴化教育和奴化宣传。

首先,在各级伪政权中设立专门主管宣传的机构,并根据《大东亚青年总奋起实施纲要》及《县市委员会组织通则》等文件,在宁波城区设立所谓"中国青少年团浙江鄞县总指挥部"和"浙东兴亚文化队"之类的组织机构,竭力宣传"中日亲善"和"东亚主义"。

同时,建立和掌控报刊、广播等宣传媒体。比如宁波著名的《时事公报》在1941年沦陷后即告停刊,社长金臻庠避走上海。宁波特务机关指使伪鄞县乡镇联合会副会长郭逸民窃占报社、印刷厂,任命汉奸卢孟瑜为社长,贺谈庵为主编,并袭用原报名于4月底出版。金臻庠获悉后即在重庆和沪浙各报刊登启事,严正声明敌伪盗用报名、混淆视听,呼吁各界勿受欺骗愚弄。被窃占后的《时事公报》成为敌伪进行奴化宣传的重要喉舌。其新闻报道以日本同盟社、海通社和汪伪中央通讯社的电讯为主,政情报道则以日伪统治机关交发的政令及宣传品为主要内容,着力宣传日军所谓"赫赫战果",兜售"大东亚共荣圈""中日经济提携"等骗人说教和汪伪"和平反共救国"的反动理论。其副刊也多以文艺小品之类来粉饰太平,宣扬沦陷区为"王道乐土",麻痹民众的反抗精神。[1]其他沦陷各县如"余姚乡镇联合会"也在同年10月创办《余姚自治》旬刊,作为奴化宣传的阵地。

再者,日伪还利用被称为"东洋道"的邪教组织"一贯道"来进行奴化教育。如通过所谓仙佛的"训示"和点传师的讲道,将道亲遭到日伪军抢劫、强奸说成对修道人的考验;将日军在中国杀人放火说成是"三期末劫,大算几万年清账"的天数,一切夙缘、夙冤都必须现在了结。同时还借用儒家典籍四书上"修身齐家治国平天下"的说教,劝诫道亲在国难之际也决不要去关心国事。总之是要信徒将日本侵略中国看作上天注定而理所当然的,千万不能反抗。[2]

在校学生则是日伪实施奴化教育的重点。宁波沦陷后由于公立中学都先后迁往后方,公立小学和私立学校也纷纷停办,于是敌伪政权便加紧恢复、新建中小学校和师范学校。就鄞县而言,共在占领区新设过8所中等学校,如1941年秋在城区兴办"公立浙东中学",1942年秋又在城区新办"浙东公立女子中学"和"公立浙东师范学校",并由伪浙东行政公署长官沈尔乔兼任这两所学校的校长。同时在城区恢复和新设9所镇中心国民学校、61所保国民学校和私立小学。在奉化、余姚县城也新办了"奉化中学"和"公立舜水中学"。日伪所规定的奴化教育目标是:"促进中日亲善,使儿童切实认识中日系同文同种之邦,用历史上字体上及读音等以证明之。采集日本名人史略、名胜古迹、风俗习惯及种种优良之点,介绍给学生,并撰拟中日亲善之故事,随时向学生讲述,使学生深印脑中,以引起其对日之同情。"[3]据此,敌伪在学校中设置日语课,教唱日本国歌,规定学生须出席纪念日本天皇出生

---

[1] 张蘅园:《日伪时期的〈时事公报〉》,政协宁波市文史资料委员会编:《宁波文史资料》第十四辑,1993年12月印行,第60页。
[2] 曾史:《一贯道、同善社是日本侵略者的帮凶》,政协宁波市暨各县(市、区)文史资料委员会、宁波市档案馆编:《宁波文史资料》第十二辑,1992年7月印行,第153页。
[3] 浙江省档案馆、中共浙江党史研究室:《日军侵略浙江实录》,中共党史出版社1995年版,第680页。

的"天长节",并经常派遣汉奸和密探来学校监督查访。[1]

日本侵略者妄图磨灭中华民族的精神和瓦解中国人民反抗意志的倒行逆施,犹如蚍蜉撼大树,只能适得其反,越发激起广大民众的反抗斗争。

国际灾童教养院碑亭

上海沦陷,收容所和慈幼院相继停办,一批孤儿重新流落街头。为了把丧失亲人流落街头的孤儿收容起来,教养成人,竺梅先在宁波旅沪同乡会的支持下,于1938年7月,在浙江奉化一个偏僻的山岙——后琅乡岙口村的泰清寺办起了国际灾童教养院。600余名灾童,近百名教职员工,就在这里开始了新的生活。其初衷,正如竺梅先在宁波旅沪同乡会董事会上所说:"国有灾难深重,希望寄托在下一代,我们何忍祖国之花受难凋谢!"[2]

教养院十分重视抗日救国和坚持民族气节的教育。清晨早起,《报仇雪恨》的歌声就响彻山间:"钟声打白云,黎明人即起,同是离乱人,四海皆兄弟。苦读书,勤做事,时间莫荒度。过今天,有明天,报仇雪耻在何年?"课余时,《大刀进行曲》《流亡三部曲》《毕业歌》等抗日救亡歌曲此起彼伏。奉化

---

[1] 李平之口述、楼强峰执笔:《拒教日本同歌》,政协宁波市文史资料委员会编:《宁波文史资料》第十三辑,1992年12月印行,第215—216页。

[2] 王舜祁:《拯救灾童于水火之中——记爱国人士竺梅先、徐锦华夫妇》,政协宁波市文史资料委员会编:《宁波文史资料》第十三辑,1992年12月印行,第189页。

沦陷以后,驻扎在宁奉地区的伪军第10师师长谢文达,奉汪精卫之妻陈璧君之命,由宁波专程到教养院,要挟徐副院长,企图把教养院接收过去。徐锦华院长大义凛然,毫不畏惧地把谢文达连讯带骂轰了出去。她说:"我宁愿忍痛解散,也决不让我的小囡做汉奸的工具。"[1]

1943年下半年,学生大部分毕业离校,经费、粮食也都到了无以为继的地步,国际灾童教养院就这样宣告结束。但竺梅先、徐锦华夫妇的心血和财产没有白费,在他们和全院教职员的辛勤哺育下,许多孤儿灾童茁壮成长,成为国家有用之才。

面对日军推行的奴化教育,张国宝为拯救沦陷区失学儿童,对他们进行爱国主义教育,不顾个人安危,于1941年毅然受聘,前往石浦中心小学担任校长职务。这年暑假,他常住在石浦中心小学,为恢复石浦中心小学筹措所需经费,选聘教师,修缮校舍,增添课桌椅等,四处奔波,日夜操劳。短短几个月内共聘任教师17位,接纳学生570人,分11个学级,设本校(北门)和分校(城头墩关帝庙)。这是解放前石浦小学教师最多、学生数最多的一年。在石浦小学的那一段时间里,他经常以校长公开身份,做着抗日救亡的工作。当时日军及其走狗汉奸经常到石浦小学来监视,骚扰教师上课;但教师们仍坚持以课堂为阵地,巧妙地渗透中华民族自尊自强的爱国内容,不被他们发觉,但最后"不幸事为敌伪探悉,遂被捕严刑,氏大义凛然,致囚禁数月后被活埋,壮烈牺牲"[2]。在宁波省立女子中学任音乐教师的李平之,面对日本特务的威逼利诱,拒绝教唱日本国歌,体现了可贵的民族气节,也得到广大爱国师生的积极响应。在1942年学校召开的庆祝"天长节"(天长节是日本天皇生日)大会上,不仅师生到会的很少,更没有一个

---

[1] 王舜祁:《拯救灾童于水火之中——记爱国人士竺梅先、徐锦华夫妇》,政协宁波市文史资料委员会编:《宁波文史资料》第十三辑,1992年12月印行,第191页。
[2] 张志鸿:《决不向日寇屈膝——记我的父亲张国宝先生》,政协宁波市暨各县(市、区)文史资料委员会编:《宁波文史资料》第十六辑,1995年6月印行,第167—168页。

人唱日本国歌。省立女子中学师生反对奴化教育的斗争也直至抗战胜利时止。[1]

---

[1] 李平之口述、楼强峰执笔:《拒教日本同歌》,政协宁波市文史资料委员会编:《宁波文史资料》第十三辑,1992年12月印行,第215—216页。

第八章

国民地方政府的抗战

一、整顿军事武装，开展游击战争

1941年4月20日宁波沦陷后，在撤往鄞西四明山区的途中，第六区专员兼保安司令徐箴便同鄞县县长兼宁波警察局长俞济民商议整合力量，以集中统一指挥的问题。商议的结果，决定成立"六区警备指挥部"，由俞济民任指挥官、六区保安司令部参谋主任于滋霖任参谋长，将六区保安大队划归俞济民指挥，并统一节制调度所辖各县自卫队。警备指挥部将所有兵力编成两个纵队，以宁波警察局第一、第二大队及6个分局警士编为第一纵队，派赖云章为纵队长，驻防鄞江桥；以六区保安大队、鄞卫大队和乡镇团干编为第二纵队，派杜菁为纵队长，驻防风岙市。指挥部设在大皎，任务是固守四明山，适机进取，收复失地。[1] 21日，指挥部在大皎召开成立大会，由专员徐箴、参谋长于滋霖主持。俞济民宣布部队建制、组织系统及各队各处名单，派一纵驻鄞江桥，二纵驻防风岙市。指挥部设参谋、副官、经理、政训、军法、军需、医务、工务八处，下分科，另设机要室。各处科即日开始办公。

5天后，驻新昌大佛寺的象曹守备区司令兼暂9军军长冯圣法派桂章

---

[1] 王兴藻：《大皎溃败记》，政协宁波市暨各县（市、区）文史资料委员会、宁波市档案馆编：《宁波文史资料》第十二辑，1992年7月印行，第181页。

龄、慎钱选等来大皎组织"四明山游击区司令部",指定宁波防守司令部副司令桂章龄为司令,俞济民、苏本善、翁光辉为副司令,慎钱选为参谋长,增添苏本善的"浙保总队"、翁光辉的"三战区挺进纵队"充实建制,并以暂编36师、37师为后备力量,划归节制。其中"挺进纵队"驻守梁弄,"浙保总队"驻防后隆。"六区警备指挥部"并入办公,原有组织保持不变,拥有兵力超过1万人。

5月10日,浙江省政府主席黄绍竑致电俞济民并转余姚、上虞、新昌、镇海、奉化、慈溪、象山、宁海等八县县长,强调"敌强占点线,广大地区均在我控制中",要求九县县长自应"力图规复"[1]。宁波沦陷后,各县原有的武装力量崩溃,失去队伍的官兵和拾到遗弃武器的莠民,打着游击队的旗号,盘踞在一起,妨碍行政,扰乱治安。根据黄绍竑的指示,沦陷各县都发布安民告示,整编散卒,安抚流亡,同时调整县政和区乡镇保甲机构,尤其以半沦陷区和沦陷区为重点,准备开展对敌斗争。鄞县第七区区长郭清白受命组建鄞西自卫游击大队,次年改编为宁波自卫总队第二支队。

5月30日,因误判驻甬日军准备撤退的假情报,放松戒备,大皎遭日军合围。游击司令部等机关机构臃肿,行动迟缓而损失惨重,六区专员公署和鄞县、镇海、慈溪、余姚4个县政府均被冲破。事后,章桂龄引咎辞职,改由陈天侨接替。俞济民则率宁波警察总队和鄞县国民兵团自卫总队开往新昌大市聚整训。

为总结四明山失守的教训和浙东沦陷区县政工作得失,省政府主席黄绍竑在嵊县独秀山召集由六、三区专员,县长和随县政府流亡士绅参加的临时行政会议。黄绍竑着重指出,四明山失守的主要原因是由于缺乏游击经验,不应将如此众多的军政机关和人员、物质集结在一个地区,从而成为吸引敌军进攻的目标。会后,黄绍竑对于各县提出的困难尽力设法解决,并补

---

[1]《黄绍竑电》,宁波市档案馆馆藏资料,案卷号旧1-1-198。

充了一批武器,从而提高了与会者坚持开展游击战的信心。[1]

俞济民所部宁警总队和自卫总队在大市聚整训后也相继开赴宁海、奉化和鄞县东南乡游击区,其中宁警总队驻于大嵩,自卫总队驻于童家岙。到1942年间,宁警总队建制扩编为一、二支队,鄞县自卫总队扩编为三、四支队。1943年"四支"又分出"五支",归俞济民直接指挥。其在鄞西一带的"四支"郭青白支队,最多时曾发展到十七个大队。[2]到1944年,仅宁波国民兵团自卫总队就已发展为3个支队、1226名官兵,装备机枪10挺、步枪918支、手枪64支。[3]其他各县的情况也大致相似。比如,1941年7月定海县长苏本善兼任象山县长后,便将定海国民兵团和象山国民兵团等改编为定象保安总队,其中驻镇海柴桥瑞岩寺一带的定海国民兵团一部即被编为保安总队第一支队。宁海国民兵团于1941年8月编为1个大队,有官兵434人,配备机枪3挺、步枪250支、手枪13支;1943年春又将县特务队400余人编为第二大队,分驻城关和长街、胡陈、亭头、西店等地。奉化于1943年1月组建县国民兵团自卫总队,次年3月编成3个大队,拥有官兵906人。[4]

1941年12月,驻鄞县、奉化、慈溪、余姚、上虞等地的日伪军对四明山区发动六路"扫荡"。三战区挺进纵队和余姚自卫队首先在梁弄以外狮子山一线顽强阻击敌军,战斗持续了4天之久,致使日伪军遭受重大伤亡。敌军经增援后从正面猛攻梁弄,守军挺进纵队被迫撤退,致使地处浙东前线的几个县级政权都遭到冲击,其中慈溪县县长章驹在北溪突围时不幸以身殉职,年

---

[1] 蔡竹屏:《流亡在四明山上》,政协宁波市暨各县(市、区)文史资料委员会、宁波市档案馆编:《宁波文史资料》第十二辑,1992年7月印行,第201—202页。
[2] 《抗日战争时期宁波纪事》,政协宁波市文史资料委员会编:《宁波文史资料》第一辑,1983年12月印行,第58页。
[3] 鄞县地方志编纂委员会:《鄞县志》,中华书局1996年版,第1215页。
[4] 镇海地方志编纂委员会:《镇海县志》,中国大百科全书出版社1994年版,第254页;宁海地方志编纂委员会:《宁海县志》,浙江人民出版社1993年版,第639页;奉化地方志编纂委员会:《奉化市志》,中华书局1994年版,第635页。

仅38岁。[1]在章驹逝世3周年时，国民党浙江省政府举行了纪念活动，由省政府主席黄绍竑主持，表彰章驹是浙江省抗日光荣牺牲的第一位县长。

1942年4月19日，国民政府军第三战区派江南挺进队趁日伪在宁波庆祝"四一九"之机，从鄞县西乡出发，于晚上8时左右向宁波城区西门口岗哨突然发起袭击。事前潜入市区的便衣也同时向开明街宪兵队和惠政巷宁波特务机关门口各投掷一枚手榴弹。城区内外，一时枪声大作，战斗持续2个多小时。等大批日军赶到，挺进队已安全撤离。这次袭击使侵驻宁波的日军第70师团61旅团的旅团长野副昌德大为震惊。次日晨，野副昌德召集宁波宪兵队长仓木胜、宁波特务机关长龟山、宁波地区警备队小金正等严加训斥，责令仓木胜等彻底查明情况，限期破案，并下令在全城展开大搜捕。事后，芝原平三郎因情报工作不力受到排斥后离开宁波。此次突袭，打击了敌人的嚣张气焰，提振了沦陷区人民的抗战信心。

为了攻占象山县城丹城，日军从1941年11月至1942年3月，连续5次进犯丹城。象山军民对日伪军的侵略进行了英勇反击，并4次击退日军的进攻，也在宁波抗战史上写下了光辉一页。其中，1942年2月13日开始的第四次丹城保卫战是最为激烈的一次。在这次战斗中，中共党员组成"前线鼓动队"，冒着枪林弹雨救护伤员，送茶送水；见到参战的官兵半夜起来空腹抗击敌人，就跑到西寺动员和尚，一起把准备慰劳的三大缸年糕烧熟，把热气腾腾的年糕送到战士手中；有的战士鞋子掉了，赤着脚在雪地里作战，他们就动员丹城人民拿出棉鞋、胶鞋送上火线，让战士穿上。战士们在政工队和广大群众的积极支援下，勇气倍增，顽强战斗打得敌人趴在地上连头都不敢抬起来。历时13个小时的第四次丹城保卫战，打死、打伤日伪军40余人，守军亦伤亡中队长以下官兵60人。日军3具尸首未及运走，为守军所获，在圆通

---

[1] 蔡竹屏：《流亡在四明山上》，政协宁波市暨各县（市、区）文史资料委员会、宁波市档案馆编：《宁波文史资料》第十二辑，1992年7月印行，第210页。

庵和大教场陈尸半天,并拍了照。群众看到侵略者的下场,无不拍手称快。[1]

除上述规模较大的战斗之外,以地方自卫团队为主,广泛开展了各种形式的游击战。以主动袭击而言,有1943年5月1日宁警五大队发动的袭击奉化大桥伪警察局之战,1944年1月1日定象保安总队二大队发起的围歼镇海新庙伪军之战,同年12月23日四明自卫队围歼奉化萧王庙伪军之战。此外还有1941年6月余姚自卫队进袭县城南门;1944年6月24日宁警特务行动队携爆破器材再次潜入宁波城内,袭击日军宪兵队;同年5月8日定象自卫队分路袭入象山县城,捣毁伪军三十八团团部和伪县政府。以主动伏击而言,有1942年秋定象保安总队第五大队发动的镇海明堂岙伏击伪军之战,1943年5月18日郭清白部组织的鄞县李岙伏击日军之战,同年11月30日镇海独立中队和定象保安总队在镇海横河杨家桥夹击日军之战,1944年3月17日在奉化竹岸伏击日本军用车队之战,同年5月23日在甬江伏击敌"中华轮"之战。以阻击而言,有1942年1月2日宁海箬帽岭阻击战,1944年10月13日宁警三、四大队在鄞县东南乡阻击日军田青部的激战,同年11月29日奉化自卫队箭岭下抗击战,1945年7月25日奉化岩头之战。[2]

国民党地方抗日武装虽然在反击敌军"清乡"、"扫荡"、搜集情报、狙击敌伪军政人员、惩治汉奸和开展游击战争中发挥了一些作用,但由于名目繁多的各种武装打着游击的旗号,"派饷筹款,运私货,绑殷富,敌进我退,敌退我扰"[3],使得驻地百姓怨声载道,以致出现"苏本不善,俞不济民"之类的传

---

[1] 周义华整理:《象山军民抗日纪实》,政协宁波市文史资料委员会编:《宁波文史资料》第十三辑,1992年12月印行,第120—122页。
[2] 林雨:《宁波抗日战事录》,政协宁波市文史资料委员会编:《宁波文史资料》第十三辑,1992年12月印行;蔡竹屏:《流亡在四明山上》,应瞻光供稿、林雨整理:《杀人魔窟——日本宁波宪兵队》,政协宁波市暨各县(市、区)文史资料委员会、宁波市档案馆:《宁波文史资料》第十二辑,1992年7月印行;奉化地方志编纂委员会:《奉化市志》,中华书局1994年版,第645—646页。
[3] 蔡竹屏:《流亡在四明山上》,政协宁波市文史资料委员会编:《宁波文史资料》第十三辑,1992年7月印行,第192页。

谣。连黄绍竑也不得不承认:"我觉得我们对游击区是太放任了,因为放任而敌伪及游杂才能如此长久盘踞,不但使敌人有向我后方地区压迫进攻之机会,而且使游击区的民众更陷于水深火热之中。"[1]"无如好些游击部队,都是就当地的散兵游勇土豪土匪收编而成的,遂致他们得以游击的名义,做出种种不法的勾当来……所以弄到后来,游击队的名义,就变成万恶的渊薮,游击队的意义也就失去了。"[2]

二、进行政权建设

宁波沦陷初期,各县工作的重点是对于半沦陷区的争夺。如鄞县县政府将全县88个乡镇划分为沦陷区、半沦陷区和后方未沦陷区三类。以地处四明山的第七区为主体的未沦陷区内,各乡镇仍维持原有组织,作为向敌占区进击的后方基地。在半沦陷的第六、八、九、十等4区,除责成原有乡镇公所、各警察所所长,保甲督导员确实掌握民众外,推动地方爱国人士组织共济会,以团结民众、协助推行县政和破坏敌伪组织、组织抢运物资,同时视军事情势,酌设县政府办事处,派高级职员前往主持开展工作。此种办事处实为县政府在半沦陷区的派出机构,根据所颁暂行规程,一般下设民政、财政、公安、教育4股,办事处主任对于内外人事拥有先行任命之权。1941年5月27日,即委任鄞县警察局局长戚静之为第八、九、十区办事处主任。6月28日,又在第六区暨第七区之外五乡地区组织行政办事处,委派郭青白为主任。[3]1941年秋,余姚县政府也从嵊县东部的晋溪返回地处四明山中心的余姚黄家庄,恢复梁弄区署,增设姚北行署,调整大岚山乡公所,并重建西通上虞,东连鄞县,

---

[1] 黄绍竑:《五十年回忆》,岳麓书社1999年版,第556页。
[2] 黄绍竑:《五十年回忆》,岳麓书社1999年版,第394页。
[3] 《俞济民致黄绍竑函》《俞济民致六区专员电》《鄞县县政府对戚静之的委任》《鄞县县政府组织办事处暂行规程》《郭青白报告》,宁波市档案馆馆藏资料,案卷号旧1-1-198。

乃至第七战区司令部驻地上饶的有线通信网络。[1] 同年7月，迁驻宁海的镇海县政府则派助理秘书汪立本潜回镇海龙山，组建县政府江北办事处和警察大队。1942年5月，再次重建江北办事处，置主任、副主任、指导员各1人，下设龙山、庄市两区。在镇海江南地区，由定海县长苏本善领导的定海国民兵团也在沦陷后坚持活动于柴桥、郭巨和瞻岐、杨岙山区。在慈溪北部地区，除县国民兵团外，还组建了庄桥区特务队，活动范围逐渐扩大到慈溪其他区域。

1941年7月，象山县政府发生内讧，县党部书记长章昌琛和"三象"（即三门、象山的简称）地区指挥官吴仲翰挑动县国民兵团中队长徐楠发动兵变，逮捕县长盛世馨及县府官员，抢走县府储备的钱粮，掀起一场轩然大波。浙江省主席黄绍竑得知象山"徐楠兵变"以后，极为恼火，一面将当事人全部请到省府，听候处理；一面则急电告苏本善移兵象山平叛，逮捕肇事者徐楠等；同时，考虑到象山半岛与舟山群岛毗邻，便于相互接应，即命苏本善兼任象山县县长、象山国民兵团团长兼"三象"地区指挥官，由苏本善带领，开展了5次象山县城保卫战。在1942年3月象山县城陷落后，为与已沦陷的上南区各乡镇建立联系，特组建上南区区署，并加强对象东、象西、下南各区的控制。[2]

为适应沦陷后的局势，鄞县县政府制订了《鄞县战时施政方案》。方案分民治、民生、财政、教育、县府自身建设5章共44条。第1章民治的重点是探访查明沦陷各乡镇的基本情况，分别派员"相机宣抚慰劳"。如将各乡镇长及公职人员的政治态度分为甘心从逆、被迫附逆、虚与敌伪委蛇而与我脱离关系、双方互通声气、不肯附逆亦不为我用、不肯附逆而输诚于我、与我失却联络而尚未受敌伪诱惑等7类，并以不同政策区别对待。其中对甘心从逆者，"应派得力游击队员监视其行动，相继予以警告、威胁，俾知畏惧、悔

---

[1] 蔡竹屏：《流亡在四明山上》，政协宁波市暨各县（市、区）文史资料委员会、宁波市档案馆编：《宁波文史资料》第十二辑，1992年7月印行，第202页。
[2] 苏本善：《回溯在浙东抗战的一段历史》，政协宁波市暨各县（市、区）文史资料委员会编：《宁波文史资料》第十六辑，1995年6月印行，第39页。

悟而弃敌即我；有怙恶不悛或罪大恶极者，宜处以极刑，藉儆效尤"。第2章民生的重点是令各乡镇照旧征收积谷，存贮半数，听候提取，并相机以武力护运至安全地带；倘敌伪亦征收积谷，宜以武力劫取，或毁灭之，免资敌用。由政府筹设常备商店和物资调整处，以保证军需、民用物资的供给。第3章财政为通告各乡镇"勿向敌伪缴纳钱粮"；乡镇所需经费"以就地筹款为原则"，来源为原防护费、户捐、战时利得税、殷富捐、公款公产花息、迷信会产、积谷变价等。第4章教育为选择安全地区设立战时中学，维持小学正常开学授课，酌设短期政训处，发扬民族精神及固有文化，反对敌伪奴化教育或歪曲宣传。第5章县政府自身建设规定，县府迁移不宜远离县境；设办事处于县境内，作为县府与民众之联络机构，其人员及设施宜文事武备兼顾、并重；县府及办事处与各乡镇间应有组织严密之通讯网。[1]

鄞县、镇海、宁海、象山等县还建立了征税、征粮和物资储运供给机构，以保障军需物资供应。如鄞县征收粮谷按上缴、留存各半的办法进行；象山除县税外对农村按亩征税，标准为每亩实征5斤。在作为后方基地的宁海，1943年3月建立战区军民合作站宁海指导分处，由县长兼任处长，其下沿交通军事补给线分设10个站，负责军队生活补给任务。所驻军政机关则建有消费合作社，按市价收购食品后再分配给各单位膳食管理组或家眷。在鄞县等地也设有类似的物资调整处和常备商店。1942年5月还曾发行胜利同盟公债，各县大都超额完成任务。为解决战时紧缺物资供应，在后方还兴办了一批工厂，1944年2月俞济民兼任六区行政专员后，又成立六区经济建设委员会，将所办的铁工厂、造纸厂、纺织厂、电池厂、无线电修造所等工厂企业全部冠以"宁波"二字，归入该委员会领导之下。[2]

---

[1] 《鄞县战时施政方案》，宁波档案馆馆藏资料，案卷号旧1-1-198。转引自傅璇琮主编：《宁波通史（民国卷）》，宁波出版社2009年版，第177—178页。

[2] 傅璇琮主编：《宁波通史（民国卷）》，宁波出版社2009年版，第179页。

鄞县政府和宁警总队合办的无线电通信队从1941年7月至1944年9月，连续举办4期训练班。电训班的训练科目分学科课程、术科课程、补充课程和军事训练四类。其中学科课程设报务员须知、电学、无线电学、电码学、缩语等科目，术科课程设电报收发、译电、电台通讯、机械修造等科目，补充课程设有线电通讯、英语、代数、语文、公文程式等科目，军事训练设姿式教练、野外教范、实际射击等科目。电训班总共为部队和新昌、嵊县、慈溪、余姚、镇海、奉化、临海、黄岩、宁海等县培养输送报务、机务人员约200人。[1]

经过几年的斗争，宁波地方政府不仅在慈余、鄞奉和新昌、嵊县、宁海交界的四明山、天台山区建立了比较稳固的后方，而且在沦陷区也站稳了脚跟。通过同日伪政权拉锯争夺，逐渐扩大控制区域，于是出现了县政府向敌占区推进的趋势。如镇海县政府于1943年春从宁海还徙镇海江南地区。鄞县县政府也在同年11月自宁海迁回本县东南乡，但仍在黄坛设有后方通讯处。

宁波地方政府在沦陷后虽然坚持进行抗战，但由于阶级本性的限制和片面抗战路线的影响，具有明显的局限，并影响到抗战目标的达成。这种局限主要表现在两个方面，一是旧政权内部的争权夺利和军队的扰民。如1941年6月，苏本善在鄞县俞济民的地盘——瞻岐成立"鄞、镇、定战地工作推进委员会"后，遭到俞济民的强烈反对。俞致电省政府攻击苏"擅假名义"，表示"殊难承认其存在"，并威胁要以武力解决。[2]二是同室操戈，"防制"乃至武力攻击中共领导的抗日武装。1942年11月，六区专员徐箴即密电俞济民："查镇慈余以北地区奸军猖獗，希配合正规军，（以）各方面力量，迅予扑灭。"[3]次年2月，浙江省政府又以"极机密"级别致电俞济民，蔑称"中共对

---

[1] 王之祥：《抗战时期宁波电讯技术人员训练所》，政协宁波市文史资料委员会编：《宁波文史资料》第二十二辑，2001年12月印行，第16、23、28、29页。转引自傅璇琮主编：《宁波通史（民国卷）》，宁波出版社2009年版，第179—180页。
[2] 《俞济民致省府电》，宁波市档案馆馆藏资料，案卷号旧1-1-198。
[3] 《饬扑灭奸军案》，宁波市档案馆馆藏资料，案卷号旧8-1-338。

于保卫国家民族的抗日战争,根本没有参加的诚意,他们对于抗日战争的参加,不过供其生存发展的利用而已"[1]。据现存部分档案统计,从1944年2月到7月短短5个月内,浙东行署致函各县要求严防"三北奸军"活动的机密电报,就有7次之多。[2]而且在1942年冬和1943年冬,两次对中共领导的敌后抗日武装发动大规模军事进攻,致使浙东抗战出现严重危机。

三、反对奴化教育,弘扬民族文化

宁波城内各校为避日机轰炸,从1937年抗战爆发后即纷纷内迁。甬江女子中学于1937年底前往奉化亭下镇,1941年宁波失陷后,又迁往奉化岩坑、董村,师生不到百人。10月,鄞县县立商业职业学校、县立女子中学、乡村简易师范学校在宁海龙宫组成以汪焕章为校长的鄞县县立临时联合中学,1942年后又有甬江女子中学并入。联中本部辗转于宁海、新昌、天台各县,并在鄞县陶公山、黄古林俞家设立第一、第二分部。

宁波地区各县相继沦陷后,大批爱国学生流迁到区域后方。为解决沦陷区爱国青年的教育问题,并与敌伪开展反奴化教育的斗争,各县先后创办战时临时中学。其中奉化县立初中于1941年8月在敌后前哨的连山乡柏坑复校。复校后的奉化初中以毛翼虎为校长,设有初中、简师和高中补习班,不久又相继设立吴江泾、方桥、西坞和庙后周4个分部。[3]1942年秋,经定海、象山两县教育科长和地方绅士商量,决定在宁海和平岙普福寺兴办定、象两县战时联立初中学生补习学校。这些学校的学生来自本县境内、邻近各县和宁波、上海等广大区域。据统计,设于宁海的奉化县立初中本部、鄞县联合

---

[1] 《防止中共兵运应有之认识》,宁波市档案馆馆藏资料,案卷号旧8-1-332。
[2] 《防止中共兵运应有之认识》,宁波市档案馆馆藏资料,案卷号旧8-1-332。
[3] 毛翼虎:《梦幻尘影录》,宁波出版社1997年版,第60—69页。

中学和定、象联立初中等3所学校的学生，两年间就由259人增加到700多人，其中宁海籍的约200人。这些战时学校都选用文天祥的《正气歌》、岳飞的《满江红》、诸葛亮的《出师表》、史可法的《复多尔衮书》等著名爱国诗文作为补充教材，许多教师主动拒绝待遇优厚的汪伪学校的聘请而来此任教。[1]

艰苦的流亡学习生活不仅没有使学生放弃学业，反而更激发了他们的学习热情，坚定了抗战杀敌的决心。余姚县长蔡竹屏把随县政府退入大岚山而没有被解散的实获中学和余姚简师分别安置在冷僻、深远的罗坑和后朱村。在敌人临境之时，他没有把学校解散，而是让大批学生背着书包和铺盖进入游击区。尽管这两所流亡学校所在地的条件极为艰苦，但学生们都非常用功读书。在紧张刻苦的生活中，师生们没有忘记报仇杀敌，打回老家去。幽静古朴的小山村回响着"起来，不愿做奴隶的人们"的歌声。[2]

这种艰难的战时搬迁办学，充分反映了宁波人民可贵的爱国主义情操，不屈不挠、百折不回的奋斗精神和重视教育的人文传统。

宁波沦陷后，由于宁波、天台后方没有一张像样的大报（在宁海，只有国民党县党部办的一张小报《宁海民报》），浙东后方及广大游击区人民都渴望知道国内外形势，《宁波日报》正当此时应运而生。1943年春，宁波印刷厂在宁海黄坛慈云寺建成后，原由宁警总队政训处主办的油印内部报纸《宁波报》由天台城内迁到宁海，更名为《宁波日报》正式出版，俞济民专门拨了一个电台为《宁波日报》抄收电讯。慈云寺是一处荒山野寺，院落破败，香火寥寥。报社人员睡眠的地方是摇摇欲坠的西厢房，编辑部设在大雄宝殿的一角。那时既无电灯，

---

[1] 宁波地方志编纂委员会：《宁波市志》，中华书局1995年版，第2227页；蔡竹屏：《流亡在四明山上》，政协宁波市暨各县（市、区）文史资料委员会、宁波市档案馆编：《宁波文史资料》第十二辑，1992年7月印行；苏本善：《回溯在浙东抗战的一段历史》，政协宁波市暨各县（市、区）文史资料委员会编：《宁波文史资料》第十六辑，1995年6月印行；毛震虎：《梦幻尘影录》，宁波出版社1997年版，第56、67页。
[2] 戴光中：《与百姓同流亡——记抗战中的余姚县长蔡竹屏》，政协宁波市暨各县（市、区）文史资料委员会编：《宁波文史资料》第十六辑，1995年6月印行，第118—119页。

也无煤油灯照明，因此往往在大雄宝殿前的月台上编稿。报社人员的工资也极其微薄，每月的工资只够买几包烟。但为了宣传抗日救亡，使游击区和沦陷区的军民及时了解国内外消息，报社人员工作热情高涨，生活过得充实、愉快。他们除了利用电台刊发中央社播发的电讯稿和各县地方抗战通讯外，还编辑副刊，用杂文、诗歌等形式，针砭时弊，激发抗战热情。为了把报纸积极输入敌后，扩大影响，1944年成立鄞县东南乡办事处，加强敌后宣传工作。[1]该报主编倪维熊曾在此报副刊上发表过一首题为"水调歌头·乡思"的词，其下阕为："明州暗，狐鼠窃，祸连绵。呻吟憔悴，不信地狱在人间。天末微芒乍透，漏尽荒鸡齐唱，起舞莫迁延。肝胆同披沥，迸作出山泉。"[2]这首抒发忧国怀乡之情的词作，当时曾引起不少人共鸣而被争相传诵。定海、象山政工队也创办过《抗战简讯》《战斗报》《海啸报》等小型报刊，宣传抗日救亡，在当地产生了一定影响。

除了对开大报《宁波日报》，宁波流亡政府还办了一个新潮通讯社。1942年端午节后，新潮通讯社在宁海龙宫大庵宣告成立，宗旨是：弘扬中华民族正气，动员全民抗御外侮。新潮通讯社设在宁海，在宁属各县都设有分社，向总社发稿，由总社统一编发。新潮社采写浙东各地（包括沦陷区）消息，分寄国内各大报，宣传浙东的抗日活动，影响力不断扩大。浙江省府机要室主任赵崇士（兼"建国通讯社"社长）曾给予新潮通讯社高度的评价：当前浙江报界人士评论，浙西"民族社"，浙南"建国社"，浙东"新潮社"，鼎足为三（民族社以浙四行署主任贺扬灵为背景，建国社以黄绍竑为背景，新潮社以俞济民为背景），提供新闻来源正确及时，浙江有希望了。[3]1944年10月，奉化县

---

[1] 郑正民、张心楼、俞梦魁、范学文：《抗战时期创办的〈宁波日报〉》，政协宁波市文史资料委员会编：《宁波文史资料》第十四辑，1993年12月印行，第118—119页。

[2] 郑正民：《洁身廉隅渴求光明》，政协宁波市暨各县（市、区）文史资料委员会编：《宁波文史资料》第十辑，1991年2月印行，第77页。

[3] 王兴藻：《忆新潮通讯社》，政协宁波市文史资料委员会编：《宁波文史资料》第十四辑，1993年12月印行，第157页。

政府也创办了一家通讯社——春秋通讯社。采编的稿件向《东南日报》《浙江日报》《宁波日报》等报纸寄发。它在奉化沦陷期间,对反映奉化沦陷区情况及奉化县的工作,起过一定作用。

在文艺宣传上,1942年,象山政工队以东汉苏武持杖不降匈奴之意组织的杖节剧团影响较大。杖节剧团,下分戏剧、歌咏、服务3组。剧团还特地去上海招收一批青年文艺骨干,在本县和天台、新昌等地巡回演出。服务队主要为部队服务,如部队到达前,做好了解情况,联系借宿营地、用具等工作;部队撤离后,负责处理有关善后事宜。[1]宁海中学全校师生在校长华俊升领导下,成立抗战剧团,通过广泛开展各种文艺活动,揭露日本帝国主义的侵华罪行,激发广大师生和家乡人民的抗日情绪,增强抗战的力量和信心。演出节目多利用假日时间和课外活动排练,必要时晚上加班。葛培林老师扮演的《流亡三部曲》中的男学生,在城内河头剧场演出时,歌声响彻整个剧场。观众莫不为流亡学生无家可归的遭遇深表同情,对日军的侵略罪行更是怒火中烧。语文老师孙秉义编导了《从军乐》《古城的怒吼》《牛头岭》《千代子》等多幕剧和独幕剧。他不仅自编自导了许多节目,还亲自参加演出,教唱歌曲,如话剧《牛头岭》中的插曲《昭君怒》、《千代子》的插曲《月光曲》等。剧目的主题紧扣抗日救国,既唤起了民众,也教育了学生自己,激起了爱国热情。[2]

四、营救美军飞行员

1941年12月7日,日军偷袭美国珍珠港,太平洋战争爆发。次日,美英等国对日宣战。为打击日军的嚣张气焰,美国于1942年1月计划对日本本

---

[1] 苏本善:《回溯在浙东抗战的一段历史》,政协宁波市暨各县(市、区)文史资料委员会编:《宁波文史资料》第十六辑,1995年6月印行,第42页。
[2] 《宁海中学的抗战剧团》,政协宁波市文史资料委员会编:《宁波文史资料》第十三辑,1992年12月印行,第65页。

土实施大规模空袭。4月18日上午8点前后，由空军中校杜立特尔率领的B-52型轰炸机队从距离东京650海里的航空母舰"大黄蜂号"上起飞。由16架飞机组成的机队成功地对东京、神户、名古屋等大城市实施空袭后，按预定计划返回刚竣工的浙江衢州机场。因天气、通信等方面的原因，16架飞机的80名机组人员未达目的地就被迫弃机跳伞或迫降。其中有4架坠落在宁波境内的鄞县咸祥和象山附近海域。

坠落在咸祥的是2号机。1942年农历三月初五（即4月19日）黄昏，有一架单翼轰炸机在鄞东咸祥一带低空盘旋，没多久，在距咸祥镇十里外，海南乡墩里起火坠落。机上有5名机组人员，只有2人跳伞逃生。次日凌晨四五点钟，附近芦浦地方的人来咸祥镇赶集，看到山脚下有两个外国人，即到咸祥镇公所报告。不多时，看牛农民也到镇公所报告同一情况。当时宁波虽已沦陷，但咸祥尚属国民党政府游击地区，咸祥镇公所还是由国民党地方政府控制。镇长朱绣芳听到来人报告有两个外国人在附近，估计不是侵华敌人，马上派人把他们接到镇公所。在搞清身份、明白飞机坠落的原因后，朱绣芳予以热情接待。这两个美国飞行员为表示感谢，送给朱绣芳一件绿色美国哔叽短大衣、一支橙红色笔管黑色笔套的派克钢笔作为纪念物，同时送给国民党东钱区署警备中队李森林手枪一支。为安全起见，朱绣芳决定立即把两人转送至内地。他们先被送到驻沙村的国民党俞济民部，并由其护送渡过象山港，转送到宁海鄞奉游击区指挥部，由俞济民接待后转送新昌去内地。

两个飞行员走后没几天，驻宁波日军得悉，派兵来咸祥镇海南乡追查坠落的飞机，并把美机残骸当作战利品，运往宁波。在得知美国飞行员是经朱绣芳接待转移以后，日军妄想捕到朱绣芳后，胁迫其出面组织咸祥伪政权，为日军效劳。但朱绣芳誓死不当汉奸，携家属东躲西藏。日军见达不到目的，就由汉奸马峰带领，于8月10日晨5时，用火油焚烧了朱绣芳家的房子。

当时朱绣芳避难在十里外大站的一个小村子里,家里还有一个5岁的孩子托邻居带管,在房子着火时,孩子还睡在楼上,幸得乡人救出。这次遭殃同难的还有朱阿青等6家邻居,他们的楼房5间2弄,平屋6间也被烧毁。[1]

坠落在象山境内的3架美机,其中6号机经爵溪牛门礁附近坠入海中(距爵溪海岸约二华里)。爵溪乡乡长杨世森闻讯后,即雇民船分头营救,并在沿海沙滩处发现3名机组人员。同机5人中有2人因不会游泳,溺死海中。杨世森得悉情况后,一方面热情款待,并于次日上午,密派壮丁10人,绕道护送其至县府驻地,以期脱险;另一方面对殉难的2名机组人员,雇民船四处打捞,于周家湾、灰窑岭沙滩发现尸体,优为棺葬(葬地在爵溪乡教场宫沙头龙)。不料,转移飞行员一事被驻乡伪军第10师36团二连连长何宗武和宁台伪民生队得悉,密报驻茅洋日军。当行至爵溪白沙湾附近时,突然遭到茅洋日警备队四五十人拦截,3名机组人员被日军押至茅洋,10名壮丁被机枪尽数射杀,茅洋日警备队随后窜入爵溪村中大肆搜查。乡长杨世森闻讯躲逃,一时幸免于难,但日后因受惊暴亡。到5月1日上午,日方派兵舰1艘、飞机1架,盘旋牛门礁上空,将漂浮于海面的美机残骸打捞后离去。押送到茅洋的3名机组人员,又被解往上海,机组长哈马克被杀害,孟德尔死于狱中,只剩下尼尔森活了下来,到日军投降后返回美国。

14号机落于三门县南田区(今属象山县)檀头山大沙洋面,5名机上人员,跳伞落海,泗水摸黑上岸,4名躲进渔民赵小宝家猪圈。4月20日一早,村民又找到了另一名飞行员。村民麻良水借了一条小船偷偷地将5名机组人员送至南田大沙上岸,由三门县自卫队避开日军封锁线,护送至三门临时县治海游,22日转送至临海。50年后,尚健在的当年副领航员格里菲斯·威廉姆斯在信中曾说:"那天夜里,我们跳入海中,爬上岸已筋疲力尽。虽然语

---

[1] 金翅群:《救护盟军美机飞行员》,政协宁波市文史资料委员会编:《宁波文史资料》第十三辑,1992年12月印行,第222—225页。

言不通，但中国人民看到美国国旗，认为是共同反抗敌人的朋友，就毅然接我们到家中换衣进餐，使我们逃过了灾难。第二天晚上，勇敢的中国人民又为我们乔装打扮，冒险将我们送出日军封锁线，使我们能够重返战场，对抗敌人取得胜利……我们的子孙也将永远铭记住中国人民给予我们的友爱和帮助……"

7号机坠落在大沙海面，5名机组人员为当地渔民所救获，4名受伤，由三门县自卫队第二大队急送到三门卫生院抢救，后经临海恩泽医院医师陈慎言一家和美国随队医生华特的治疗而痊愈，生命垂危的劳逊施行锯腿手术后保住了性命。陈慎言还在浙江省政府的安排下，护送他们到重庆，转道昆明送其返回美国。

1992年3月，当年援救盟军飞行员的赵小宝等5人，应杜立特尔轰炸机队协会的邀请，至美国密西西比河畔的雷德温市，与被营救的8位美国飞行员见面，共叙旧情，并出席美国空军首次空袭日本本土50周年纪念会。美国总统布什在贺信中向执行那次历史性轰炸任务的幸存者和拯救、保护坠落的飞行员的中国公民致以特别的敬意。[1] 当年，美军飞行员向当时只有18岁的赵小宝提出了一个半世纪前的疑问："你们当时不怕日本人的报复吗？"赵小宝答道："知道你们是打日本兵的，也就没有想到遭报复。"[2]

1945年1月21日，美军援华空军第十四航空队的中尉飞行员托勒特在从江西飞往上海执行轰炸任务时，飞机不幸被日军高射炮击中。托勒特跳伞后降落在浦东，被新四军浙东游击纵队淞沪支队救获。由于托勒特当时面部和四肢灼伤严重，1月28日，奉支队部命令，顽强中队抽出1个班，由金子明部长带队护送，乘海防大队的哨船渡过杭州湾，安全抵达浙东根据地。

---

[1] 周义华整理：《象山军民抗日纪实》，政协宁波市文史资料委员会编：《宁波文史资料》第十三辑，1992年12月印行，第123—125页；林志龙：《象山人民勇救美国飞行员纪实》，政协宁波市暨各县（市、区）文史资料委员会编：《宁波文史资料》第十六辑，1995年6月印行，第236—242页。
[2] 《相逢不是梦——5位老人与美国飞行员的重聚》，《浙江日报》，1992年4月19日。

2月1日，到达纵队司令部驻地梁弄镇。3月7日，纵队政治部在驻地召开军人大会，"庆祝新四军苏浙军区成立，并欢迎美国空军战友托勒特"。在根据地经过1个多月的医疗和休养，托勒特完全恢复了健康。经请示，新四军军部同意将托勒特移送给国民党地方政府转送美国驻华机构。3月18日晚，纵队政委谭启龙设宴为托勒特饯行，宾主尽欢，频频举杯共祝杀敌胜利。浙东行署副主任吴山民即席赋诗4

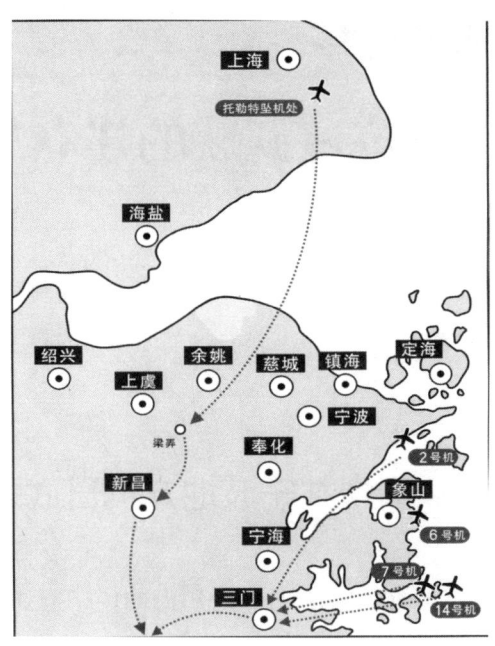

盟军飞行员获救位置示意图

首送行。其中一首是："委曲梁弄两月间，相与心照两难宜。他年举世升平日，重话期于麦羹连。"[1] 表达了待世界和平到来之时，将到托勒特的故乡与他相会的美好愿望。托勒特非常高兴，当场把吴主任的诗稿要走。21日，浙东行署主任连柏生在纵队司令部主持欢送会。4月10日，护送部队与美国陆军陆空辅助勤务战地总部临海办事处，正式办了交接手续。4月11日，美军驻临海办事处主任柯克斯给浙东游击纵队发来感谢信。信中说：你们的"这种令人惊奇的合作精神，将会大大缩短战胜我们共同敌人的时间"。[2]

国共两党共同积极营救美军飞行员的行动，在宁波抗战史上书写了光辉的一页。

---

[1] 麦羹连，托勒特故乡地名译音。刘亨云回忆，毛英、张志坚整理：《浙东游击纵队》，浙江人民出版社1987年版，第258页。

[2] 刘亨云回忆，毛英、张志坚整理：《浙东游击纵队》，浙江人民出版社1987年版，第260页。

第九章

中共抗日武装的建立与抗日根据地的开辟

一、中共宁波地方抗日武装的筹建

1940年7月日军对镇海的侵略遭到失败。9月,中共宁属特委在鄞东宝幢召开会议,中共浙江省委常委、宣传部部长汪光焕到会并讲话。会议认真学习省委第一次代表大会关于"加紧全民动员,武装保卫沿海,保卫浙江,打退敌人的进攻"精神和在沦陷区有条件的地方,发动群众,组织游击武装,开展对敌斗争的指示。面对浙东地区可能面临沦陷的严重局势,会议分析了各地党的群众基础、政治条件和地区环境,讨论了贯彻省委指示的具体部署,决定以合法形式,组织扩大抗日游击武装,开展抗日保家乡的斗争。不久,特委又在镇海大碶横河召开特委扩大会议,具体研究镇海县的工作。会议重点分析了镇海江南的政治条件、地理环境和党的群众工作基础,确定了以大碶区王贺乡为中心,进一步发动群众组织游击武装的策略,并首次提出了做好接应外地区党的游击武装转战宁属地区准备的设想。[1]

宁属特委会议后,宁属各县党组织认真贯彻会议精神,并采取积极措施,把工作重点从城镇转入农村,准备开展敌后游击战争。如鄞县县委根据

---

[1] 杨志行:《在王文祥同志身边工作的日子里》,宁波市新四军研究会等编:《王文祥纪念文集》,中共党史出版社1998年版,第26页。

宁属特委会议精神,决定将工作重心从城区转移到原来党的基础相对薄弱的鄞西沿山地区(以梅园乡为中心),党员骨干陆续向鄞西集中,有计划地发动群众抗日,准备开辟鄞西游击根据地。

1941年4月日军侵占宁波地区后,宁属特委分析了宁属地区沦陷后的形势、工作基础和区域条件,决定以慈北为中心,于慈镇一带首先筹组游击武装。宁属特派员王文祥认为,开展工作有几个有利条件:第一,慈镇一带党的工作、群众基础较好,大革命时期党的活动比较活跃,又有抗战初期抗日群众组织的基础,有利于发动群众,组织武装;第二,地理上南靠群山,北临大海,向南联系慈东,山南山北可以互相配合,又有镇北、慈北统战关系的掩护,有一定的回旋余地;第三,也是最主要的,估计中共中央华中局会派部队来浙东开辟游击区,如从杭州湾渡海前来慈北,古窑浦是宁属一带与海北相近的海口,可以很快接应,取得联系。[1]6月1日,李平、沈邦祺等人在龙山党组织的配合下,由共产党员邱焕高做内应,顺利地收缴虞洽卿家保卫团长枪20多支、短枪2支、子弹数百发。但次日运枪去慈北途中与国民党慈溪国民兵团第十四中队遭遇,枪被截劫,慈北游击武装支部书记郑侠虎等5人被扣押,经杨展大等与国民兵团斡旋后被保释。但6月6日、7日,李平、邱焕高、沈邦祺、沈一飞等先后被捕,除邱焕高脱险外,其余均被杀害。宁属党组织在慈北筹建游击武装的工作虽然失败,但宁属党组织对三北地区组建游击武装有利条件的分析无疑是正确的。这为后来宁波敌后抗战的历史所证明。

宁属党组织在慈北筹组游击队失败后,为避免再受损失,要求当地贯彻隐蔽精干的方针,迅速布置已暴露的党员转移隐蔽。为了及时把这个血的教训告诉各县党组织,特派员王文祥即到镇海江南研究对策,他根据上级的

---

[1] 陈明华:《回忆王文祥同志》,宁波市新四军研究会等编:《王文祥纪念文集》,中共党史出版社1998年版,第26页。

指示精神,认为在敌强我弱、力量悬殊、顽固派势力又十分复杂的情况下,党组织必须采取灰色隐蔽的方针,利用国民党的游击队名义(个别的甚至可利用伪军的名义),来组建和发展自己的抗日武装。同时,坚持政治上、组织上的独立自主原则。[1]

镇海沦陷之初,县工委书记陈志达根据宁属特派员指示,到江南王贺乡与共产党员王博平研究筹组抗日游击武装问题。6月上旬,王博平以国民党王贺乡乡长的名义,组建了一支20来人枪的武装,定名为王贺乡巡夜队,王自任队长,其口号是:锄奸抗日,保卫家乡;主要任务是:进行放哨、巡查等维护社会治安活动。6月上旬,共产党员蒋子瑛建立慈东游击队。鉴于慈北组建游击队失败的教训,蒋子瑛根据灰色隐蔽的方针,邀国民党慈溪县政府政工指导室干事胡家骥任大队长,并把部队定名为"慈溪县庄桥区战时工作大队",不久辖有三个中队,大队部副官、参谋和一中队队长均由共产党员担任。游击队以慈东区为依托,开展锄奸、剿匪、宣传抗日等活动。为粉碎国民党武力并吞慈东游击队的阴谋,9月,根据宁属特派员决定,在部队的共产党员和以党员为骨干的第一中队共40余人转移至镇海江南王贺乡,与镇海县工委领导的王贺乡巡夜队合并。两支小型武装合并后,经与国民党"定海国民兵团"谈判,取得"定海国民兵团独立中队"(也称江南独立中队)番号,共产党员王博平、林勃分任中队长、指导员,队内建立了中共支部。接着,由共产党员谢仁安等领导的浙东青年突击队,也奉宁属特派员指示,成为"独中"下属的政工队。全队共70余人、50余支长短枪,成为沦陷初期共产党领导的活动在镇海江南敌后的一支抗日游击队。江南独立中队成立后,在移驻镇海霞浦杨亭庙前,袭击了驻鄞东盛垫桥的伪军,开始了抗击日伪、保卫家乡的斗争。

---

[1] 宁波市新四军研究会等编:《王文祥纪念文集》,中共党史出版社1998年版,第27页。

1941年奉化沦陷不久，中共奉北区委就在方桥一带组织党员和贫雇农建立起一支几十人的抗日游击武装，由于缺乏经验，立足未稳，被鄞县姜山的土顽武装击退。之后，区委重新组织的几支小型武装也失败了，先后牺牲了两名党员。6月，国民党"奉东抗日自卫中队"中队长王海丰（王继超）和副中队长吴祥林（吴天行）在奉化松岙找到中共组织，要求置于共产党的领导之下。经中共奉化县特派员詹步行考察，8月，王海丰和吴祥林加入共产党，这支有百余人的部队成为中共奉化组织秘密掌握的抗日武装。10月，该部一个分队在奉化尚桥山下地遭日军伏击，吴祥林被俘。之后，王海丰召集旧部30余人重建了抗日自卫队。

在鄞县，1941年4月沦陷后，国民党鄞县第七区区长郭青白收集散兵游勇建立"鄞西自卫游击大队"，中共鄞县县委为掌握这支武装，通过梅园乡乡长边春甫的统战关系，先后派共产党员林一新、张拔等进入郭青白部政训组（室）工作，1942年5月，按照灰色隐蔽方针，由林一新向郭青白争取到国民党地方部队的番号，在鄞西宝岩寺成立"宁波自卫总队第二支队部警卫分队"，张拔任分队长。7月，分队扩建为中队，10月后，中队又扩建为大队，并先后取得"宁波自卫总队第二支队特务大队"和"宁波警察总队第三支队第六大队"（简称"宁警三支六大"）的番号，由林一新、李明先后任大队长，应晓初任教导员。

在宁属党组织积极组建抗日武装的同时，中共余姚党组织也根据中共绍属特派员杨思一的指示，首先在姚北组织游击队。1941年5月，余姚沦陷不久，党组织获悉国民党第34师连长孙彦龙率残部逃到姚北，并有投奔共产党的意图。为了改造这支军队，使之成为抗日地方武装，中共余姚县特派员张光就派副特派员王益生前去联系，还派遣数名共产党员、进步分子充实这支部队。经过工作，把这支部队与原庵东盐场缉私营合编为"宁绍游击大队"，由孙彦龙任大队长，王益生任指导员。但由于原缉私营营长早已同日军特务机关相勾结,6月25日,王益生等3人在临山镇被害,随后孙彦龙率部投靠驻周巷日军。中共余姚党组织改造国民党孙彦龙部的计划遭到失败。尽管余姚党组织多次组建地方武装受挫,但一些党员骨干从未停止过筹建抗日武装的工作。如姚南朱之光等共产党员根据县副特派员赵汝翰(肖张)的要求,为建立地方武装进行秘密活动,并以原余姚政工队员的名义与姚北一些政工队员多次联系,接着,朱之光在父亲朱祥甫(左溪乡乡长)的支持下,筹措了资金和粮食,在瑞林岗秘密举办了武装训练班。共产党员赵瞻(赵继尧)、周曼天等在浦东抗日武装的帮助下获得一些武器,先后在姚北、姚东组织青年建立游击小组。经过一段时间的酝酿、筹备,于11月正式建立了中共余姚党组织领导的第一支抗日武装,定名为"四明游击指挥部独立大队"(又称浙东游击队),由朱之光、周曼天分别负责行政和军事,赵瞻任指导员。

宁绍地区沦陷后,中共宁波组织为拯救人民于水深火热之中,在原有抗日救亡工作基础上,独立自主、积极筹建数支抗日游击武装,虽屡遭挫折,仍坚持不懈地领导人民群众抗击日伪、保卫家乡,为中共地方组织创建游击武装提供了正反两方面经验教训,也为浙东抗日武装斗争的广泛开展做了必要的准备。宁波地方党组织及其组建的抗日游击武装,是后来开辟浙东敌后抗日根据地的一支重要力量。

二、中共中央关于开辟浙东的战略决策和浦东抗日武装南渡

沪杭甬三角地区,是全国著名的鱼米之乡,人口稠密,物产丰富,经济发达,交通方便,为日军、国民党和共产党必争之地。太平洋战争爆发以后,日军为了巩固其对中国大陆的占领,保障海上交通线的畅通,同时进行经济掠

夺,达到以战养战的目的,势必夺取并死守沪杭甬地区。对国民党政府来说,这里既是蒋介石发家之地,也是国民党政府重要的经济来源,所以也不会轻易从这里撤出它的势力。对中共来说,要发展东南沿海地区的游击战争,必须在这块三角地带,特别是浙东建立抗日根据地,逐渐向南发展,这样就可以把苏中、苏南、浦东、浙东、闽浙赣连成一线,使中共在抗日战争中,甚至抗战胜利后都处于有利的地位。

皖南事变后,中共中央对包括浙东在内的华中地区的抗日形势做了认真分析,对新四军在华中地区的战略部署做了新的安排。1941年2月1日,毛泽东致电刘少奇、陈毅等,明确指出:华中指导中心应着重三个基本战略地区,即鄂豫陕边地区、江南根据地(包括苏南、皖南、浙东及闽浙赣边)、苏鲁战区。并特别强调:"关于浙东方面,即沪杭甬三角地区,我们力量素来薄弱,总指挥部应增辟这一战略基地,经过上海党在该区创立游击根据地(以松江等处原有少数武装作基础),中原局应注意指导上海党。"[1]后来的实践证明,中央和毛泽东的这一电报,是一个极富远见的正确决策。4月30日,根据宁波沦陷后的新形势,毛泽东、朱德等在给刘少奇、陈毅、饶漱石的电报中再次对开辟浙东游击根据地做出指示:"敌占宁波、奉化、温州、福州如系久占,你们应注意组织各该地之游击战争。有地方党者,指导地方党组织之,你们派少数人帮助之;无地方党者,由你们派人组织之。从吴淞,经上海、杭州、宁波直至福州,可以发展广大的游击战争。上海杭州线的军事领导不可仅委托谭震林,他一人管不到许多,有单独成立战略单位之必要(此区有大发展前途)。"[2]

华中局和新四军军部在接到中共中央和毛泽东关于开辟浙东地区的指示后,决定在派人到江南建立领导机构前,暂时委托新四军第6师师长兼政

---

[1] 谭启龙:《谭启龙回忆录》,中共党史出版社2003年版,第107页。
[2] 谭启龙:《谭启龙回忆录》,中共党史出版社2003年版,第108页。

委谭震林[1]指导工作。5月,华中局决定成立江南区党委,任命谭震林为书记,并把组织浙东游击战争,单独成立战略单位的任务,交给谭震林负责实施。5月16日,新四军代军长陈毅和华中局书记刘少奇指示江南区党委书记谭震林,"抽派军政干部"去配合宁波、余姚等地的党组织"发动游击战"。[2]4天后,刘少奇再次具体指出,去浙东宁波、诸暨发展抗日武装,"名义不一定是新四军,但必须是独立,能自己解决经费、粮食问题,即使搞到五六百人,也有极大战略意义"[3]。

根据中共中央和华中局、新四军军部的指示,谭震林积极部署开辟浙东游击战争的工作。他首先致力于加强地处沪杭甬间海上交通枢纽——浦东地区党组织和武装力量的工作,准备以浦东为基础,伺机派部队逐步南渡杭州湾,发展浙东的游击战争。为此,他不仅派新四军第6师的干部到浦东工作,还派浦东党组织和军事干部到第6师学习,提高他们的政治军事素质,为即将开展的浙东工作准备干部。为加强对浦东地区党组织的统一领导,5月成立中共路南[4]特委,任命顾德欢[5]为书记。与此同时,华中局决定派谭启龙[6]具体负责开辟浙东游击根据地的任务。5月下旬,谭启龙接到华中局的电报,去苏南无锡找谭震林接受新任务。谭震林向谭启龙分析了浙江方面的形势,介绍了浦东党组织和抗日武装的情况,要求谭启龙以浦东部队为

---

[1] 谭震林(1902—1983),湖南攸县人。1926年加入中国共产党。抗日战争时期,先后任新四军第二、第三支队副司令员,新四军第6师师长兼政委,新四军第2师政委兼淮南区党委书记等职。

[2] 《浙东抗战与敌后抗日根据地史料丛书》第四卷,中共党史出版社2001年版,第5页。

[3] 《浙东抗战与敌后抗日根据地史料丛书》第四卷,中共党史出版社2001年版,第6页。

[4] 路南,指沪宁铁路以南地区。

[5] 顾德欢(1912—1993),又名张瑞昌,江苏青浦(今属上海市)人。1935年加入中国共产党。1938年冬,顾德欢回到青浦,先后担任中共青浦县工委书记、淞沪中心县委书记、中央浙区党委委员兼宣传部长等职。

[6] 谭启龙(1913—2003),化名胡志萍,江西永新人。1928年参加革命,同年8月加入中国共产主义青年团。1933年2月由共青团员转为中国共产党党员。全面抗战爆发后,历任新四军第一支队驻湖南平江县办事处主任,中共赣东北、苏皖、皖南特委书记,苏南、浙东区委书记,新四军浙东游击纵队政委等职。

基础，发展抗日武装，创建浙东抗日根据地。7月，谭启龙到上海后，与路南特委取得联系，进一步了解浦东和浙东的情况，为开辟浙东抗日根据地做准备。

当时，由路南特委下辖的浦东工委掌握了两支武装力量，一支叫"第三战区淞沪游击队第五支队"，另一支是伪军第13师25旅50团的一部分武装。浦东工委根据上级的指示，认真研究了面临的形势，决定一方面坚持浦东，进行反"清乡"斗争，一方面准备把能够掌握的大部分武装力量，分批派往浙东三北[1]。

为了顺利挺进浙东敌后，浦东工委先派出2支小部队到三北进行侦察，得知宁绍战役后，三北地区处于十分混乱的状态。杭甬路沿线的大片土地虽然沦陷，但敌伪的统治尚未建立，仅在主要城镇如周巷、观海卫、浒山、庵东等地设立据点；国民党政府的力量也很薄弱，仅设有第三战区淞沪专员公署派驻三北的宗德公署和少数游击杂牌部队在乡村活动。在得知这一情况后，浦东工委一方面做南渡三北的准备，一方面向谭震林做请示汇报。谭震林同意浦东部队南渡，并指示要贯彻中央关于开辟浙东的战略决策，做到灰色隐蔽，并独立自主地开展游击战争。

从1941年5月开始，浦东工委直接领导和秘密掌握的武装分批南渡杭州湾到浙东三北地区。5月10日，姜文光、朱人俊率"淞沪五支队"一个侦察班和伪50团一个排共50余人率先南渡杭州湾，在姚北相公殿段头湾登陆，并取得国民政府军"宗德指挥部第三大队"（简称"宗德三大"）番号，姜文光任大队长，朱人俊任副大队长。6月中旬，蔡群帆、林有璋率领"淞沪五支队"一部共130多人在先期到达的"宗德三大"的接应下到达三北，沿用"淞沪五支队第四大队"（简称"五支四大"）番号。7月，朱人俊率领伪50团一个排

---

[1] 三北，余姚、慈溪、镇海三县姚江以北地区的统称。

40多人到达三北,朱人俊不久返回浦东。同月,姚镜人、陆阳率伪50团守望队100多人,在姚北登陆,编入"宗德三大"。8月初,凌汉琪、王荣桂率"淞沪五支队"一部100多人南下浙东,编入"宗德三大"和"五支四大"。同月底,朱人俊、方晓率伪50团一部300多人到达三北,取得"鲁苏战区淞沪游击队暂编第三纵队"(简称"暂三纵")的番号。不久,潘林儒率领常备大队和特务区队100多人也来到浙东,被编入"五支四大"。浦东部队分7批,共800余人先后到达三北。[1]这800多人的部队成为中共开辟浙东抗日根据地的骨干力量,也是后来浙东抗日游击纵队的基础。

浦东抗日武装南渡浙东后,为加强对这些部队的领导,1941年9月,路南特委派特委委员、军事部部长吕炳奎[2]到三北,统一领导浦东南下的武装部队。10月,根据谭震林指示,谭启龙与顾德欢等在上海研究决定成立浙东军分会,以吕炳奎为书记,王仲良、蔡群帆为委员,统一领导在三北地区的武装。在浙东军分会的领导下,"五支四大"和"暂三纵"分别建立党的工作委员会,负责这两支部队的日常工作。"五支四大"党委书记蔡群帆,成员林达、夏治行,主要活动在逍路头以东的慈

浦东抗日武装南渡登陆地点之一——慈溪段头湾

---

[1] 关于浦东南下干部的人数,《谭启龙回忆录》和《中共宁波党史》第一卷说法不一。本书以当事人的回忆录为准。

[2] 吕炳奎(1914—2003),上海嘉定人。全面抗战爆发后,自发组织外冈抗日游击队,打击日伪军。1939年7月加入中国共产党。不久,任江南抗日义勇军三路第三支队支队长、江南抗日义勇军东路第三支队副队长。

溪镇海地区；"暂三纵"党委书记王仲良，成员朱人俊、方晓，主要活动在逍路头以西的慈溪镇海地区。此外，还成立了教导队，统一培训两支部队的军政干部。

浦东抗日武装的南下浙东，是贯彻中共中央、毛泽东关于开辟浙东抗日游击根据地的重要举措。从此，中共领导下的抗日武装成为宁波沦陷后抗击日军侵略的中流砥柱。

三、三北根据地的开辟

浦东抗日武装南渡三北后，积极主动地开展抗日游击战争。1941年6月18日，刚到三北不久的"五支四大"从群众中获悉，驻庵东的日军出扰相公殿，故决定在相公殿以西的崇德乡三村伏击日军。当天傍晚，"五支四大"在"宗德三大"的配合下，三村伏击了从庵东出扰的30多个日军，击毙击伤日军各8人，迫使残敌弃尸溃逃。6月25日，日军又窜到相公殿骚扰，"五支四大""宗德三大"再次伏击日军，敌军狼狈逃回庵东，两战皆捷。相公殿战斗规模虽然不大，但它是浦东南渡部队到三北后的首仗，打击了日军的侵略气焰，扩大了部队的政治影响，给被日军蹂躏的三北人民带来了希望。

此后，南下各部转战三北各地，互相配合，互相呼应，连歼日军。其

相公殿战斗纪念碑亭

中的主要战斗有：10月10日，"暂三纵"在周巷登州街以西，袭击了从周巷出扰的日军，激战一个多小时，迫使敌人逃回据点。10月22日，"宗德三大"在横河准备伏击日军从观海卫运送棉花的船只，由于汉奸告密，日军临时改变行动计划。"宗德三大"以为情报有误，准备到横河街上进行武装宣传。不料，当部队开到七星桥附近时，突遭日军伏击，在地形对游击队十分不利的情况下，与日军血战一个多小时，给敌人以沉重打击，但大队长姜文光、大队附姚镜人等29人壮烈牺牲。这次战斗后，该部结束了与"宗德公署"的关系，不再使用"宗德三大"的番号。11月，"暂三纵"在梅园丘与日军遭遇，经激战后，敌人逃回五夫据点，但大队长陆阳等16人英勇牺牲。12月，为了打击海上日伪、海匪的猖狂活动，保卫浙东到浦东的海上交通，开辟和巩固海上基地，增加税收，供给部队，"暂三纵"组织海上武装，开展海上游击战争，给活动在杭州湾一带的伪军和海匪以有力打击。

浦东南下部队的英勇抗战，极大地鼓舞了浙东人民的抗日斗志，拉开了创建浙东敌后游击根据地的序幕。

浦东南渡部队转战三北抗日，以严明的纪律和英勇抗战的行动，表明自己是一支中国共产党领导的抗日部队。但由于部队采用的是国民党地方部队的番号，中共宁绍地方党又没有接到上级党的指示，开始时并不清楚这些部队的性质。为了解决人生地疏的困难，尽快站稳脚跟，浦东部队急切需要与当地党组织取得联系，取得他们的配合与支持。相公殿首战日军获胜的消息也促使宁绍党组织决定尽快摸清这些部队的来历和真实情况。此后，双方都派出人员侦察对方的情况。7月，中共余姚县特派员张光经联络人员引见，与"五支四大"领导人蔡群帆、林达会面，通过相互介绍和深入了解，终于弄清楚对方的真实身份。会面后，张光经向中共绍属特派员杨思一汇报了情况。随后，杨思一在张经光的陪同下，去慈北海甸戎家会见了浙东军分会书记吕炳奎，从而正式确定了"五支四大"党组织与绍属地方党组织的关

第九章 中共抗日武装的建立与抗日根据地的开辟

系。与此同时,中共宁属特派员王文祥也派共产党员戚铭渠以国民党镇海县龙山区署指导员的身份,前去"五支四大"了解情况。9月上旬,王文祥亲自去部队驻地与蔡群帆等部队领导人会晤,这样双方党组织也建立了横向的关系。从此,宁绍地方党不断地向部队输送干部,帮助部队开展民运、统战工作,同时,部队也选派干部帮助建立和巩固抗日地方武装,并在当地党组织和游击武装的配合下,积极开展抗日游击战争。

在宁属地区,1941年11月,江南独立中队根据宁属特派员王文祥的指示,将部队转移至镇北,以"假缴枪"的方式并入南渡三北的"五支四大"教导队,合编为"五支四大"新四中队。部队经短期训练后,到镇北庄市区活动,一方面寻找战机,打击敌伪,另一方面积极向群众宣传抗日救国,培养积极分子,为开辟庄市区游击根据地打下基础。在绍属地区的余姚,由共产党员朱之光等领导的"四明游击指挥部独立大队",在姚南山区和周巷以东,积极开展发动群众、宣传抗日活动。

由于双方相互配合,以及广大人民群众的支持,浦东南渡部队在三北迅速打开了局面,站稳了脚跟,为浙东敌后抗日根据地的开辟打下了坚实的基础。

在开展抗日武装斗争的同时,浦东部队和宁绍地方党组织还根据中共中央、毛泽东的指示,积极开展抗日民族统一战线工作,为开辟三北抗日根据地服务。他们主动团结国民党友军、乡镇政权和各界上层人物,共同抗日。对国民党地方部队,在抗日的前提下尽量搞好关系。"五支四大"和"宗德三大"通过各种渠道和国民党淞沪游击队第一支队顾小汀部建立了良好的统战关系。为打开三北、浙东的局面,1942年8月12日,中共浙东区委根据华中局"顾小汀宜以高位大名争取之"的指示,想让顾小汀出面当三北游击司令部司令,但可惜的是被顾小汀拒绝。[1]对于国民党淞沪指挥部指挥官薛天

---

[1] 谭启龙:《谭启龙回忆录》,中共党史出版社2003年版,第124页。

白拉拢"五支四大"的举动,浙东军分会出于灰色隐蔽的考虑并未拒绝,但指示"五支四大"在接受"淞沪游击队第三支队"番号的同时,保持独立自主的原则,在活动时仍称"五支四大"。对于地方上层人士和知名士绅,积极争取并建立广泛的联系。1941年10月,"暂三纵"在姚北长河市召开周巷区17个乡镇长会议,朱人俊宣布了部队的番号和抗日宗旨,要求各乡镇长积极支持部队在姚北地区的抗日活动,得到了积极响应。11月,吕炳奎等在当地党组织的配合下,在镇北召开团结抗战会议,通过邀请当地士绅参加的方式,宣传党的抗日主张,扩大了党的政治影响。通过工作,与慈北、慈西、镇北、姚北的一批地方知名人士建立了良好的关系。抗日民族统一战线的开展,不仅为部队开展抗日活动提供了很大的便利,也为开辟三北根据地营造了较好的外部环境。

随着敌后抗日武装的组建和军事上的不断胜利,中共浙东军分会遵照毛泽东关于"尽可能迅速地并有步骤有计划地将一切可能控制的区域控制在我们手中,独立自主地扩大军队,建立政权,设立财政机关,征收抗日捐税"[1]的指示,要求"五支四大""暂三纵"分别在宁属地方党组织的支持下,组建部队办事处。1941年7月下旬,"五支四大"领导人蔡群帆在慈北古窑浦建立了第一个部队办事处。同时,派一个区队(排)驻留古窑浦,从事保卫办事处和开辟海上交通线等工作。8月又建立了龙头场和海甸戎家两个办事处。8月下旬,为统一领导各地部队办事处的工作,在慈北建立总办事处,由余姚地方党组织派到"五支四大"工作的薛诚任总办主任(11月由陈平接任)。10月,"暂三纵"也在姚北先后建立长河市(中山)、临山等办事处。这些办事处和部队一起宣传抗日,组织武装群众,发展抗日力量,开展统战工作,征收抗日捐税,解决部队给养,部分承担了抗日政权的职能。

---

[1]《毛泽东选集》第二卷,人民出版社1991年版,第754页。

三北总办事处的建立,标志着三北抗日游击根据地的初步形成。这块宁波沦陷后浙东最早开辟的抗日游击根据地,成为以后向南发展,开辟四明的重要基地。

四、中共浙东区委和三北游击司令部的建立

日本侵略军为加强对中国东部沿海地区的封锁,占领衢州机场和打通浙赣铁路,以12万兵力,从1942年5月中下旬开始,发动了为期两个月的浙赣战役。驻守浙赣铁路沿线的国民党军队中的爱国将士对日军进行了顽强抵抗后,撤出阵地,放弃浙赣线,铁路沿线的诸暨、义乌、金华、东阳、武义、浦江、建德、桐庐、嵊县、新昌等县相继沦陷。

华中局和新四军军部根据中共中央、毛泽东的指示和浙赣战役爆发以后浙东地区的新形势,确定了进一步发展浙东敌后地区的方针:争取有利时机,扩大与发展武装,大刀阔斧地进行工作,创造敌后根据地,广泛开展统一战线的工作,采取多种形式与工作方法达到发展的目的。为了加强对浙东部队和地方党组织的领导,一方面增派干部到浙东,另一方面决定成立中共浙东行动委员会。5月31日,陈毅、曾山电令谭启龙"立即去浦东转浙东主持"工作。6月2日,陈毅、曾山又致电粟裕转谭启龙,要求"启龙与1师抽调出来的张文碧[1]、刘亨云[2]等同志组织浙东行委,尽可能抽调部分干部随同所抽调的武装电台,立即挺进到浙东敌后。提出配合国军作战与保家保乡口号,广泛开展敌后统战工作,采取多种多样名义和形式组织群众特别是武装

---

[1] 张文碧(1910—2008),江西吉水人。1930年参加中国工农红军。1931年加入中国共产主义青年团,同年转为中国共产党党员。曾任新四军第1师南通警卫团政委。
[2] 刘亨云(1913—1992),江西贵溪县人,1929年参加中国工农红军,同年加入中国共产主义青年团,1935年转入中国共产党。曾任新四军第1师1旅1团参谋长。

力量,创造敌后根据地"[1]。

根据中共中央和华东局的指示精神,6月,谭启龙在上海召集路南特委的顾德欢、姜杰和金子明等人开会,决定姜杰暂留上海,领导淞沪地区工作,顾德欢和金子明都调往浙东工作。6月下旬,和连柏生[2]等人率第五支队第一大队(简称"五支一大")100余人由浦东南渡三北。谭启龙到浙东三北后,根据华中局的指示,成立中共浙东行动委员会,谭启龙任书记,公开的身份是五支队长连柏生的秘书,化名胡志萍。谭启龙到浙东后,抓紧时间同干部们谈话,抓紧时间熟悉三北的地理地形和风土人情,了解部队各方面的情况;同时设法与浙东地方党组织的领导同志取得联系。谭启龙相继会见了中共宁属特派员王文祥和绍属特派员杨思一、定海特派员王起,并向他们传达了华中局关于开展浙江敌后抗日游击战争、创建根据地的决定。

对当地情况有了初步了解后,谭启龙认为开辟浙东抗日根据地的条件已经具备,时机已经成熟。6月30日,谭启龙通过粟裕给陈毅、曾山发电报,在分析了浙江的形势后,提出了开展浙江工作的建议:成立苏浙边区游击队,由何克希[3]任司令,要求军部的何克希和新四军第1师的张文碧、刘亨云等速来浙东,另需要增派军事政治和经济管理干部来浙东,加强领导力量。7月上中旬,华中局、新四军军部和第1师派来的干部陆续到达三北,其中既有行政管理、经济、文化、党务、群众工作等方面的干部,也有军事干部。他们的到来,为浙东工作的大发展,奠定了坚实的干部基础。

---

[1] 谭启龙:《谭启龙回忆录》,中共党史出版社2003年版,第116页。
[2] 连柏生(1908—1992),上海南汇人。1937年上海沦陷后,参加抗日救亡宣传活动,组建地方抗日武装。历任国民党南汇县第二区区长,南汇县保卫团第四中队中队长,南汇县抗日自卫总队第二大队大队长,第三战区淞沪游击队第五支队支队长等职。1941年1月,加入中国共产党。
[3] 何克希(1906—1982),原名和成章,曾用名何静斋、何静,四川峨眉人。1929年加入中国共产党。抗日战争全面爆发后,何克希奉命到苏南敌后组织抗日武装。1941年皖南事变后,任新四军第6师副参谋长。1941年10月,奉调到苏北中共中央华中局党校学习,由陈毅建议并经毛泽东批示同意,何克希南下浙东。

为了统一思想,明确任务,7月18日,谭启龙在慈溪北部的宓家埭召开了浙东敌后第一次干部扩大会议,刚到浙东的干部和在浙东工作的地方干部、军队干部参加了会议。谭启龙在会上做了《目前国内外形势与我党发展浙江敌后游击战争建立根据地的方针》的报告。谭启龙传达了中共中央和毛泽东关于开展敌后游击战争、建立巩固的敌后游击区工作的基本方针的决定;分析了发展浙江敌后游击战争,建立抗日根据地的主要基础和条件;提出了发展浙江敌后工作的各项具体政策。参加会议人员在听取谭启龙的报告后,进行了分组讨论。为了更多地了解情况,谭启龙分别到各小组听取讨论情况,并对一些问题加以阐述,以期统一大家的思想认识,特别是对建立浙东抗日根据地的可能性和艰巨性树立正确的认识,增强战胜各种困难的信心和决心。大家通过学习讨论,对中央和华中局有关浙东的战略决策有了较好的领会,对浙东的情况有了初步的认识,明确了今后的目标和方向,坚定了信心,决心完成中央、华中局交给的任务。

根据形势发展的需要,1942年7月8日,华中局决定在浙东行动委员会的基础上组建中共浙东区委员会(简称"浙东区党委"),任命谭启龙为区党委书记,"负政治上的责任";何克希任区党委军事部长,"指挥浙江敌后党的武装"。7月28日,陈毅、曾山致电粟裕和谭启龙,决定区党委暂以谭启龙、何克希、杨思一、顾德欢四人组成,谭启龙任书记。同时建立区党委的工作机构,何克希兼军事部部长,杨思一兼组织部部长,顾德欢任秘书长兼宣传部部长,金子明任敌伪军工作委员会书记,王文祥任杭甬沿线城市工作委员会书记,周一光任海上工作委员会书记。12月2日,经中央批准,华中局调整了区党委成员,区党委由谭启龙、何克希、张文碧三人组成,谭启龙任书记。1943年9月30日,根据工作需要,谭启龙报请华中局同意,增补杨思一为区党委委员。因为浙东的干部来自不同的地方,有浦东南渡的,有来自新四军军部的,有来自苏中1师的,也有浙东当地的。所以在人事安排上,谭启龙首先考虑的是团结问题,尽量克服地方主义、山头主义的倾向,调动各方面的积极性。在浙东区党委及以后建立的三北游击司令部、浙东行署、浙东参议会的人事安排上,都体现了这个精神。

位于余姚梁弄横坎头的中共浙东区委员会旧址

为加强对浙东各地党组织的统一领导,浙东区党委对宁绍地方党组织做了调整,建立了4个地区级的党的工作委员会(简称"工委"),即三北工委、四明工委、三东工委和会稽工委,还继续领导浦东特委。其中,三北工委,管辖镇海、余姚、慈溪三县姚江、甬江以北地区和上虞北区的工作;四明工委,管辖镇海、鄞县、奉化三县东部地区和定海县委的工作。不久,各工(特)委改成地委。三北地委书记王仲良;四明地委书记王文祥(后为陈洪),副书记罗白桦;会稽地委书记杨思一,副书记马青;浦东地委书记姜杰;三东地委书记吕炳奎,副书记王起。区党委还将以前各部队的办事处正式转为地方政权。

区党委成立后,即根据华中局的指示和浙东的实际情况,确定了"独立自主地放手发动群众,发展敌后游击战争,建立抗日根据地,打击日寇,争取抗战最后胜利"的总方针,并规定了实行总方针的各项基本政策。这就是:第一,要广泛地团结各党派、各团体、各阶层人民,巩固和扩大抗日民族统一战线。第二，要发展党领导的武装，加强和扩大现有的武装力量，培养有战斗力的坚强部队，广泛组织地方人民武装，这是建立抗日根据地的基本前提。第三，要执行中央关于党在抗日时期的土地政策的决定，一方面实行减租减息，另一方面要交租交息。第四，要加强党的建设，巩固党的团结。此外，还规定了财政经济、文化教育、锄奸等政策。各项政策的制定，为浙东抗日根据地的开辟和坚持指出了明确的方向。

浙东区党委成立后，为加强对部队的领导和建设，8月19日，经华中局批准，成立了浙东军委会，由何克希、张文碧、刘亨云、连柏生组成，何克希任书记，对浙东部队实行统一领导。关于浙东抗日武装使用何种番号的问题，华中局和新四军军部认为，为了便于部队生存和发展，要采用灰色隐蔽的方针。6月10日，张云逸、饶漱石、谭震林致电粟裕，提出"余姚部队仍不公开打出新四军之旗号，而以各种灰色隐蔽名称出现"[1]。根据华中局和新四军军部提出的尽量做到灰色隐蔽，不要过早暴露目标，以免引起敌伪顽军注意的指示精神，浙东区党委决定使用国民党"第三战区淞沪游击队"的番号。8月，在慈北鸣鹤场成立了"第三战区淞沪游击队三北游击司令部"（简称"三北游击司令部"），何克希（化名何静）任司令员，谭启龙（化名胡志萍）任政委，连柏生任副司令员，刘亨云（化名刘云）任参谋长，张文碧任政治部主任。司令部成立后，统一整编了浙东地区的主力部队，分为第三、第四、第五等三个支队。在会稽地区活动的南进支队改编为第三支队，支队长林达，政委蔡群帆；"暂三纵"的大部改编为四支队，支队长吴建功，政委吕炳奎；淞沪五支队一大队改编为五支队，支队长由连柏生兼任，参谋长张席珍；淞沪五支队第五大队改编为司令部特务大队；"暂三纵"的特务大队等改编为司令部警卫中队；淞沪"五支四大"第三中队改编为海防中队。整编后的主力部队全

---

[1]《新四军战史》编辑室：《新四军征战日志》，解放军出版社2000年版，第262页。

体指战员及工作人员共1510人，拥有轻重机枪36挺，长短枪878支。这支被群众称为"三五支队"的抗日武装是开创浙东抗日根据地的骨干力量。

除上述主力武装外，三北、四明等地区党组织积极贯彻区党委关于加强和扩大现有武装力量的方针，在浙东主力部队的帮助下，在所属各县建立和扩大地方武装，在各区乡分别建立常备队、民兵和自卫队，形成了主力部队和地方武装相互配合的局面。

浙东区党委和三北游击司令部的相继成立，加强了党对浙东党组织和武装力量的领导，整合了力量，为迅速打开浙东敌后对敌斗争的局面提供了组织保障。

第十章

"坚持三北、开辟四明"方针的制订与实施

一、"坚持三北、开辟四明"方针的制订

三北地区为一长形沿海地带,缺乏战略纵深,部队难以辗转。同时,姚北的庵东不仅拥有盐场,还是战略物资棉花的重要产地,为日军在浙东的重点占领区。正如刘亨云所说,"三北,拥有人口百余万,盛产粮、棉、盐,确是个好地方,但从打游击的观点来看,毕竟嫌它小了。方圆一百多公里,东西一百公里,南北三四十公里,北边是海,三面临江,就么狭长的一溜"[1]。而南部四明山地区,位于嵊县、新昌、奉化、鄞县、慈溪、余姚、上虞七县交界处,具有十分重要的战略地位。从地形以及与敌伪顽三角斗争的形势来看,适合游击坚持,如果占领了这个地方,可以将它作为敌后抗日根据地的中心区和后方基地。

浙赣战役后,日军加紧了对浙东地区的军事、政治控制,不仅在宁波、绍兴、三北地区增设据点,对"三五支队"发动"扫荡",还建立了伪浙东行政专员公署和各级伪政权。活动在浙东的国民党部队力量也不弱,在发现浦东部队是共产党的部队后,也想加强对三北地区的控制,趁机制造摩擦,企图

---

[1] 刘亨云回忆,毛英、张志坚整理:《浙东游击纵队》,浙江人民出版社1987年版,第32页。

阻止浦东部队向南发展。浙东地区呈现出敌伪、顽和中共武装三种力量犬牙交错的形势,斗争形势越加严峻、复杂。

针对浙赣战役后浙东地区呈现出的复杂斗争局面,1942年6月15日,谭震林致电陈毅、张云逸、饶漱石并报中央,提出了"余姚地区武装,目前应向四明山区发展,求得建立一个广泛之游击根据地,并向敌新占领之空隙地积极发展"[1]的建议,谭启龙接受了这个建议。在7月18日召开的浙东敌后第一次干部扩大会议上,谭启龙做了《目前国内外形势与我党发展浙江敌后游击战争建立根据地的方针》的报告,对浙江的形势进行全面分析后指出:日军占领浙江的重要城市和交通线后,浙东大部分地区已变成沦陷区,但对广大乡村日军还无法控制,这是浙江形势的第一个重要变化与特点。同时,国民党虽然在日军的进攻下损失惨重,但在敌后广大地区仍保留着相当强大的军事力量,保有大部分地区的地方政权,必将与我党及人民作争夺敌后的尖锐斗争,这是浙江形势的第二个重要变化与特点。但我党和广大人民有着雄厚的潜伏力量与基础,人民的抗日游击战争随着敌人的压迫,必然会广泛发动起来,不过,这种进步势力还处于劣势地位,这是浙江形势的第三个重要变化与特点。在这种情况下,党要执行建立抗日民主根据地的独立政策,在天台山、四明山和会稽山等地,首先要取得自己的控制权,这是坚持浙江敌后斗争的首要条件。为此,要团结浙江敌后各党派人士、各友军、各地方政府、各阶层人民和各宗教团体,结成广泛的抗日民族统一战线,共同为坚持浙江敌后斗争、建立根据地而斗争。但在国民党于沦陷区还占有较大力量优势的情况下,"我们的武装活动与发展的主要地区,应以沦陷区为限,为了避免顽固势力的嫉妒与借口,为了促成整个形势的好转,我们应将自己武装行动限于敌后地区。根据这一原则,我们目前重要工作是巩固三

---

[1] 转引自中共浙江省委党史研究室:《浙江敌后抗战史》,浙江人民出版社2015年8月版,第100页。

第十章 "坚持三北、开辟四明"方针的制订与实施

北,开展沿海三东[1]及四明、会稽两山区及金萧铁路、钱江南北广大地区的人民抗日游击战争,积极打击敌寇,阻止敌人伪化浙东企图"[2]。初步提出了"巩固三北、开辟四明"的战略方针。

在对浙江敌、我、顽斗争的形势进行全面分析后,浙东区党委于8月25日做出《关于最近浙江形势发展工作的指示》。《指示》指出:"在敌顽还未开始在敌后地区增强行动的有利情况下,各地党及部队必须遵照区党委一贯指示,迅速争取时间,猛烈发展党及武装力量,站稳脚跟,并即加紧从思想上、政治上、组织上准备迎接更尖锐、更艰苦的斗争环境。"为此,《指示》就如何"巩固三北、开辟四明"的战略方针提出了具体要求,要求三北地区应从政治上、群众工作上、党的工作上进一步精细布置,迅速达到完全巩固三北地区的目的;会稽地区和四明地区要大胆发展,迅速站稳脚跟,以建立我长期坚持的根据地。[3]

华中局和新四军军部也于1942年9月5日对浙东斗争方针做出指示,指出:日寇退守金华、兰溪后,浙东游击区仍然存在着发展的可能,但不宜抱奢望,我军应坚持向敌后发展的方针,在沿海、山区打下长期坚持游击战的基础。要利用各种矛盾多交朋友,一切组织工作要注意保持地方性、群众性,埋头苦干,采用隐蔽的方式,力求保存与发展自己,达到在浙东保持战略支点的目的。

根据华中局和新四军军部的指示,区党委于9月22日在鸣鹤场召开会议,具体分析了三北和四明地区的情况,研究了下一步的战略方针,会议做出了《关于长期坚持浙东斗争的决定》,正式制订了"坚持三北,开辟四明,在

---

[1] 三东,指鄞县、奉化、镇海三县东部地区和定海县。
[2] 宁波市新四军暨华中敌后抗日根据地研究会编:《浙东抗战与敌后抗日根据地史料丛书》第四卷,中共党史出版社2001年版,第26页。
[3] 宁波市新四军暨华中敌后抗日根据地研究会编:《浙东抗战与敌后抗日根据地史料丛书》第四卷,中共党史出版社2001年版,第39—40页。

四明山完全占领后,再争取控制会稽山"的工作方针。《决定》着重指出,"迅速发展建立四明、会稽两山地游击根据地之外,同时应更努力用一切方法,迅速巩固与坚持三北地区,并积极开辟沿海一带的游击战争"。华中局同意了这个方针,认为"应迅速取得四明山、会稽山为主要阵地,这是长期坚持的基点"[1]。

"坚持三北,开辟四明"工作方针的制订为浙东抗日根据地的建立与发展指明了方向。但在初期执行的过程中,由于对国民党顽固派的力量及敌对行动缺乏正确的判断,也产生了一些波折。

鸣鹤场会议后,区党委将部队分成三部分行动,一部分由谭启龙和何克希、张文碧率领司政机关和四支队、教导队挺进四明山区;一部分由刘亨云率领五支队在三北地区坚持斗争;一部分由连柏生、林达率领特务大队和新国民兵团开辟慈东慈西地区,以保障三北与四明山的联系。对于浙东区党委将主要兵力用于开辟四明的做法,华中局和新四军有不同的看法,在10月23日致区党委的电文中指出,区党委对形势的估计过于乐观,没有充分考虑到顽方可能配合日军压迫我军,夺取敌后地区问题的严重性,主张将工作重点放在三北,"如有绝对胜利把握条件下,主张集中力量,首先打开三北局面",对于四明地区,"应以比较集中方式采用分散的坚持方针,不可因为集中力量搞三北地区,而根本上放弃上述地区的发展和坚持工作"。[2]

华中局和新四军对形势的分析很快变成现实,国民党第三战区趁日军对三北进行"扫荡"之际,派忠义救国军第一支队支队长艾庆璋集结3000多兵力进攻三北。在得知这一消息后,华中局和新四军于11月18日致电区党委,"浙东形势南进机会暂不可能,四明、会稽地区已为敌顽结合部,必须

---

[1] 谭启龙:《谭启龙回忆录》,中共党史出版社2003年版,第127页。
[2] 宁波市新四军暨华中敌后抗日根据地研究会编:《浙东抗战与敌后抗日根据地史料丛书》第三卷,中共党史出版社2001年版,第12—13页。

在巩固三北敌后地区的条件下,才能在四明、会稽作敌顽我长期性的三角坚持。如不首先巩固三北,平均使用兵力,必造成以后极大困难。因此,区党委及浙东主力应移三北,作统一三北的工作,而四明、会稽地区,则暂保持游击坚持工作。这个工作应立即付诸实施"[1]。区党委不得不率部队撤离四明山区返回三北,参加第一次反顽自卫战。

二、三北根据地的巩固

中共武装南下浙东,开展抗日游击战争,对日军侵占浙东构成了严重的威胁。1942年10月,日军趁三北游击司令部准备挺进四明山之际,集中千余兵力分三路对三北地区进行首次大规模"扫荡",日军遍设据点,到处骚扰,反复搜索,企图消灭中共领导的三北敌后抗日武装。

面对日军的"扫荡",留在三北坚持斗争的五支队在三北游击司令部参谋长刘亨云的率领下,紧紧依靠人民群众,和日伪军展开针锋相对的斗争。五支队声东击西,忽南忽北,寻找战机。10月9日,一股日军到姚北的临山、周巷"扫荡",五支队就在敌人必经之地竹山岙设伏。下午,当日军钻进五支队伏击圈后,我军发起猛烈进攻,激战1小时,毙伤敌人30多名,余敌狼狈逃回余姚。26日,五支队、特务大队和新国民兵团在刘亨云指挥下,于慈北宓家埭、七三房一线,伏击从观海卫出来"扫荡"的伪10师谢文达部一个营,将其全歼,俘伪营长以下官兵200余人,缴获轻机枪4挺及大量武器弹药。竹山岙、宓家埭战斗,极大挫败了日军"扫荡"三北的锋芒,迫使其收敛嚣张气焰。

三北反"扫荡"胜利后,浙东区党委乘机推进三北地区的政权建设,将

---

[1] 宁波市新四军暨华中敌后抗日根据地研究会编:《浙东抗战与敌后抗日根据地史料丛书》第三卷,中共党史出版社2001年版,第15页。

以前各部队的办事处转为地方政权,并于11月正式成立浙东临时政权机关——三北游击司令部总办事处,主任王宗良,设民运、军事、总务三科,下辖余(姚)上(虞)、慈(溪)镇(海)、余(姚)慈(溪)、奉化四个办事处。办事处的主要任务是在交通要隘设税卡,征收进出根据地的税收,为部队提供给养;承担交通联络和情报传递工作;发动群众支援抗日;进行统战和维护社会治安等。

中共浙东抗日武装的发展壮大,不但遭到日伪军的仇视,也招来国民党顽固派的敌视。就在三北游击部队进行艰苦的反"扫荡"斗争时,国民党第32集团军为阻止中共部队南进,指派在钱塘江北的"忠义救国军"第一支队支队长艾庆璋集结兵力,准备向三北地区发起"进剿",妄图在中共部队立脚未稳时,在三北海边消灭中共武装。1942年10月下旬,艾庆璋带着国民党"忠义救国军"1000多人,并纠集金山、平湖两县的自卫总队和土匪武装王八妹部等,共计2900多人的兵力,从平湖、乍浦南渡杭州湾,先后在三北的临山、段头湾等地登陆。顽军自恃兵力强大,武器精良,弹药充足,根本不听劝告,叫嚷要共产党的部队让出三北。11月中旬,艾庆璋部不顾三北游击司令部的呼吁,继续向观城、龙山等地进犯,其所属第三纵队第四大队200余人渡过姚江进入四明山区,不断进逼三北根据地。

面对国民党顽军的步步进逼,区党委反复考虑对艾顽打还是不打。如果不奋起自卫反击,就无法在三北立足,四明山就失去了后方;如果打不好,也将面临三北地区两军尖锐对立的局面,这样对三北游击队的生存发展极为不利。区党委决定集中全部兵力打歼灭战,解决艾庆璋部,并向华中局和新四军军部进行了汇报。11月15日,陈毅、饶漱石等致电浙东并新四军1师,"如能集中力量先打开三北地区,控制该地区就可以站稳你们在浙东的脚跟,对今后坚持与发展最为有利","向慈南、四明山大发展是比较困难的,只能作为次要的游击发展方向","如发展的方向确定后,则应集中一切力量使用于主要方向,不可分散使用力量,以争取有利时机完成主要任务"。[1]

根据华中局和新四军军部的指示精神,浙东区党委决定集中兵力进行自卫反击。11月20日,区党委和三北游击司令部发出通知,要求分散在各地的部队迅速赶到三北的游源集中。各部队接到命令后马上行动,11月22日,谭启龙与何克希等随即率四支队回师三北,刘亨云等率五支队到达游源,还有在会稽的南进支队与诸暨八乡抗日自卫大队,林达率领的特务大队等共1300余人陆续到达游源。26日,在游源召开誓师大会,何克希司令员向全体指战员进行战斗动员,号召大家同心协力,消灭艾庆璋部。与此同时,为最大限度团结国民党军队抗战,孤立艾庆璋部,浙东区党委和三北游击司令部还积极开展统战工作,主动与驻三北的国民党顾小汀等部,还有驻四明山区的张俊升、田岫山部联系,说服他们保持中立。

28日下午,浙东第一次反顽自卫战正式打响。三北游击队得悉张立民的金山县自卫总队驻在周家路登州街、小安街、草楼等地,决定从张立民入手,消灭艾顽。当夜,四、五支队直插草楼,四支队迅速占领堤坝,形成一条封锁线,防止顽军从海上逃窜,五支队从两侧包抄草楼。战斗打响后,从梦中惊醒的顽军有的被击毙,有的成了俘虏。南进支队和三支队则分别突袭登州街、小安街。经过激烈交锋,各路捷报频传。经清查,除张立民带几个随从逃跑外,其余500余人全部被歼。缴获轻重机枪10余挺,步枪500余支,弹药一大批,三北游击队无一伤亡,这是中共浦东武装到浙东后打的最大的一个胜仗。消灭了张立民部队,无疑给艾庆璋当头一棒。在力量的对比上,艾庆璋部原来所占有的绝对优势,已经转化成为相对优势。12月2日,三北游击纵队又主动出击,在上虞北部的黄家埠、章戴又一次沉重地打击了艾庆璋部,共歼顽军300多人。

---

[1] 转引自中共浙江省委党史研究室:《浙江敌后抗战史》,浙江人民出版社2015年版,第111页。

当国民党顽固派制造摩擦,三北游击队被迫自卫反击时,日伪军准备向中共部队夹击,以坐收渔翁之利。为防止敌顽的夹击,区党委研究决定兵分两路,一路由谭启龙和何克希、张文碧率领司政机关及部分部队,转到慈溪、镇海北部,牵制日伪顽军的注意力;另一路由刘亨云率领第四、第五支队主力活动在余(姚)上(虞),重点针对艾庆璋,集中全力,捕捉战机歼灭之。

12月8日夜,张文碧、刘亨云率主力从临山卫出发,直扑黄家埠一带的王八妹部。王八妹原是太湖女盗,这次充当艾庆璋的反共急先锋,被封为平湖县自卫总队长,入股"剿共"。当夜游击队给她以突然袭击,俘获500多人。第二天,又乘胜攻占谢家塘艾庆璋的司令部,俘获顽军200多人,缴获机枪4挺,长短枪100多支。

艾庆璋遭到连续打击后,成了惊弓之鸟,率残部窜入虞北的小越伪军据点,公开同日伪勾结。小越是个较大的集镇,三面环山,一条河流贯穿南北,山上筑有碉堡。12月15日,为粉碎敌人

图为小越战斗遗址

阴谋,彻底歼灭该敌,三北游击队向小越伪军据点发起进攻。仅交战1小时,就将艾庆璋部及伪军400多人消灭,艾庆璋最后只好割须化装,狼狈逃窜。

至此,为时18天的浙东第一次反顽自卫战结束。此次反顽自卫战,前后进行了29次战斗,歼灭顽军大部,取得完全胜利。在反顽自卫战中,三北地委和三北总办事处动员全地区党组织和三北人民全力支援部队作战,广大党员和人民群众冒着生命危险,积极为部队运送弹药、军粮,当向导,救治

伤员,为战斗的胜利做出了重要贡献。

新四军军部对浙东反顽自卫战十分关注。在首战周家路战斗告捷后,军部对浙东抗日武装予以嘉奖。在战斗取得决定性胜利后,新四军军部向中共中央、毛泽东和中央军委报告了浙东反顽自卫战的情况,指出:"我为建立浙东敌后游击根据地,以站稳自己的脚跟,乘顽内讧火并之际,集中我浙东主力,于上月下旬将三北地区'忠救'6股共约1900余人全部击溃,缴获颇多。"[1]

第一次反顽自卫战争的胜利,保卫了年轻的三北抗日根据地,使中共领导的浙东抗日武装在三北站稳了脚跟,并为南进四明山创造了良好的条件。这块东西长100公里、南北宽30公里的地区,除少数几个日伪军据点外,都成了抗日根据地。胜利也极大地鼓舞了浙东军民的斗志,锻炼了部队,发展了武装,三北游击队发展到2000多人。战后,浙东区党委和三北游击司令部对部队进行了充实和调整:充实主力部队第三、四、五支队;诸北八乡抗日自卫大队改编为第三支队第六中队,新国民兵团改编为第五支队第一中队;调整和充实特务大队,下辖3个中队;海防中队扩建为海防大队。

随着部队的发展壮大,各级政权组织也进入大发展时期,这使浙东地区缺乏干部的问题变得十分突出。为此,区党委向华中局提出要求,请示再派干部来浙东。1943年2月,华中局、新四军军部和1师又派来大批干部,有100多人。他们的到来,使各方面工作得到加强,部队素质也得到提高。

三、四明山抗日根据地的开辟

根据鸣鹤场会议的分工,谭启龙和何克希、张文碧率领司政机关和四支队、教导队挺进四明山区。1942年10月8日,谭启龙与何克希、张文碧等率

---

[1] 转引自中共浙江省委党史研究室:《浙江敌后抗战史》,浙江人民出版社2015年版,第112页。

部正准备渡姚江挺进四明山时,在慈溪西部的杨葛殿(阳觉殿)遭到日伪军300余人的突然袭击。在谭启龙与何克希的亲自指挥下,第四支队和教导队迅速占领制高点,与敌激战4小时,打退敌人7次冲锋,毙伤日伪军近百人,其中打死日军22人,敌人始终没有冲破部队的防线,最后部队顺利转移。阳觉殿战斗,是三北游击司令部成立后与日军的首战。这一仗极大鼓舞了浙东抗日武装的士气,也极大地振奋了三北人民的抗日斗志。人民群众编了歌谣到处传唱:"三四五支队赛神仙,杨葛殿消灭鬼子二三千。"[1]灭绝人性的日军在部队撤退后,纠集兵力进行报复,杀害道士及受伤被俘的支队战士等14人,刺伤女道士2名,并纵火焚烧了阳觉殿。[2]日军的暴行,激起了浙东人民的仇恨与愤慨。

10月10日晚,部队按原计划向四明山进军,经蜀山与丈亭之间渡姚江后,于11日进入四明山区,当晚在姚南的十五岙宿营;14日到石门,遇上国民党慈溪县警察大队等部200余人的偷袭,部队立即还击,将其击溃,一直追到慈南的芝林,先后占领了陆家埠、杜徐、袁马、古溪和芝林等地,不久就发展到翁岩一带,并与在鄞(县)西的中共党员严式轮和林一新取得联系。林一新的公开身份是国民党鄞县郭清白部第六大队的负责人,严式轮是国民党鄞西区区长。中共部队每到一处,便积极开展统战工作,动员各界人士共同抗日,得到开明士绅的大力支持。这时,四明山区重镇梁弄还在余姚国民兵团肖文德和区长陈恩绶的控制下,谭启龙对他们采取团结抗战政策,以礼相待,但如果他们搞摩擦反共,就根据自卫斗争原则消灭他们。这样,谭启龙率领的部队实际上控制了鄞西鄞江桥一线以西的四明山区,初步完成了挺进四明山的任务。由于第一次反顽自卫战的爆发,部队撤离四明山返

---

[1] 谭启龙:《谭启龙回忆录》,中共党史出版社2003年版,第128页。
[2] 叶洪灿:《谈阳觉殿战斗》,洪水良:《忆阳觉殿战斗后日寇暴行》,慈溪市新四军研究会编:《三北风云——纪念抗日战争胜利55周年》,2000年8月印行,第20—25页。

第十章 "坚持三北、开辟四明"方针的制订与实施

回三北地区。

第一次反顽自卫战争的胜利,为开辟四明山区根据地创造了有利条件。1943年元旦过后,浙东区党委和三北游击司令部决定,主力部队再度挺进四明山区,其他部队分赴指定地方活动。四支队活动于姚北的周巷、庵东以西的沿海地带,五支队留在周巷以东地区发动群众,建立政权组织,扩大武装部队,巩固根据地。吕炳奎、张大鹏率领海防大队,仍以古窑浦、观海卫为基地,坚持海上斗争,打通与苏北的联系,并为开辟定海游击斗争做准备。随即,浙东区党委率司令部、政治部、第三支队、特务大队和教导队会师于四明山区。

1943年2月中旬,为了对浙东区党委成立半年来的工作进行总结,区党委在慈南杜徐召开扩大会议。会议总结了浙东区党委成立半年来的工作和第一次反顽自卫战的经验教训,肯定了已取得的成果,开展了批评与自我批评,制订了区党委以后的工作方针和任务,这就是:放手发动群众,建立与巩固浙东敌后人民抗日游击根据地,继续努力领导与组织浙东敌后人民的抗日游击战争,加强积蓄自己力量,巩固与扩大浙江各党派、各阶层人民的抗日民族统一战线,准备在任何严重的环境下坚持斗争,为迎接反攻,争取浙东人民与全国人民的彻底解放而斗争。[1]会议鉴于大批干部到达浙东的条件,决定对部队进行一次较大的组织调整:加强司令部、政治部的力量;为了建设主力,第四支队和第五支队合并组成新的第五支队,由王胜任支队长、王仲良任政委(后由邱相田接任);第三支队建制不变,补充进"新国民兵团",林达任支队长(后由余龙贵接任),钟发宗任政委(后由林达接任)。同时决定,对全军进行自司令部成立以来第一次有组织、有计划的军事、政治训练,采取能者为师、官兵互教的方针,学政治、学军事、学文化,促进部队向正规化发展。这次会议是再次挺进四明地区前召开的一次重要会议,总

---

[1]《我党我军在浙东地区今后的一般任务》(1943年2月),浙江省档案馆等编:《浙江革命历史档案选编·抗日战争时期》(下),浙江人民出版社1985年版,第53、54页。

结了经验,整编和训练了部队,对以后浙东敌后抗日根据地的创建和发展具有非常重要的意义。

杜徐会议后,为了进一步打开四明地区的工作局面,1943年4月,区党委决定拔除日伪军在四明山腹地的梁弄据点。梁弄是余姚南部山区的重镇,是邻近数十里大宗土特产的集散地,是向南发展的重要集镇,战略地位十分重要。占领梁弄,也就等于控制了四明山区。梁弄是浙东主力部队从四明山撤出回三北进行第一次反顽自卫战时被伪10师37团一营乘机占据的。敌人经过三四个月的苦心经营,自称筑起了牢不可破的"马其诺防线"。为了攻克梁弄,三北游击司令部在姚南党组织和当地群众的配合下,对敌情进行了细致侦察。战斗开始前,参谋长刘亨云率领有关人员实地察看地形,制订了周密的作战方案。4月22日晚,战斗打响,第三支队六中队迅速占领镇南的铁帽山,控制了主要阻击阵地;第三支队占领了狮子山;刘亨云率第三支队主力及特务大队直扑镇中心。经过16个小时激战,部队摧毁了日伪军设在狮子山、横街祠堂等处的坚固工事,迫使守敌向上虞方向溃逃,一举攻克梁弄。这次战斗,毙伤俘伪军80余人,缴获一批武器弹药。

图为余姚梁弄全貌

梁弄是四明山的心脏。它的解放,对于推动姚江两岸和四明山地区的抗日政权建设,建立和发展以四明山为中心的浙东抗日根据地具有重大意义。同年8月,区党委和三北游击司令部进驻梁弄及附近的横坎头,从此梁弄成了中共在浙东地区的抗日指挥中心。

梁弄战斗结束后,为了进一步扩大四明地区抗日根据地,第三支队向鄞(县)慈(溪)交界的山区和章水两岸挺进。5月,第三支队一部在樟密乡击退从鄞江桥出扰的日军,毙伤敌10余人,迫使鄞西日军不敢轻易出扰。8月13日,第三支队和第五支队一大队在南山总办事处自卫队的配合下,一举歼灭盘踞在大岚山区的国民党顽军,控制了大岚山区,打开了姚南的局面。9月,第三支队和第五支队在鄞县县委领导的国民党宁警第三支队第六大队的配合下,解放了鄞西29个乡镇,占领了鄞西山区及部分平原地区,并着手开拓奉西和鄞东南地区。

在军事斗争不断取得胜利的同时,政权和地方武装建设也取得了较大进展。1943年4月,浙东区党委决定将四明地区的姚慈办事处扩建为三北游击司令部南山总办事处,罗白桦兼任主任,先后下辖姚南、慈南、奉西、虞东和鄞县六、七两区联合办事处。各地办事处成立后,初时进行税收、情报和交通联络等工作,以后逐步担负起统战和群众工作,团结地方各界人士,建立抗日民族统一战线,领导群众开展生产、减税减息、办理财政税收、保障军队供给,以及举办文化教育等活动。9月,以南山总办事处自卫队为基础,成立了四明地区地方抗日武装南山自卫总队,总队长罗白桦,政委陈洪。至此,四明抗日根据地初步形成。

第十一章

巩固和扩大抗日根据地的斗争

一、开展反"清乡"、反"扫荡"和反"蚕食"斗争

在开辟四明抗日根据地的同时，浙东区党委没有放松对三北抗日根据地的领导。在1942年12月15日区党委给三北部队及地方党组织的指示中，明确指出："必须认识三北是我们坚持斗争的中心战略支点，是我党我军向南发展的跳板，是我今后向南的重要依托，是控制沿海沿江与甬杭等重要城市的前哨阵地"，"谁忽视了坚持三北斗争的意义，谁就会犯错误"。[1] 为了加强对三北地区斗争的领导，浙东区党委调整和充实了三北地委领导班子，并建立了三北秘密工作系统，以做长期隐蔽坚持的准备。同时，为加强对经济工作的领导，于1943年1月成立了三北游击司令部经济委员会，由连柏生兼主任（后陆幕云任主任），下设县、区两级征收处，统一管理三北地区的财政税收工作。区党委对三北地区工作的重视及采取的系列措施，为坚持三北战略支点、巩固和扩大三北抗日根据地提供了有力的保证。

三北中共抗日武装在区党委的领导下不断发展壮大，引起了日伪军的恐慌。为了消灭中共在三北地区的抗日武装，1943年春，日伪从上海调来汪

---

[1] 转引自中共浙江省委党史研究室：《浙江敌后抗战史》，浙江人民出版社2015年版，第123—124页。

精卫最精锐的"中央税警团",又纠集了浙东各地的日本驻防军、宪兵队、伪10师、伪盐警团等共2000余人,组成"清乡"队,对三北地区发起空前规模和无比残酷的"清乡"。日伪军在三北平原以庵东盐场为中心,陆续筑起了3道封锁线,即各长几十公里、2米多高的篱笆墙,沿海拉起了铁线网,沿线增设据点,广筑碉堡。"清乡"队对封锁线内的居民进行清查户口,登记人册,发"良民证",抓丁征粮,奸淫掳掠,无恶不作。

为打破敌人的"清乡",留守三北的主力部队五支队在王胜和王仲良带领下,采取高度分散、灵活机动的战略战术,以中队为单位,在人民群众和地方自卫队的配合下,神出鬼没地打击敌人。他们曾先后两次袭击了周巷、庵东日伪军据点,连夜破坏日军从余姚到周巷、从低塘到庵东之间的交通线30余公里。此外,还接连取得了黄沙湖、郑巷、天元市、三灶、西城桥、半浦等战斗的胜利,打得尤其出色的是万岙伏击战。4月23日,五支六中队在慈北的万岙,伏击了出巡的日军,一举歼灭日军30多人,给"清乡"司令田中以极大的震惊。日伪军遭五支队连续打击,顾此失彼,疲于奔命。敌伪对三北地区的"清乡"计划彻底破产。

三北广大人民群众和地方武装也积极配合反"清乡"。1943年2月,慈(溪)(余)姚县姚海自卫大队配合三北总办事处警卫中队在坎墩三塘内伏击运送毛竹的伪军,把截获的日伪军用以构筑封锁线的5000米长的竹排交给群众烧毁或沉入河底。3月25日,慈姚县姚东办事处发动三管、逍林等乡自卫队员俘获押运竹排的伪军10余人,夺回毛竹15万余公斤。5月2日,余(姚)上(虞)军民在姚北一带开展破袭战,拆除低塘至庵东10余公里长的电话线,烧毁电线杆20多根,破坏公路桥2座。5月7日,姚北军民600余人再次破袭从余姚到周巷的公路桥6座,拆除7.5公里长的电话线,烧毁全部电线杆,致使日伪军的通信和交通中断。[1]三北地方武装在战

---

[1] 转引自中共浙江省委党史研究室:《浙江敌后抗战史》,浙江人民出版社2015年版,第125页。

斗中不断发展壮大，1943年7月，三北抗日自卫总队成立，王仲良任总队长兼政委。

经过反"清乡"斗争，三北地区除了庵东、浒山、周巷、崧厦等重要乡镇及杭甬铁路线两侧外，基本为三北游击司令部所控制，三北抗日根据地得到巩固与扩大。

正当中共部队进行艰苦的第二次反顽自卫战时，1943年12月，日军从余姚、慈溪、奉化、新昌等据点抽调1500余人进入四明山根据地"扫荡"。日军先占梁弄，再占下管，火烧夏家岭头，接着又"扫荡"南黄后方，有数百户人家的南黄村被烧成一片废墟。日军所到之处，杀人放火，奸淫掳掠，无恶不作，百姓流离失所，啼饥号寒。在三北地区，日伪军配合顽军严密封锁姚江和杭甬公路沿线，隔绝四明与三北地区的联系，并在三北腹地筑起星罗棋布的据点、碉堡，加修公路，控制交通要道，不断"蚕食"三北抗日根据地。

根据华中局和新四军军部的一系列指示和国民党顽固派对浙东游击纵队"围剿"的实际情况，区党委于1944年2月17日到19日在慈北五磊寺经过几天反复、周详的讨论，确定"主力分散游击、保持原有阵地、保存有生力量，并向敌后空隙地区发展，求得与十六旅联系"，即"坚持四明、巩固三北、分散游击、向敌后发展"的总方针。准备必要时以中队为单位，甚至以分队为单位行动。这样，各战斗单位既能单独执行战斗任务，又能做群众工作，还可筹措给养，以保存和发展自己。为了执行这个方针，谭启龙和杨思一于2月19日晚返回四明的芝林，向刘亨云等传达区党委的决定，并同他们研究了如何在四明山坚持斗争的问题。21日，谭启龙还在所在地连以上干部会议上总结了前段斗争的经验教训，详细分析了当前浙东敌后的斗争形势，传达了浙东今后的斗争方针。反复要求大家记住"留得青山在，不怕没柴烧"这句话，领会它的深刻含义，鼓舞大家的斗志，迎接新形势的到来。

坚持在四明地区的浙东游击纵队第五支队、警卫大队、四明自卫总队及广大人民与日军进行了英勇的战斗。1944年3月11日,余姚县城和五夫的日伪军300余人,分3路偷袭驻徐家岙的第五支队第一大队两个中队,新四军血战3小时,击溃日伪军的进攻,毙伤伪营长以下30多人,第三中队指导员俞菊生等牺牲。3月23日,四明自卫总队一部袭击鄞(县)西布政市的伪第10师据点,解放了布政市。7月,第五支队一部夜袭离宁波仅3公里的伪第10师西城桥据点,摧毁了碉堡,毙伤伪军10余人,迫使伪军连夜撤往宁波。

在险恶的形势下,三北军民进行了艰苦的反"蚕食"斗争。1943年10月24日,慈(溪)镇(海)县龙山自卫大队在掌起桥伏击驻宁波的日军及伪军便衣队130人,毙伤敌10余人,缴获轻重机枪4挺、掷弹筒6支及其他武器弹药。10月29日,第三支队第四中队在镇北施公山伏击从观海卫出扰的日军,半小时毙伤敌20余人。1944年1月4日,三北自卫总队向盘踞在慈(溪)东的伪军宋青云部发起攻击,一举攻克长石桥,并一度拔除了樟树庙伪军据点。

1944年2月,浙东区党委和浙东游击纵队司令部率第三支队、教导大队从四明转移到三北,增强了在三北地区对日伪军斗争的军事力量。3月10日,为了恢复三北地区慈东根据地,第三支队在慈东袭击了顽镇海县警察大队,俘官兵60余人。次日,继续进攻庄市的该大队,又俘50多人,慈东根据地得到恢复。3月19日、4月14日,三支队和警卫大队又在镇北筋竹岙、慈北宓家棣给伪中央税警团第一总队以很大打击。筋竹岙一仗,在张文碧的指挥下,伏击了伪中警团二营一部,缴获机枪2挺、子弹2000多发,敌军被迫撤掉龙山据点。在宓家棣战斗中,在刘亨云等指挥下,一面用少数兵力阻击伪军,一面用主力部队向其两侧迂回,敌人遭到夹攻,顿时慌乱一团,阻击部队乘势反击,当场打死敌炮兵连连长、打伤重机枪连连长,士兵纷纷丢下

这是被生俘的日军少佐吉永久寿秀6月19日发表在《新浙东报》上的文章。在文章中,他通过自己的切身体会,抨击了日军对新四军的污蔑,认为他们是有着高尚主义的和平实行者战士,并表示要与新四军一道为反对帝国主义、实现世界的和平而奋斗

枪炮逃命,此役共消灭敌人100余人。[1]这些战果大大鼓舞了士气,振奋了群众,坚定了坚持斗争的信心。

6月7日,第三支队一部在庄市区常备队的配合下,奇袭距镇海县城仅一二公里的洪桥伪军"舟山警备司令部第四总队"总队部,俘虏伪上校总队长卫文达和日军少佐军事顾问吉永久寿秀等28人,第三支队无一伤亡。6月25日,第三支队一部又在慈东马家桥打了一个漂亮的遭遇战,歼伪军第10师3营50余人。此后,浙东主力第三、五支队和地方武装在坎墩、泗门、西埠头、马渚等地袭击日伪军,取得了反"蚕食"斗争的胜利,保卫了敌后抗日根据地。

二、第二次反顽自卫战和新四军浙东游击纵队的成立

中共领导的浙东抗日敌后根据地的建立,引起了国民党顽固派的仇视和恐慌。为了消灭共产党领导的抗日武装,国民党顽固派加紧调集军队,对

---

[1] 谭启龙:《谭启龙回忆录》,中共党史出版社2003年版,第161页。

浙东抗日根据地发动第二次大规模的军事进攻。

1943年3月,蒋介石致电第三战区司令长官顾祝同,"限四月底前将连柏生部消灭"。4月,蒋介石再次致电顾祝同并抄何应钦,"负责指派有力部队掀起解决"中共抗日武装。7月,国民党第32集团军决定对三北游击司令部采取军事解决的方针。在此情况下,一度同国民党闹翻脸,而与三北游击司令部建立统战关系的田岫山、张俊升两部在幕后与国民党顽固派讨价还价,最后接受了国民党部队的番号,田部改编为第三战区"挺进第四纵队"(简称"挺四"),张部改编为"挺进第五纵队"(简称"挺五")。国民党还将原驻会稽山的贺钺芳"挺进第三纵队"(简称"挺三")调往嵊县北部、四明山南部之大俞、唐田一带。原驻丽水碧湖的浙江保安第一、二团也调往浙东。顽固派准备投入浙东内战的兵力多达2万人,6倍于中共领导的抗日武装力量。10月1日,国民党顽固派在天台召开了第二次"绥靖会议",成立32集团军前进指挥部,由32集团军副总司令竺鸣涛任指挥官。前进指挥部按照蒋介白"限期剿灭浙东奸匪"的命令,制订了"三个月剿灭共军"的计划。11月4日,前进指挥部向"挺三""挺四""挺五"下达了"务将奸军包围于四明山内歼灭之"的作战命令,浙东内战已到了一触即发的境地。

获悉这些情况后,为制止内战,避免在浙东重演亲者痛仇者快的惨剧,浙东区党委商量后,立即以何克希司令员的名义发出第一次呼吁团结抗战的通电,可是顽军置若罔闻。11月上旬,贺钺芳的"挺三"即向四明山抗日根据地步步逼近。16日,"挺三"在"挺四""挺五"的配合下,已挺进到嵊东、奉西地区,为避免内战,中共部队主动撤离梁弄、横坎头,同时再次发出呼吁团结抗战的通电。

面对严峻的形势,区党委确定了争取田岫山和张俊升中立,集中力量在北溪消灭贺钺芳部的战略方针,以五支队在蜻蜓岗建立防御工事,阻止贺钺芳部的正面进攻,而以三支队出击大俞之顽敌。开始田、张表示中立,但正当五支队向贺钺芳部发起反击时,他们就变卦了。11月19日,"挺三"向蜻蜓岗阵地的第五支队发起猛烈进攻。正当战斗激烈进行时,"挺五"却从侧翼向五支队夹击,五支队因两面受敌,被迫撤出战斗。当晚,三支队向大俞出击,将"挺三"主力第二支队一个营击溃,毙俘其营长以下40余人,战斗中三支队一大队大队长蓝碧轩不幸牺牲。贺钺芳被迫退往唐田、北溪一线。大俞战斗后,中共部队表示不愿内战,主动转移至周公宅一线,并发出第三次呼吁团结,冀挽危局的通电。

11月24日晚,区党委得悉"挺三"在奉化西乡东、西岙宿营后,认真讨论当时的局势,认为这是在运动战中消灭敌人的极好机会,当即下定战斗决心,先歼贺部,要求各部队拂晓前赶到东岙,首先消灭东岙之敌,然后伺机扩大战果。25日拂晓,部队向东岙顽军发起进攻,但贺钺芳指挥西岙顽军向中共部队进行反扑,战斗非常激烈。东西岙战斗历时1天,"挺三"虽然遭受沉重打击后,向嵊东的东林、北庄溃逃,但也未达到区党委预期的消灭顽军有生力量的目的,结果使三北游击司令队处于顽敌的夹击之中,中共领导的抗日武装进入了抗战最艰苦的时期。

为进一步"围剿"中共领导的抗日武装,1943年12月国民党顽固派乘日军对四明山进行"扫荡"之机,把曾参加过缅甸远征军的突击第一总队调到四明山,参加"进剿"活动。突击第一总队共有5个突击营,加上原来的部队,顽军的兵力增加到3万人,几乎10倍于中共领导的武装力量。

第二次反顽自卫战爆发后,华中局和新四军军部认为,三北游击司令部没有必要再用灰色隐蔽的番号。为更有利于号召和团结民众,12月22日,新四军军部发布命令,决定将三北游击司令部改名为新四军浙东游击纵队,任命何克希为司令员,谭启龙为政委,刘亨云为参谋长,张文碧为政治部主任,并将部队进行统一改编,下辖三支队、五支队、金萧支队、浦东支队、三北自卫总队、四明自卫总队和直属教导大队、警卫大队、海防大队等部队,共有主力部队2300余人,地方部队1300余人。1944年1月8日,在余姚梁弄召开了庆祝新四军浙东游击纵队成立大会,并发表了反对内战的通电。新四军浙东游击纵队的成立,标志着中共领导的浙东抗日武装的壮大和浙东敌后抗日游击战争进入发展的新阶段。

突击总队进入四明山地区后,承袭土地革命战争时期进攻中央苏区的战术,"步步为营,筑垒深入,逐步推进"。1944年1月14日,在顽军"挺四""挺五"的配合下,向新四军浙东游击纵队驻守的蜻蜓岗阵地发起进攻,15日,进占梁弄、横坎头

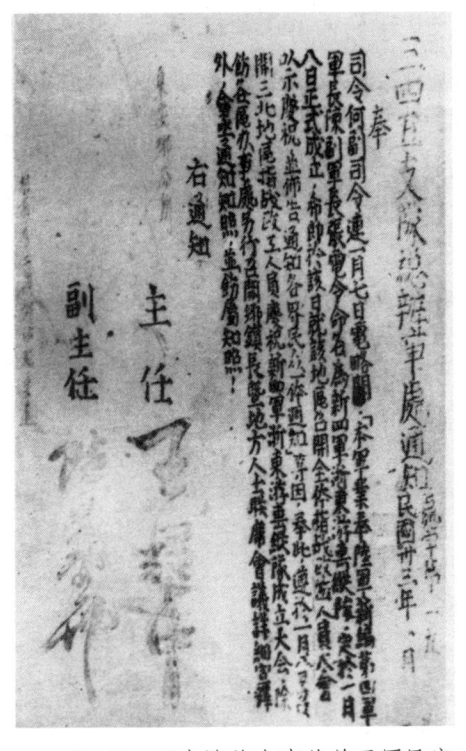

三、四、五支队总办事处关于军民庆祝新四军浙东游击纵队成立大会的通知

等地。在这种情况下,新四军浙东游击纵队司令部做出"避强打弱,先打田张"的决定,跳出根据地,寻找战机。1月19日晚,新四军从上虞东部万岙长途奔袭,于20日清晨攻占了上虞南的"挺五"司令部所在地章镇,缴获大量弹药。然后,又西渡曹娥江进入会稽山区,调动顽军。21日,在绍兴、嵊县边界将伏击新四军的"挺五"魏显庭部击溃。

2月10日,正当新四军浙东游击纵队在四明山的袁马、杜徐一带做短期休整时,获悉田岫山的"挺四"就驻在梁弄以北的前方村。在敌情不明的情况下,新四军浙东游击纵队于11日凌晨从袁马、杜徐奔袭前方村。不料,突击营就驻在田部附近,很快便赶来支援,新四军腹背受敌,被迫撤出战斗,突围转移。这次战斗,虽然给田部以很大的杀伤,但新四军浙东游击纵队在战

斗中也伤亡100多人，人数之多，超过新四军浙东游击纵队组建以来的历次战斗。前方战斗的失利，使浙东游击纵队进入最为艰难的时期。

在这紧要关头，区党委和纵队司令部审时度势，于2月12日在姚南的十五岙、13日在芝林分别召开了区党委和纵队大队长以上干部会议，总结了前方战斗经验教训，提出了"用分散的游击战争坚持斗争"的方针，并电报华中局和新四军军部。2月14日，接到复电，指示区党委和纵队司令部：今后浙东的战略方针，应是广泛发展游击战争，保存和壮大自己。根据军部的这一指示，区党委和纵队司令部决定刘亨云和王胜、蔡群帆、邱相田等率领五支队、金萧支队、警卫大队和四明自卫总队在四明地区与顽军周旋，坚持斗争。谭启龙与何克希、张文碧等率司政机关和三支队、教导大队等经石塘渡姚江转到三北地区。

浙东游击纵队再度呼吁团结停止浙东内战通电
（一九四四年二月十三日）

国民政府蒋主席、各院部长官、各地方长官、各抗日将士、各抗日党派、各抗日团体、各报社及全国同胞公鉴：

去年十一月初旬，浙东内战凝云突告浓重，本军当即连发三次通电呼吁团结，社会人士，亦闻风奔走呼号，冀挽危局。讵料当局置若罔闻，一意孤行，内线大军纷纷挺进，我且一让再让，而彼相煎益急，为求生存乃被迫自卫。自十一月十九日蜻蜓岗、大俞战端一开，置敌寇于一旁，作手足之相残，往来纠缠，瞬届三月。本军风展披猿越，然我两年来坚持浙东敌后抗战，艰苦奋斗，惨淡经营之抗日基础，以及民主生产建设，摧毁殆尽。抗战之人力物资弹药消耗，殆不可胜数，人民流离失所，倾家荡产者比比皆是，四明会稽若干村镇，十室九空，鸡犬无声，尤令人悚日论不。际此大敌当前，国土未复，自相残杀，穷年累月，长此以往，不特国家元气消磨尽净，人民一线生机，将从此斩送，而敌寇非但坐而共笑，且必乘机而入。瞻念前途，弥深隐痛。中国国民党与中国共产党，均为中国社会历史发展之必然产物，同有其存在与发展之社会根据，决非出于好事者之移植。两党关系一社会政治问题，宜以政治方式公平合理解决，如有缺点亦应善意批评，若诉之武力，决非解决问题应循之正常途径。如果武力而

1944年2月13日，新四军浙东游击纵队再次发出通电，呼吁停止内战，团结抗日

浙东游击纵队主力北渡姚江，跳出四明，避开强敌，是带有战略意义的行动，使浙东游击纵队化险为夷，转危为安，度过了最困难最险恶的时期，保存了实力，为以后的大发展创造了条件。

此时，顽固派气焰极为嚣张，到处寻新四军浙东游击纵队主力作战。2月25日，第五支队和警卫大队得知浙保二团朝商量岗行进，决定在茶坑打伏击，与浙保二团、突击营激战5个小时，战斗持续到傍晚，最后新四军浙东游击纵队主动撤退。4月14日，第五支队第二大

队四中队在鄞西的后杜桥遭国民党突击五营 500 余人包围。突击营在伪 10 师谢文达部百余人的配合下，用 5 门迫击炮、10 多挺轻重机枪不停地轰击、扫射新四军阵地。四中队全体指战员来不及转移，当即就地抵抗，一直战斗到天黑，全中队除 10 余人突围外，包括大队教导员陈行知等 37 人壮烈牺牲。这是第二次反顽战斗中重大的损失。

1944 年 4 月，侵华日军为了挽救其在太平洋战场上的失利，从河南发动了打通大陆交通线的作战，连陷郑州、许昌、长沙、衡阳。为了配合对湘桂的进攻，同年夏，日军调集 2 万多兵力发动第二次浙赣战役，再次攻陷衢州、龙游等地。国民党第三战区驻守在金华、兰溪前线的部队告急，5 个突击营被紧急调回天台，浙保两个团也于此后不久撤出根据地。8 月下旬，顽军 33 师也撤回天台一带，留下来的就只有三个挺进纵队了。田岫山的"挺四"、张俊升的"挺五"自知力量单薄，先后撤出四明山根据地，贺钺芳的"挺三"也退回富春江旁的汤埠。至此，第二次反顽自卫战便告结束。

在第二次反顽斗争中，浙东抗日根据地涌现出许许多多可歌可泣的英雄人物，李敏就是其中的一个。李敏是中共鄞江区委书记，2 月 20 日，在浙保二团"进剿"鄞西地区时被捕。敌人想从她那里得到当地党组织和抗日自卫武装的情况，软硬兼施，用尽了一切手段，总是无法撬开她的嘴巴。第二天，残忍的敌人把她和另外几个同志一起押到樟村，剥去衣服，绑在树上，一刀一刀向她的身上刺去，每刺一刀就逼问一次，连刺 20 多刀，女英雄咬紧牙关，没被敌人的淫威吓倒，高呼"共产党万岁""民族解放万岁"，悲壮地倒在血泊之中，献出了年仅 21 岁的生命。当地群众强忍悲痛，不顾敌人"谁敢收尸，格杀勿论"的禁令，当晚就将烈士的遗体抢走。掩埋后，家家关门，痛哭失声，在桌上摆上供品，祭奠这位巾帼英雄。

这次历时 9 个月的第二次反顽自卫战，经历大小战斗 91 次。新四军浙东游击纵队付出了很大的代价，减员 891 人，占当时部队总人数的三分之一。[1]牺牲了包括四明地委书记陈洪、金萧支队一大队长朱学勉、三支队一大队长蓝碧轩、代理大队长陈清、司令部作战参谋余旭、特务大队长同振庭、五支队一大队教导员雷泽、二大队教导员陈行知及鄞江区委书记李敏在内的许多指战员。他们为创建浙东抗日根据地献出了宝贵的生命。在浙东区党委的领导下,经过这段时间的实战,新四军浙东游击纵队已锻炼成为战能攻、退能守的英勇善战的部队,游刃有余地穿梭在日伪顽的夹击中,保存并壮大了自己的力量。敌后军民也英勇顽强地坚持浙东根据地,经受了严峻的考验,粉碎了蒋介石"限期剿灭"新四军浙东游击纵队的阴谋,为夺取浙东抗战的最后胜利奠定了基础。

三、筹划反攻

1944年春,东南亚盟军总部调集大量海空军向南洋群岛日占区开始反攻,日军节节溃退,战线将延伸至中国境域。为加紧击败日军,5月,盟军总部派美国海军上校潘思脱、陆军少校马龙、空军上尉司各脱及后勤部摄影师等一行5人前来浙东[2],到象山港调查海域,拟订作战计划。国民党第三战区司令长官司令部随之派直属第四联络站,在镇海柴桥秘密设置电台,监视定海方面日海军动态,秘密搜集日军情报。

1944年7月,经过中共长期的争取,美国方面派出了军事观察组到延安,毛泽东等中共领导人与美军观察组的成员进行了多方面的接触与交谈,并判断美军将来肯定会在中国东南沿海一带登陆,实施对日作战。毛泽东关于美军将在中国沿海登陆作战的判断及时地通过中共的内部系统传达到了新四军。8月21日,毛泽东在致新四军张云逸和饶漱石等的电文中指出"美

---

[1] 谭启龙:《谭启龙回忆录》,中共党史出版社2003年版,第164页。
[2] 《日寇侵华陆军登部队参谋处情报室驻宁波办事处"东机关"参考资料》,宁波市档案馆165-4-20。

军准备在中国登陆,要求和我军配合作战","美军在中国登陆时间,据有些美国人估计已不在很远。因此请你们认真布置吴淞、宁波、杭州、南京间,特别是吴淞至宁波沿海及沪杭甬铁路沿线地区的工作"。[1]9月27日,中共中央在给华中局《关于发展苏浙皖地区总的方针和部署》中指出:我军为了准备反攻,造成配合盟军的条件,对苏浙皖应有新发展的部署,特别是浙江工作,应视为发展的主要方向。[2]指示新四军1师,除巩固现有地区外,中心工作应放在太湖西南岸,沿京杭国道深入天目山,形成过钱塘江与浙东打通的战略态势。

为了加强浙东的军政工作,华中局、新四军军部和1师粟裕在浙东首届军政会议之前,又增调一批团营干部来到浙东。这些同志的到来,加强了各部门的工作,纵队司令部科室的力量也得到加强。充实后的司令部共有6科:作战科、侦察科、通讯科、管理科、人事教育科、机要科。

形势的发展对新四军浙东游击纵队空前有利。浙东日军不能像从前那样经常向根据地进行"扫荡"。第二次反顽自卫战结束后,顽军主力已退出浙东抗日根据地,三北、四明、会稽地区已连成一片。在大好形势下,1944年9月25日,区党委为贯彻中央和华中局的指示,在思想上、组织上做好迎接大反攻的准备,在慈溪洪魏召开了浙东首届军政会议。会议总结了近一年半以来浙东的军政工作,特别是第二次反顽战役的经验教训,讨论了当时国际国内形势及对敌斗争方针、任务,并做出相应的决定。谭启龙代表区党委在会上做了《目前形势与我军今后的任务》的报告。报告要求各级干部充分认识到,随着盟军逐渐逼近我国海岸线,浙东地区的战略地位显得更加重要了。日军在完全失败以前,对沪杭甬三角地带及其沿海地区的控制只会加强,而不会削弱,敌我之间的斗争将会更加尖锐,而不会缓和。今后的任务

---

[1]《毛泽东年谱》中卷,中央文献出版社2005年版,第537—538页。
[2] 谭启龙:《谭启龙回忆录》,中共党史出版社2003年版,第165页。

是:"继续巩固与发展浙东敌后抗日根据地,坚持浙东抗战,积极发展浙闽沿海敌后的抗日游击战争,配合盟国海陆空军作战,并从各方面准备自己的力量,以便在反攻时机配合盟军反攻敌人,夺取沪杭甬等大城市,解放东南数千万同胞。"[1]会议围绕中共中央指示和所肩负的光荣任务进行讨论,准备以自己的实际行动迎接大反攻的到来。大会还向中共中央和毛泽东发出致敬电。毛泽东也给大会复电,要求通过大会100多名代表告诉浙东敌后广大军民:"你们的努力是获得巨大成绩的","望你们努力杀敌,发展武装部队,扩大解放区","准备配合盟军驱逐日寇"。[2]这个电报给浙东人民以极大鼓舞。

1944年9月25日至11月5日,浙东第一届军政会议在慈溪洪魏与余姚袁马召开。会议听取了谭启龙关于《目前形势与我军今后的任务》的报告、何克希关于第二次自卫战争的总结。图为会议旧址之一慈溪洪魏魏家祠堂

为提高部队的军事素质,为即将到来的大反攻做好准备,根据中共中央的《关于整训军队的指示》,10月,华中局发出整训军队的指示,规定从1944

---

[1] 谭启龙:《谭启龙回忆录》,中共党史出版社2003年版,第166页。
[2] 谭启龙:《谭启龙回忆录》,中共党史出版社2003年版,第167页。

年冬到1945年3月底为第一整训期,要求各级首长亲自组织,深入动员,具体指导,完成整训任务。为此,浙东区党委发出"必须坚决与切实依照中央关于整训军队的指示,巩固、提高并充实主力之战斗力,向建立正规化党军的方向迈进"[1]的指示。11月15日,区党委号召全体指战员"争取一切时间和可能,加紧整训部队,提高部队战斗力,以迎接新的光荣任务"[2]。同日,在梁弄召开干部和党员大会,何克希在会上做大练兵的动员报告。纵队政治部制定和公布了《战斗英雄与模范工作者条件及奖励办法》,号召大家在练兵中开展立功创模活动。

新四军浙东游击纵队各部经过半个多月的紧张动员和准备工作,从前方到后方,从机关到连队,开始了长达3个多月的轰轰烈烈的整训活动。整训分军事和政治两个方面。军事整训,主要抓射击、投弹、刺杀、土工作业四种技术的训练。纵队司令部要求大家做到"打枪要打得百发百中,手榴弹要扔得又远又准,刺杀要使敌人无法招架,土工作业又快又好"。在练兵中贯彻了以技术为主,战术为辅的训练方针,在战术训练上突出了山地攻防。坚持群众路线和军事民主,强调官教兵、兵教官、兵教兵,要求首长亲自动手。何克希等亲自下连队,与战士同吃同住同训练。纵队机关参谋人员也积极投身到练兵中去,制定训练计划,编写教材,下连队了解训练情况,总结经验,攻克难关。政治工作人员把政治工作做到练兵场所,开展群众性的宣传鼓动和文化娱乐活动,着重抓民族教育、政治教育,提高自觉性。而且他们也和军事人员一样,既做好本职工作,也苦练四大技术,提高作战本领。在练兵中,没有设施,大家自己动手,上山砍树木做木桩、鞍马、天桥、靶子、三脚架……,自己搓草绳,做铁丝网。还做了掩体、沙坑、碉堡、沙袋等等。大家

---

[1] 浙江省档案馆等编:《浙江革命历史档案选编·抗日战争时期》(下),浙江人民出版社1985年版,第332页。
[2] 谭启龙:《谭启龙回忆录》,中共党史出版社2003年版,第171—172页。

一切从实战出发,严格要求自己,单位与单位、个人与个人展开友谊竞赛,纵队司令部墙上的表格中标注着四大技术训练进展情况的红箭头,每天都在上升。经过三个月的集中训练,全纵队涌现了许许多多的"神枪手""榴弹大王""刺杀英雄",部队的政治思想和战斗素质普遍得到明显提高,为即将到来的大反攻打下了良好基础。

三北、四明地区的自卫总队也认真贯彻浙东军政会议精神,先后整理部队,理顺领导指挥关系,培养地方武装干部,加强思想政治工作,从而巩固了部队,提高了部队的素质和战斗力,为配合和支援浙东主力部队开展反攻行动发挥自己不可替代的作用。

第十二章
开展浙东抗日根据地建设

一、开展政权建设

建立由党领导的各级政权组织，不仅可以为开展军事斗争和政治工作提供服务和后勤保障，也是团结各界人士积极投身于抗日战争伟大洪流的重要手段。浙东抗日根据地的政权建设，先后经历了初创、发展壮大和正式建政三个阶段。

初创阶段：从浦东部队南渡三北到1943年4月梁弄解放。浦东部队南渡浙东三北时，当地刚沦陷不久，部队执行灰色隐蔽的方针，执行党的统战政策，团结各方力量共同抗日，赢得了各界人士及人民群众的极大支持。地方上层人士和开明士绅也给予部队很大的帮助。部队在利用旧政权的同时，也陆续建立了以部队名义设立的办事处。浙东区党委成立后，加快了部队办事处建设的步伐。1942年7月18日，谭启龙在《目前国内外形势与我党发展浙江敌后游击战争建立根据地的方针》中，对这个问题专门做了说明："在敌占区行政遭受破坏、地区混乱情况下，可以召集各界代表会议，或成立临时行政机构，如动员委员会、军民联合办事处或各界抗日联合会兼办，使之逐渐走向正规的行政机构。"[1] 同月，"五支四大"办事处改组为三北总办事

---

[1] 谭启龙：《谭启龙回忆录》，中共党史出版社2003年版，第184页。

处，金如山任主任，统一领导三北各地的办事处。11月，又改建为三北游击司令部总办事处，王耀中为主任。下辖三四五支队余上办事处、慈镇办事处、奉化办事处。三北游击司令部进入四明山后，即建立姚南办事处，朱之光任主任。这些办事处建立后，主要任务是：在交通要隘设税卡，征收进出口货物税为部队提供给养；交通联络和情报传递工作；发动群众和组织群众支援抗日；进行统战工作和维持社会秩序等工作。它们虽然不是健全的行政机构，也无法行使政权的全部职能，但可以履行政权机关的部分职能，是抗日民主政权的雏形。

发展壮大阶段：从1943年4月梁弄解放到1944年1月浙东敌后临时行政委员会成立。1943年4月三北游击司令部攻克梁弄后，各地部队的办事处迅速得到发展。区党委本着"坚持抗战，反对投降，坚持团结，反对分裂，坚持进步，反对倒退"的原则，对旧政权进行改造。对于那些坚持顽固立场，不予合作的区乡保甲长，由群众出面控告，加以撤换，然后选举产生新的区乡保甲长；对于积极支持部队抗日工作的，则根据他们的能力和在当地的威望，区别不同情况，委以重任，继续为部队服务。对于那些中间势力，则对他们进行教育，促其转化，为抗战服务。1943年7月，按照区党委的指示，三北地区由群众团体、地方进步士绅、军队办事处各方面代表组成慈镇姚抗战工作推进会，王耀中任主任，准备行使政府职权。后来因为形势变化，三北地区的行政工作实际仍由三北游击司令部总办事处承担。在四明地区，于1943年4月将姚慈县办事处扩大为三北游击司令部南山总办事处，罗白桦任主任，下辖姚南、姚虞、鄞慈、上虞、奉西、鄞县等6个县级办事处。办事处规模的扩大和职能的完善，为正式建立民主政权打下了坚实的基础。

正式建立民主政权阶段：1944年1月浙东敌后临时行政委员会成立以后。1943年底，随着新四军浙东游击纵队的成立，原有的政权不适应斗争发展的需要，建立由共产党领导的抗日民主政权摆上了浙东区党委的议事日程。1943年12月29日,华中局来电指示区党委:"成立浙东敌后临时行政委员会是迫切需要的。但要以坚持敌后抗战,实行民主,推进敌后抗战文化教育,发展工商农业以及改善人民生活等等作为号召。"[1]根据华中局的指示,1944年1月,浙东敌后临时代表会议在四明山茭湖村举行。临时代表包括工、农、商、学、兵、士绅各界有名望的人士,他们是由纵队政治部聘请,或者以谭启龙和何克希的名义聘请的。临时代表会议推选了临时行政委员会委员,为浙东抗日根据地的临时最高政权机关,连柏生任委员会主任。会议颁布了《浙东敌后临时行政委员会施政纲领(草案)》和《抗战公约》等文件。《临时施政纲领》规定了浙东临时行政委员会的任务:团结浙东敌后各界人士,反对内战,坚持抗日;巩固扩大抗日根据地,缩小日伪占领区;发展根据地的经济,改善人民的生活;逐步改造现行乡保机构,使其成为抗日廉洁政府,并向建立抗日民主政府的方向发展。浙东临时行政委员会的成立和《临时施政纲领》的颁布,标志着浙东抗日根据地政权进入有计划的建设阶段。

浙东敌后临时行政委员会成立后,原三北游击司令部总办事处撤销,成立专署级的慈镇姚虞办事处,主任为王耀中。1944年4月,该办事处撤销,三北地区另设3个县级办事处。四明地区在3月建立了四明特派员办事处,罗白桦为特派员,辖有6个县级办事处。这些临时性的行政机构的建立,为新四军浙东游击纵队开展军事政治斗争提供了可靠的后勤保障,做出了重大贡献。

浙东第二次反顽自卫战结束后,抗日根据地的各项工作得到恢复和发展,但要进行抗日战争中的全面反攻,要稳定社会秩序,要发动群众,保障日益增大的供给,临时行政委员会的工作迫切需要完善。浙东区党委在1944年9月至11月召开的首届军政会议上,就召开浙东临时各界代表会

---

[1] 谭启龙:《谭启龙回忆录》,中共党史出版社2003年版,第186页。

议做出决定和部署。随后,区党委向下属各级党组织发出通知,要求各抗日根据地都召开会议,争取把各界人士中有代表性的、支援抗战的人士推选出来。但由于条件所限,除四明、三北地区代表采取普选的方法外,其他地区的代表只能协商产生。他们都是工、农、商、学、兵、士绅等各界有代表性的人物。

1945年初,代表们陆续向四明山的梁弄集中。为保证代表们的安全,各地都派武装沿途护送。1月21日,代表大会在余姚梁弄镇正蒙小学隆重开幕。出席会议的有政府、军队和三北、四明、会稽、淞沪及鄞镇奉等沿海地区的工商界、文化界、新闻界、工人、农民的代表共108人。会上,连柏生作行政报告,何克希作军事报告,谭启龙作政治报告,并代表区党委向大会提出了《施政纲领(草案)》,交由大会讨论、修改,最后,大会通过了这一施政纲领。

大会在充分发扬民主的基础上,选举产生了浙东行政委员会,连柏生、吴山民、何克希、张文碧、郭静唐、王仲良、罗白桦、朱人俊、黄源当选为委员。同时成立了浙东行政公署,连柏生为主任,吴山民为副主任。2月,行署的工作机构也建立起来。浙东行政公署委员会第一、第三两次会议决定,以第二号令公布,任命朱人俊为秘书处处长;郭静唐为民政处处长,张志飞为副处长;陆慕云为财经处处长,张蓬为副处长;黄源为文教处处长,楼适夷为副处长。行署下辖两个专员公署,两个特派员办事处。罗白桦为四明地区行政专员公署专员,顾复生为淞沪地区行政专员公署专员,王仲良为行署驻三北分区特派员办事处特派员,杨思一为行署驻会稽地区特派员办事处特派员。代表大会还通过了《浙东敌后临时参议会章程》。根据这个章程,选出参议员60人,组成浙东敌后临时参议会。谭启龙当选为议长,郭静唐、何燮侯当选为副议长。因委员分布在各地,为议事方便,选举楼适夷、夏六林、杨思一、骆京为驻会委员。

第十二章　开展浙东抗日根据地建设

浙东敌后各界临时代表大会的成功召开,是区党委正确执行党的抗日民族统一战线政策的结果。大会通过的各项政策法令,使工作有法可依,社会秩序也逐渐走向稳定,敌后抗日政权得到巩固,根据地的各项工作走向正规。

浙东区党委还严格遵守"三三"制原则,即在政府工作人员中实行共产党员、非党左派进步人士和中间派各占三分之一的原则,在根据地内改造和建立各级抗日民主政权。在三北分区特派员办公处下建立了余姚县、镇海县、慈溪县政府;在四明行政专员公署下建立了南山县、鄞县、上虞县政府和嵊新奉等县办事处。县以下分设若干区署,区以下设若干乡保行政机构。区乡长都由人民群众选举产生。如四明山大岚区选举的4个乡长,既有非党进步人士,又有中共党员,区长李志标是开明士绅,慈南乡长由开明人士李纪佑担任。通过民主选举、上级委任,浙东抗日根据地的乡镇政权一般都由党员或开明人士执掌,许多在群众中有较高威信又和民众一起共患难的上层人士,在各级民主政府中都被安排了重要职务。浙东抗日根据地的人

181

民第一次行使了自己的民主权利。

浙东抗日根据地在政权建设中非常重视廉政建设。《浙东敌后临时行政委员会施政纲领》中明确规定："厉行廉洁政治,严惩公务人员之贪污行为,同时改善公务人员待遇,实行以俸养廉原则。"[1]1945年1月1日,新四军浙东游击纵队决定实行供给制。在当时物质条件比较差的情况下,大家以奉献为荣,以贪污为耻,形成了非常良好的党风、政风和民风,使浙东各级抗日民主政权成为当地有史以来最民主、最廉洁的政权,受到广大人民群众的热烈拥护。

二、开展经济建设

抗日根据地的经济工作是事关根据地生存和发展的前提,直接关系着党及其领导的抗日武装能否在敌后坚持斗争的重大问题。根据地的财经工作者为此做了大量艰苦的工作,为对敌斗争取得胜利提供了有力的物质保障。

浙东地区自然资源丰富,经济比较发达。除四明山、会稽山等少数山区外,三北地区是浙东海上通道,商贸活动频繁,生产粮棉盐,有浙东最大的盐场——庵东盐场,经济富庶;新昌、诸暨、嵊县盆地盛产稻米;浙东西南部的金(华)东(阳)盆地是稻米和杂粮产区。但是浙东人民在国民党及日伪的盘剥下负担十分沉重,老百姓的生活十分困苦。经济工作就是在这样的形势和条件下开展起来的。根据地的经济工作与政权建设一样,分三个阶段。

第一阶段是浦东部队南渡浙东至1944年1月。这个时期,由于采用灰色隐蔽的方针,浦东部队刚到浙东时,为了解决给养问题,建立了以部队

---

[1] 浙江省档案馆等编:《浙江革命历史档案选编·抗日战争时期》(下),浙江人民出版社1985年版,第139页。

代表机关面目出现的办事处设税卡,如"五支四大"总办事处等。部队利用这些机构进行征粮收税工作。1942年7月,浙东区党委成立后,为了明确这一时期的经济工作方针政策,在同年7月18日的浙东敌后第一次党员干部扩大会上,谭启龙做了《目前国内外形势与我党发展浙江敌后游击战争建立根据地的方针》的报告,对经济工作专门做了规定:"我们财政经济来源不应放在打汉奸或罚款或临时捐款等等的基础上,我们应主张废除一切苛捐杂税及人民不应有的负担,一切抗日经费的来源应由全体人民合理负担,不应放在少数人身上,应当使全体人民了解,向政府缴纳一定的抗日经费或税收是每个人民应尽的义务。"[1]为了使经济工作能顺利进行,各级党委还建立了各级经济机构,并加强了力量。三北、四明地区,先后建立了财政经济委员会,下设慈溪、浒山、余姚三个分会(1943年起改为分局),分会下设税务所。

这个时期的经济工作的主要任务有两项,一是征粮收税,保证党政军的供给。三北游击司令部为使征粮收税有章可循,于1943年8月颁布了《抗卫军粮,抗日经费并征暂行征收条例》,规定:"抗卫军粮及抗日经费以按田亩数合并征收为原则,商民及殷富人民除田地部分按照规定交纳外,其他部分视其负担能力征收。"[2]《条例》详细规定了抗卫军粮及经费的征收标准,即水田每亩征收谷13斤,甲等旱地每亩6.5斤,乙等旱地每亩5斤。规定了负担率及减免办法。除此,进出口税,也是这一时期根据地的一大财政收入。关于征收办法,谭启龙在1942年7月的报告中专门做了规定:关于一切进出口税,应力求统一合理征收,按照实际情形规定一定的最高最低额税,这些办法可以按照前国民党方法加以适当的改良。除了进出口税,部队还征收地方税,如货物税,包括茶叶、烟叶、毛竹、木材等;商业税,包括酒税、屠宰

---

[1] 谭启龙:《谭启龙回忆录》,中共党史出版社2003年版,第194页。
[2] 谭启龙:《谭启龙回忆录》,中共党史出版社2003年版,第194页。

税等。当时余上县的虞北区利用当地有利条件，税收工作做得很出色。这个区内有较大的集镇——章镇，商店、作坊较多，且河网四通八达，集市货源丰富，加上曹娥江是通海航道，商船往来频繁。沥海西边又有400多亩盐场，故税收较多。1943年虞北区每月上缴余上县的经费达3.5万元，成为余上县主要经济来源。二是进行减租减息。早在1942年7月18日的浙东敌后第一次党员干部扩大会上，就提出减租的问题，并要求这一年的秋收就发动农民把这一运动开展起来。但由于战争频繁，直到1943年7月，区党委在《关于今年秋收运动的指示》中才对这一工作做了具体指示，即根据当年实际收成情况评议估产，改善农民生活，并保证地主有适当收益。以三北为例，有105个乡减了租，减租使百分之九十的贫苦农民得到了好处。通过减租，广大农民认识到部队是维护农民利益的，因而愿意交公粮；大多数业主也因负担合理，按时纳税完粮，支持抗日。

第二阶段是1944年1月到1945年1月。这段时间，由于第二次反顽自卫战争，开支浩大，根据地许多地方被国民党顽军占领，财政收入锐减，加上日伪军的封锁"扫荡"，浙东抗日根据地的经济出现了严重困难的局面。1944年1月，部队公开了新四军的旗号，并成立浙东敌后临时行政委员会，颁布了《浙江敌后临时行政委员会施政纲领》。这个时期的浙东根据地的各项方针政策，是根据中共中央新民主主义的基本路线和抗日民族统一战线的总方针制定的，根据地的经济政策也完善了。

为了战胜日益严重的困难，除加强和健全经济机构外，区党委采取了一系列措施：一是建立税收征粮制。《施政纲领》规定："居民中除极苦者应予免税外，大多数人民均应负担抗日费，以保证抗战用费，并建立公粮制，以保证敌后抗战机关部队之给养。"行政委员会还制定了当年"公粮田赋合并征收办法"，规定公粮及田赋合并征收，一年征收一次，以征收粮谷为原则，较详细地制订了具体征收标准。由于负担比较合理，各地征粮工作开展得比较顺利。1944年秋收后，四明地区在3个月内完成征粮任务600万斤，三北地区完成征粮80万石。二是加强进出口税的征收。各海口及通往镇海、宁波、慈溪、嵊县、富阳等城镇的要道口均设有税卡。行政委员会还草拟了《战时进出口货物税征收暂行办法》，提出了"废除一切苛捐杂税"的口号，而开征统一的进出口货物税和盐税，货物税实行一物一税制，过境只交一道税，尔后可以在根据地内通行无阻。国民党政府和伪军是各自为政，一个单值设一个卡，征的是"步步税"，客商们吃尽苦头，而根据地的税收政策受到客商的普遍欢迎，都主动来税卡纳税。

此外，区党委还制定了秋收斗争的总方针和任务：武装保卫秋收，反对敌伪抢粮；减轻人民负担，普遍推行"二五"减租活动。这些斗争为克服根据地的财政经济困难起了很大的作用。

第三阶段是1945年1月到新四军浙东游击纵队北撤，是巩固和完善阶段。第二次反顽自卫战胜利后，根据地得到空前的扩大，到1945年初，浙东抗日根据地拥有三北、四明、会稽、浦东4个行政区，14个县，44个区，人口达228万多人，面积达11500余平方公里。1945年1月成立的浙东行政委员会，专门设立财经处，陆慕云、张蓬分任正、副处长，正式颁布了《浙东行政委员会施政纲领》，开始了较有计划、正规化的经济建设阶段。

一是完善征粮和税收。浙东行政委员会在对《浙东敌后临时行政委员会三十三年公粮田赋合并征收办法》加以修改补充的基础上，颁布了《浙东行政公署三十四年份公粮田赋并征办法》，适当提高了增收标准。四明、三北地区1945年的公粮征购任务都顺利完成，三北有两个镇在秋收后3天，每保交出公粮19000斤，超过原定征粮数的2倍。对征收进出口税，此时也进一步完善。1945年1月浙东行政公署正式颁布了《战时进出口货物税征收暂行规定》，宣布："凡非本区日用必需物品限制进口，有害于社会经济或人民卫生者禁远出口，凡为民生所必需或有关军用不准资敌者禁运出口，社会必需品为根据地所欠缺者免税或轻税奖励进口。"[1]根据地一方面运用税收这个杠杆冲破敌伪封锁；一方面还利用敌占区和根据地内的工商业资本家，以给予税收的优惠和允许获得较高利润的办法鼓励他们和根据地供给部门挂钩，为根据地解决一部分军需物资，如布匹、医药和日用工业品，有时还进一些枪支弹药。在根据地内部，继续征收盐税、牙税、屠宰税、油坊税等10多种。产盐区的盐税收入尤为可观，部队在庵东盐场设有税卡，平均每月可征银圆1万余，是余上（余姚、上虞）地区一个重要税源。

二是开展大生产运动。区党委根据中共中央和毛泽东关于"自己动手、丰衣足食"的批示，领导根据地军民开展了大生产运动。各级领导积极带头，发动机关工作人员投入大生产运动。部队坚持边战斗、边生产。1944年冬，梁弄区垦荒收获番薯等杂粮50万公斤，为度荒救灾、供应军粮起到了一定的作用。四明山部队的生产搞得最出色，到1945年，生产所得解决了部队供给的大部。各级政府还积极帮助和领导群众搞好生产，领导农民组织合作事业，发放种子、农贷，进行劳动互助、垦荒、兴修水利等工作。大生产运动促进了根据地经济的发展，保障了军民的物质供给。

三是建立浙东银行，发行抗币。当时浙东使用的货币，主要有汪精卫伪政府发行的伪币和国民党政府发行的法币。这两种货币在根据地的流通，严重影响了根据地的建设。为活跃根据地的经济，打击日伪顽在经济上对根据地的掠夺，发展工商业，稳定金融，平抑物价，区党委报请华中局批准，于1945年4月1日发布了《浙东行政区抗币条例》和《浙东银行条例》。条例规定发行抗币总额为200万元，每元币值"始终维持"在接近于食米一市斤的价值。根据地的财经工作者为发行抗币做了大量的工作。先是通过上海地下党和文化单位联系，采办到制造抗币的全套铜版，运到四明山

---

[1] 谭启龙：《谭启龙回忆录》，中共党史出版社2003年版，第198页。

根据地。后来，由于技术原因，上海的铜版不能使用，印刷工人使用石版代替，印出了合格的抗币。在浒山地区，根据地还铸制了铝、锡混合的金属币，这是根据地货币历史上仅见的铝、锡合制的金属币。浙东银行设立董事会，由9人组成，吴山民任董事长，郭静唐和陆慕云为常务董事，负责日常工作。浙东参议会和浙东行署推选委派谭启龙和杨思一、楼适夷三人为监察人。银行总经理由吴山民兼任，陆慕云任副总经理。在各地设立分行、支行、办事处等机构。

浙东抗日根据地的抗币（其中三枚金属抗币仅流通于三北浒山一带）和金库兑换券

抗币发行后，在浙东地区，联合法币，打击伪币，财经工作和军事工作有机地结合起来，发挥了较好的作用。一是在市场上向伪币发起进攻，给伪币以有力打击。二是调剂了金融市场，填补了根据地内货币流通不足，占领了市场。三是对部队和行政人员的经费需要起到了一定的调剂作用。四是对稳定经济起到了很好的作用。它在人民群众中的威信也较高，所以抗币的推广发行使用比较顺利。

四是进一步巩固和普及减租运动。1945年7月，区党委指示各区，要把减租工作当作基本工作来抓。同月，浙东行政公署根据前阶段颁布的土地政策法令、减租情况和现行业佃关系，公布了《浙东行政区减租交租及处理其他业佃关系暂行办法》，确定以实行彻底的"二五"减租为减租斗争，对减租工作做了充分的思想动员，减租工作取得了很大的成绩。农民在经济上的初步翻身，解放了农村生产力，提高了农民生产积极性。这对于克服财政经济困难、建立长期坚持斗争和反攻的经济基础，有着重大的意义。

浙东抗日根据地经济工作的三个阶段，是一个有机的发展过程，是继承和发展完善的关系。它在不同的时期为政治工作和军事斗争提供了可靠的物质保证，做出了巨大的贡献。

三、开展文化教育建设

浙东抗日根据地的文化教育事业是在三北游击司令部进占梁弄和以四明山为中心的抗日根据地初步形成后逐步开展起来的。它在提高根据地人民的抗日觉悟、培养抗战的各方面人才、普及学校教育和丰富人民群众的文化生活方面做出了重大贡献。

浙东区党委以毛泽东在《论政策》中所阐述的"以提高和普及人民大众

的抗日的知识技能和民族自尊心为中心"[1]为指针领导根据地文化教育建设。谭启龙在1942年7月18日浙东敌后第一次干部大会上代表区党委所作的报告中,专门就根据地文化教育问题进行了说明:"目前文教中心,是提高与发扬民族的自尊心与自信心,及抗日的技术教育,广泛地告诉人民打鬼子的具体办法,提高人民抗日的自信心,与汪逆奴化愚民欺骗政策作斗争的中心。这一阶段,由于客观形势于我空前有利,领导上又具有民族气节与正义感。……欢迎并爱护知识青年、文化工作者,开办农村小型报纸刊物及一切有利于抗日团结的文化事业,尽一切可能方法,进行群众文教工作。"[2]1944年10月11日,第三届浙东文教会对文教的方针做了进一步的明确和完善。这次会议在"教育与群众结合""教育与实际联系""学与用一致"的精神下,确定的新的方针是:"社会教育重于学校教育""成人教育重于儿童教育""干部教育重于群众教育"。[3]这一文教方针在当时紧张的战争环境里,在很有限的人力、物力投资文化教育事业的情况下,是符合"一切为了战争"这一原则的。浙东根据地的文教事业,就是在这一方针指导下,从无到有、从小到大,逐渐发展、繁荣起来的。

关于根据地的新闻出版事业,浙东区党委根据毛泽东"每个根据地都要建立印刷厂,出版书报,组织发行和输送的机关"[4]的指示,开展浙东抗日根据地的新闻出版事业。1942年8月,区党委宣传部就创办了《时事简讯》,[5]由陈静之担任社长。1943年1月,成立新华社浙东支社,开始采写根据地的地方新闻并向新华社发稿。随着国内外革命形势的发展及浙东实际斗争的

---

[1] 《毛泽东选集》第二卷,人民出版社1991年版,第768页。
[2] 谭启龙:《谭启龙回忆录》,中共党史出版社2003年版,第201—202页。
[3] 谭启龙:《谭启龙回忆录》,中共党史出版社2003年版,第201—202页。
[4] 《本刊编委会启示:各抗日根据地文化教育政策讨论提案(草案)》,《共产党人》,1941年2月20日。
[5] 《时事简讯》是诞生在浙东的第一份红色报纸。该报一般每期四版,前三版转载延安的电讯稿,内容以国际新闻为主,第四版是浙东地区的内容。

需要，区党委认为有进一步加强对党报工作领导的必要。为此，决定将《时事简讯》改为《新浙东报》，作为区党委的机关报。区党委并决定由谭启龙、何克希、张文碧、张瑞昌、江岚成立党报委员会。由张瑞昌任报社社长，于岩任副社长。《新浙东报》从1944年4月13日创刊到1945年10月1日停刊，总共出版了231期。从出版那天起，该报就坚定地遵循党的指示，勤奋谨慎而又旗帜鲜明地向浙东人民宣传中共中央和浙东区党委的方针政策，介绍党领导的各解放区战场的形势和世界反法西斯战争的进程，揭露和鞭挞国内外敌人的种种阴谋和罪行，讴歌浙东地区广大军民不畏强暴、不怕牺牲、前仆后继的英勇气概。《新浙东报》不仅起着宣传作用，而且起着传递政策法令的行政和法规作用。它是中共领导浙东抗日根据地的有力助手，也是根据地人民进行抗日斗争的一面旗帜。在短短的一年半时间里，它始终高举党的旗帜，为中国人民的解放事业做出了贡献。

浙东抗日根据地还专门办了部队报纸。1943年秋，三北游击司令部政治部就出版了油印的《战斗报》。不久，由于进行第二次反顽自卫战，报纸不得不停办了。1944年1月，三北游击司令部公开打出了新四军的旗号，3月，纵队政治部重新出版《战斗报》，一直办到部队北撤，共出了约90期。《战斗报》主要在部队中发行，以宣传党的方针政策、提高干部战士的政治觉悟和思想水平为主要任务，是保证党对军队绝对领导的有力工具。

随着报纸、图书出版事业的发展，发行工作也日益繁重，单靠报社的发行部已无法承担这项工作。因此，在第二次反顽自卫战结束后，区党委召开了浙东抗日根据地宣教工作会议，决定成立浙东书局，并在梁弄开设了书店门市部，直接为广大读者服务。同年冬天，为纪念邹韬奋在上海不幸逝世，又改名为浙东韬奋书店，下设三北和梁弄两个分部，后陆续增加了上虞、余上、鄞西、嵊新奉、章家埠等分部。书店的出版工作主要是翻印解放区出版的图书。先后出版的图书有《论持久战》《论新阶段》《新民主主义论》《论联合政府》等数十种。书店当时最繁重的任务是印刷和发行《新浙东报》，为了使浙东根据地军民能及时看到八路军、新四军和全国解放区不断取得胜利的喜讯，书店对《新浙东报》的发行是努力做到随出随发。他们机智勇敢，不分昼夜，不畏烈日严寒，风雨无阻。他们常常越过敌人的封锁线，冒着随时可能遇到敌人的危险，把报纸按时送到目的地，他们是真正的无名英雄。韬奋书店为在浙东抗日根据地传播党的方针政策、为抗日军民供应精神食粮、团结教育人民做出了贡献。

关于抗战的社会教育，毛泽东在《论政策》中说："每个根据地都要尽可能地开办大规模的干部学校，越大越多越好。"[1] 由此，浙东抗日根据地1944年夏在梁弄创办了浙东鲁迅学院，由浙东行署文教处长黄源兼任院长，林尧任教育长，这是一所培养根据地文化建设干部的学校。鲁院的学习培训是从浙东全区的小学教师政治集训开始的，因为这一带农村文教事业比较发达，学校遍布村镇，教师为数不少。这些教师既是根据地一支重要的知识分子队伍，又是不可忽视的一部分社会力量。从这一现实出发，鲁院首期培训教师200多名，培训的主题是抗日民族统一战线和根据地文化教育的任务。鲁院在第二、三期，转向接收社会知识青年，共200多人。鲁院在教学方法上灵活多样，适合青年特点，并且利用各种生动的形式启发学员自己教育自己，力求实现教育与社会相结合，理论与实际相结合。鲁院创办的一年中，正确地按照党的知识分子政策和党的教育方针，培养了一批革命的青年。

鲁院创办不久，区党委决定在四明山创办"浙东抗日军政干部学校"。这是一所浙东抗日根据地培养各级党、政、军干部的专门学校，校长由何克希兼任。学员的条件是思想进步、具有初中文化程度、身体健康的抗日积极分子。毕业以后由学校统一分配到根据地内各党、政、军机关工作。他们大

---

[1] 《毛泽东选集》第二卷，人民出版社1991年版，第768页。

1944年8月,浙东敌后临时行政委员会文教处在四明山区创办鲁迅学院,院长黄源。先后开办3期,毕业700余人,为根据地的文化教育事业培养了一批人才。图为余姚梁弄让贤乡茶亭上岳殿鲁迅学院旧址

都在各条战线上发挥了骨干作用。

  对广大农民,根据地则开展启蒙式的社会教育。就是利用冬季农闲,进行轰轰烈烈的办冬学运动。为了把冬学办好,各级党政机关的干部纷纷下乡,鲁迅学院的学生也下乡支援,并吸收小学教师等各界人士为冬学服务。冬学的教育对象很广泛,当时的口号是"男女老少上冬学",冬学使用的识字课本由文教部分发,内容丰富生动,文字浅显流畅,适应农民的需要。教育方式、方法则采用讨论、答问,最后以启发式提示的方式。冬学的时间每期一般为一个月左右。轰轰烈烈的冬学运动把农村中的大多数青壮年组织了起来,通过学习,不仅在一定程度上提高了他们的文化水平,而且更重要的是提高了他们的政治觉悟,使他们懂得在中国共产党的领导下,国家和人民会有光明的前途。

  根据地的学校教育,以贯彻新民主主义的教育方针为导向。所有公私

学校逐渐向"民办公助"的方向发展,运用地方上人力物力来办理。废除旧的教材、旧的课程是改革旧的教育制度的关键。浙东抗日根据地刚建立,不可能在短期内编印出统一的新教材,民主政府采取了暂时的应急措施,即在原教材的基础上增加爱国主义、民主主义和生产知识的内容,各地编印了许多内容新颖、题材丰富的临时教材和补充教材。1944年10月,在浙东文教扩大会议上,对在全区统一使用的新教材和内容做了具体规定:国语课增加抗日故事;常识课增加时事知识;地理课先学乡村地理,然后扩大到浙东、全国;历史课以讲解中国抗战史和世界反法西斯史为重点;自然课主要介绍生产常识和卫生常识。1945年夏,由行署文教处编写的《国语》和《常识》课本正式出版,浙东行署为此专门发文,规定根据地内所有学校统一使用新教材。

根据地还十分重视小学教师的培训工作。因为根据地各学校的教师绝大部分是从旧学校过来的,他们虽然厌恶过去那套封建的教育制度,但也不能一下子适应新民主主义的教育路线。为此,根据地采取了许多措施:首先抽调一些骨干教师入鲁迅学院学习,回来后担任各校的领导工作;其次是利用假期举办各种教师训练班。通过学习,广大教师的思想水平有了明显的提高,并涌现出了大批坚定执行党的教育路线的积极分子。另外,在这期间,各地还成立了小学教师联合会、文教工作者协会等组织。

为了解决教师的待遇问题,根据地在许多地方征收公粮时每亩附征教育谷一斤。特别是1944年1月,浙东敌后临时行政委员会成立后,政权力量大为加强,于是做到公粮收到哪里,教育谷就收到哪里。根据地一般给每个教师每月发稻谷200斤,校长为250斤。这一措施受到广大小学教师的拥护。

根据地的文化艺术工作,以宣传新民主主义文化为导向。当时根据地文化工作很重要的一个内容就是对民间艺术,特别是浙东人民喜闻乐见的

"的笃班"进行一系列的改革。"的笃戏"又名"绍兴女子文戏"（即现在越剧的前身），诞生于浙江的嵊县，流传于江、浙两省的广大地区，在浙东更是有广泛的群众基础，不但人人爱看，而且不少人能吟会演。当时，在浙东抗日根据地有两万多"的笃班"的艺人。但"的笃戏"内容大多属于封建迷信、低沉、哀伤，甚至黄色的旧戏。为此，行署文教处专门组织人员编写了一批具有革命内容的，健康向上的"的笃戏"，并且男女同台演出，寓教于乐，既可满足群众精神生活的需要，又可借以逐步淘汰封建、迷信、落后的剧目。

后来，文教处专门组织了一支改革"的笃戏"的专业队伍"社会教育工作队"，适当集中力量，编写和演出几个较完整、较大型的新"的笃戏"。编戏时，首先考虑到要使群众树立抗战必胜的信心，如伊兵编的《血钟记》《大义灭亲》，陈山编的《英烈缘》等，都受到群众的欢迎。浙东游击纵队政治部有个政工队，他们遵循毛泽东的文艺为工农兵服务的方针，密切配合部队的战斗任务和思想政治工作，积极开展文艺宣传活动。他们还深入乡村，为广大群众服务。他们演出的节目，既有戏剧，如《红鼻子》《农村曲》等，也有舞蹈，如《大红灯》《快乐的风》，还有歌曲，如《新四军军歌》《国际歌》《我们在太行山上》《梁弄之战》《海防大队之歌》等。他们既是文艺工作队也是战斗队，在战斗中，他们执行抢救伤员、押运部队缴获的军用物资和动员民众的任务。另外，浙东文艺工作者还对戏剧改革进行了较全面的试验，将"的笃戏"逐步改革成现代的越剧。根据地还对民间艺人和民间戏班进行争取、教育的工作，对他们加以改造，使之成为为抗战服务、为工农兵服务的重要力量。

浙东的文教工作，在区党委的领导下，经过广大文教工作者的努力，得到了前所未有的发展。浙东的文教工作宣传了党的方针政策，提高了根据地人民的思想觉悟和文化水平，生动、深刻地反映了抗战时期浙东人民的精神风貌，为浙东抗日战争的胜利做出了巨大的贡献。

四、开展党的建设

浙东区党委在领导浙东敌后军民坚持抗战的过程中，不仅以极大的努力加强政权、经济和文化建设，还高度重视加强党的自身建设，努力把党建设成为领导军民抗战的核心。

在浙东抗日根据地初创阶段，党员和干部来自四面八方，有长期坚持浙东当地斗争的，有从浦东南渡到浙东的，有从新四军军部和苏中、苏南根据地派来的，还有新参加革命的大量党员和干部。他们由于过去所处的环境和革命经历不同，接受党的教育程度也不同，思想理论水平和自身修养参差不齐，组织性和纪律性也有很大差异。对党员、干部进行一次普遍的马克思主义思想教育，提高认识，把他们的思想统一起来，更好地团结和带领浙东敌后军民共同奋斗，是摆在浙东区党委面前的一项刻不容缓的政治任务。

谭启龙到浙东不久，在浙东敌后第一次干部扩大会议的报告中，就指出："今天党内的教育中心，着重于入党条件，党的纪律，党的生活的建立。思想上应以中央关于党性决定作教育的方针，由于长期的分散隐蔽，由于党内小资产阶级成分占着相当比例，对于思想意识的改造非常重要。"为此，他强调要"加强党员中教育与学习"，"要使每个党员同志了解无论在何种情况下，一切应以党的利益为利益，并终身不变，党的利益高于一切，个人利益服从党的整个利益"，"全党应团结在中央及华中局的周围，个人服从组织，下级服从上级，全党服从中央的原则，必须无条件遵守"。[1]

浙东抗日根据地初创之时，全党整风运动已经开始。1942年2月开始的这场整风运动是加强党的建设的重要形式，是中国共产党内进行的一次

---

[1] 谭启龙：《目前国内外形势与我党发展浙江敌后游击战争建立根据地的方针》（1942年7月18日），中共浙江省委党史资料征集研究委员会等编：《浙东抗日根据地》，中央党史资料出版社1987年版，第44页。

普遍的马克思主义教育运动。整风的主要内容是：反对主观主义，以整顿学风；反对宗派主义，以整顿党风；反对党八股，以整顿文风。整风运动贯彻"惩前毖后，治病救人"的方针，着重于提高思想意识，团结同志，而不是对犯错误的同志进行组织处理。7月26日，华中局做出《关于各战略单位整风的决定》，要求各单位必须依据战争环境和各自的特点，认真组织党员干部开展整风学习。由于浙东抗日根据地孤悬东南沿海，不断遭到日伪和国民党顽固派的疯狂进攻和残酷"扫荡"，长期处于紧张而频繁的反"清乡"、反"扫荡"、反"围剿"的作战环境中，无法集中时间、集中人员进行整风学习。浙东区党委根据抗日根据地的实际情况，决定采用在实际斗争中和工作岗位上以分散学习为主，集中训练为辅的整风学习方法。1943年2月，浙东区党委在《我党我军在浙东地区今后的一般任务》中指出："要执行中央的整风号召。整风不只是研究文件，不只是学校才能整。我们要在工作中，每一个行动中，经常的思想意识中，拿党的利益作镜子照一照，有无不正确的地方，有无与党的利益相违背的地方。"[1]

浙东区党委一方面组织党员学习《古田会议决议》和《关于领导方法的若干问题》等文件，另一方面于1943年3月开始举办党员干部训练班，谢飞任党训班主任，每期学员60人，时间为2个月，主要学习

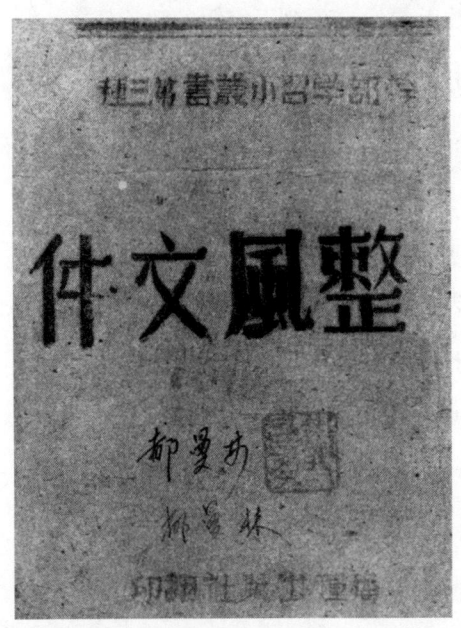

播种出版社1944年翻印的整风文件

---

[1] 浙江省档案馆等编：《浙江革命历史档案选编·抗日战争时期》（下），浙江人民出版社1985年版，第71页。

抗日民族统一战线、新民主主义理论、党的建设、群众路线、基本军事知识及有关整风文献。党训班办了2期后，因浙东第二次反顽自卫战爆发而停办。1944年8月，浙东第二次反顽自卫战结束，环境相对稳定后，浙东区党委再次讨论党员干部的整风问题。在9月召开的浙东首次军政大会和12月召开的浙东游击纵队组织工作会议上，谭启龙、何克希等区党委领导针对党内、军内存在的各种非无产阶级思想及其表现，进行了实事求是的剖析和批评。10月，浙东区党委决定举办新的党员干部培训班（党校），对浙东地区部队系统营连两级干部和地方县区干部，用2年时间分期进行轮训，党训班由谭启龙兼任主任。党训班以"知无不言，言无不尽"，"言者无罪，闻者足戒"，"有则改之，无则加勉"，"和风细雨，自觉改造"等作为整风学习的行动指针。学习的内容包括《关于在全党进行整顿三风学习运动的指示》《改造我们的学习》《整顿党的作风》《反对自由主义》《论共产党员的修养》等文献。

在浙东区党委的领导和部署下，中共三北、四明地委也先后组织党员干部进行整风学习，并开各种训练班，对党员干部进行分批轮训。1944年1月，三北地委在慈北洞山寺举办了为期9天的地方党员训练班，为三北地区培训了一批农村党支部书记；同年6月中旬，地委在三北地区敌后工作扩大会议上对整风学习提出明确要求：三北全党同志要响应党委号召，把整风学习作为学习的中心，整风学习应侧重于结合实际，从实际中学习，从实际工作中来"整、查"自己的缺点，来清除我们的歪风。[1]7月1日至13日，在区党委的直接领导下，三北地委召开扩大会议，与会同志以整风精神充分发表自己的意见，总结工作中的经验教训，统一思想。在四明地区，四明地委于1945年1月至4月认真组织各县在职干部进行为期三个月的整风学习。这次整风学习分为四个阶段：一是学习文件，统一对整风学习的认识；二是进行政

---

[1]《王仲良纪念文集·遗著选辑》，中共党史出版社1999年版，第280—281页。

治、时事教育,统一对政治形势的正确认识;三是学习新的领导方法,转变存在的旧的工作作风;四是进行整风学习小结。

通过整风学习,党员、干部受到了一次普遍的马列主义教育,政治觉悟和思想理论水平有所提高;经受了一次党性实际锻炼的考验;学会了正确掌握、运用批评与自我批评的思想武器,为领导浙东及三北、四明地区军民坚持抗战并夺取最后胜利奠定了坚实的思想基础。

整风学习,不仅加强了思想建设,也促进了党组织和党员队伍的不断发展。1945年5月,浙东区党委根据对形势的估计和浙东抗日根据地准备向南发展的需要,决定把三北地委和四明地委合并,建立新的中共四明地委,由王仲良、刘清扬、罗白桦、李国斌等4人组成,王仲良任地委书记,刘清扬任副书记,李国斌任组织部长。到8月下旬,四明地委辖:嵊新奉、慈镇、余姚3个中心县委,南山、鄞县、上虞3个县委,全地区共有党员4000人左右。[1]

---

[1] 中共宁波市委党史研究室:《中共宁波党史》第一卷,中共党史出版社2001年版,第258页。

第十三章

抗日战争的最后胜利

一、日军的垂死挣扎

面对太平洋上反法西斯盟国的反攻形势,日军大本营预计美军可能在中国沿海登陆,于是在1944年7月18日,下令中国派遣军和海军舰队"加强对广东及香港以东沿海,特别是浙东沿海之防务;重新攻占温州、福州……作反击美军在该地区登陆之准备;同时使这些地区,成为日本海军从太平洋后退时之中继基地"[1]。7月末,中国派遣军收到大本营关于准备捷号作战的命令后,要求驻守上海的日军第13军加强三角地带的对美作战准备。8月21日,第13军在接到中国派遣军的命令之后,着手计划加强对美战备。

根据第13军的计划,第70师团将独立步兵第123大队的海野大尉调到参谋部任筑城主任,参谋长中川大佐亲自到宁波周密侦察,特别决定在舟山群岛正面的澥浦镇地区,彻底采用反斜面阵地;慈溪北侧高地以圆形的据点阵地方式编成阵地。为此,第70师团令自7月担任嘉兴附近警备的独立步兵第105大队,在乍浦镇附近构筑容1个大队的工事;又指挥第11野战

---

[1] 王辅:《日军侵华战争(1931—1945)》,辽宁出版社1990年版,第2332页。

补充队残留的部队,并调诸暨的第3大队10月6日到余姚,与在宁波的第2大队一同担当舟山群岛正面(澥浦镇地区)及慈溪北侧高地的防御任务。8月,驻宁波的日军开始强征民工,一方面在镇海的澥浦镇地区和慈溪北侧高地修建防御工事,一方面在庄桥修建大型军用机场。

根据《东史郎日记》记载,日军早在1944年4月就开始在慈溪修筑防御工事,为应对盟军在浙江沿海登陆做准备。"昭和二十年,同日编入第四中队……四月二十八日抵达浙江省慈溪县耶经头。同日起开始构筑浙东地区的阵……"[1]东史郎等工兵班先驻扎在慈溪县城北约3公里耶经头(即现在的毛岙村),修筑慈城到毛岙的简易公路,建造了变电所,建筑碉堡……在这期间,还从上海浦东抓来100多个民工(其中有木匠、泥水匠、石匠等),在大斗山、后山、交山等山上开挖十多个坑洞,这些坑洞分别对着慈城、宁波、骆驼桥、镇海方向。开挖坑洞的日军有五六十个,其中一个就是东史郎。毛岙村地处三北通向四明山的要道,是重要的交通枢纽,战略地位十分重要。在1916年日本测绘的《慈溪县城》地图中,毛岙村被用日文"耶经头"标注。钱文华猜测,这证明日军早就意识到了位于慈溪三北通向四明山的要道上的毛岙村具有重要的战略地位。[2]

8月10日,侵华日军在宁波的第7339部队工程组、敌枪第2346部队教工组,分别由横泽中尉和黑泽队长率日军60多人驻扎庄桥穆家耶稣教堂,强行圈地,督造机场。圈地的范围:东北从外漕桥头开始,东南至压赛堰以北的小河边起,西南到庄桥皇封桥前100米处,西北至刁孙村前的小河旁,东西长2290米,南北长2300米,周长9180米,占地面积约7897市亩(即526公顷)。被铁丝网围住被逼拆迁的村落有:傅范、芦徐、里漕、袁家、马径、穆家、李家、张家、严家、陈家、上庄孔家、四蕲孔家、张洪、大连桥、老方杨、葛

---

[1] 《东史郎笔下的"耶经头"在慈溪哪里?》,《宁波晚报》,2010年8月9日。
[2] 《东史郎笔下的"耶经头"在慈溪哪里?》,《宁波晚报》,2010年8月9日。

老堰头、新方杨、下古隘、梅林庄家、姚邵弄及外围庙后周等21个大小村落和3000亩良田。

当时正是晚稻灌浆的季节。伪慈溪县政府曾致函日军驻慈溪县联络部，请求延迟修建，认为修建最宜于11月间进行，到那时农作物即可收割齐全，即征用人工，亦可利农隙征集，否则其他乡镇亦在忙于秋收，一经征用，势将民怨腾沸。伪慈溪县政府妄想借此笼络民情、把握民心的意图并未被日军接受。为了赶工期，日军于9月15日，派日伪军威逼民工下田开沟排水，将已灌浆即可收割的3000余亩晚稻割掉。战乱年代，江北的绝大多数农民已经过着青黄不接、靠借粮度日的苦日子，日军又借建机场、保"共荣圈"之名，进一步制造人为的灾荒。孔家方杨村杨财根家，原是殷实之家，有三幢楼屋，自种105亩土地，因屋被毁、晚稻被割，曾三次悬梁自尽，被人救下。杨财根儿媳程雪娣回忆说："当时因公公（杨财根）已无住所，只好暂住我未过门的媳妇家（葛家村），最后因神经失常（精神失常），郁闷而死。"应松美证实："听外婆说，日军在庄桥造飞机场，我外公庄德胜在梅林庄家（即压赛堰）的60亩青稻被日军强行全部割掉，一家人断绝了生活来源，我外公一气之下上吊自尽。"由于失地绝粮而死，或沦为乞丐者有50户之多。知情者回忆当时情景是："粗绳拉、榔头敲、钉耙扒、哭的哭、嚎的嚎，含着眼泪往外逃。"[1]

侵华日军计划征用6000余名民工，在4个月内建成机场。他们先从上海郊区等地，强拉、诱骗900余名民工，分别押至庄桥孔家大祠堂等地[2]，又在庄桥一带强征5000余名民工。日军要挟庄桥镇的十二个保长，向各甲长要民工。下令每户都要出工，如家无男的，由女的顶替；如无成年人的，由十几岁的孩子顶替。什么时候要劳力，什么时候必到；如有抗拒者，就要炸掉

---

[1] 浙江省宁波市委党史研究室：《宁波市抗日战争时期人口伤亡和财产损失》（下），中共党史出版社2015年版，第441—442页。
[2] 《新浙东报》，1944年11月29日。

这个村庄。如庄桥镇每天派出民工就有二三百人之多,时间长达八个月左右。铺草坪、建飞机窝、造碉堡的众多被强征劳工,是没有分文收入的,常受饥饿、皮鞭抽打之苦。据张云珍和唐永华回忆:"在被强抓劳工去种草的第三天,日本人说姚家出工不多,在伪保长陪同下,来到姚家村费家大屋,把炸药捆在大屋的屋柱上,不仅炸掉屋柱,还把堂前的屋檐炸坍,把老百姓吓得终日惶惶不安。"[1]

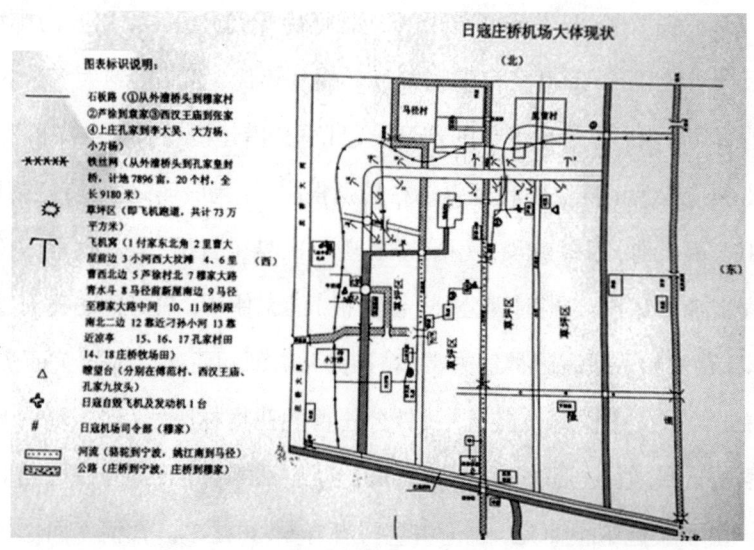

庄桥机场是由6000余民工从1944年秋到1945年春在侵华日军刺刀、皮鞭、炸药的威逼、恐吓之下建成的。在机场建成后,日军曾于1945年3月24日上午9时许和27日下午2时许,先后两次各派一架飞机试降,均因滑翔道路路基不结实,路面高低不平,在着陆时"倒栽葱",落得机毁人亡的下场。

1945年1月后,盟军开始在太平洋战场向日军发动全面攻势。日军大本营为了加强中国沿海的战备,命令中国派遣军如果盟军在宁波及长江北侧地区登陆,第13军要令当地兵力极力妨害敌人建立航空基地,以利于上

---

[1] 浙江省宁波市委党史研究室:《宁波市抗日战争时期人口伤亡和财产损失》(下),中共党史出版社2015年版,第444页。

海附近的主力作战。[1]为了加强驻守宁波的日军军力，2月25日，日军以在宁波的第11野战补充队一部为基干编成独立混成第91旅团，编入第6军战斗序列，司令部设于慈溪。以在温州的甲支队为基干编成独立混成第89旅团，也编入第6军战斗序列，司令部设于奉化。

日军的垂死挣扎并不能挽回其必将失败的结局。在世界反法西斯战争节节胜利的情况下，日军内部士气低落，厌战情绪不断滋长，甚至不时出现主动投诚新四军浙东游击纵队的事件。在慈东骆驼桥被新四军侦察人员俘获的日军炮兵班长塚原重治，被俘不到两个月，就主动要求参加新四军。在1945年4月2日发行的《新浙东报》上公开发表了《我对新四军浙东游击纵队的感想》，通过其亲身经历，认识到日本发动侵华战争的本质，表达了"抛弃我过去的错误，跟着他们向着光明大道前进"[2]的决心。为了加强对日军的反战宣传工作，新四军浙东游击纵队还成立了"日本反战同盟浙东支部"，并出版发行日文版的《解放周报》，由投诚的日军投递到日军据点，在进一步瓦解日军士气中发挥了很大作用。5月9日，驻慈溪县城的日军无线电通讯班长在日本反战联盟浙东支部的宣传影响下，毅然投诚浙东游击纵队。不久，驻慈溪的5名日本兵和余姚宪兵队的成田恒夫等也相继向浙东新四军投诚。"骄横一时的日本侵略军，已是危机四伏，败象毕露了！"[3]

二、发动反攻

日军为守住长江三角洲，继续负隅顽抗。1945年6月，驻守温州的独立混成第89旅团一部经临海向宁海撤退。为了接应从温州撤退的日军，驻奉

---

[1] 日本防卫厅防卫研究所战史室：《昭和二十（1945）年的中国派遣军》第一卷第一分册，中华书局1982年版，第98页。
[2] 刘亨云回忆，毛英、张志坚整理：《浙东游击纵队》，浙江人民出版社1987年版，第264页。
[3] 刘亨云回忆，毛英、张志坚整理：《浙东游击纵队》，浙江人民出版社1987年版，第265页。

化的独立混成第 89 旅团一部在伪军的配合下于 6 月 29 日攻陷宁海县城。7 月 5 日两股日军在宁海县城会合。为了夺回被日军侵占的宁海县城，7 月初，忠义救国军温台地区指挥官郭履洲率教导总队第 10、11 两个营经三门向宁海进发，进抵城郊后与宁警总队和宁海县自卫队会合，共同部署攻城。7 月 8 日拂晓，教导总队第 11 营和宁警总队向防守洋溪北岸的日军发动进攻，教导总队第 10 营和宁海县自卫队也向白峤岭日军发动攻击。虽然最终没有恢复宁海县城，但它毕竟是战时政府军在宁波地区发动的第一次攻打县城的战斗。

8 月 6 日、8 日，美国空军相继在日本广岛、长崎投掷原子弹，苏联也于 8 日宣布对日作战，百万苏联红军向盘踞在中国东北的日军发动总攻后，日本以中国大陆为基地继续抵抗的企图宣告失败。8 月 10 日晚 10 时，驻宁海的宁波梁皇山电讯训练所电台和宁波日报社电台同时抄收到重庆中央社 22 时特急电称："10 月 20 日日本广播，接受中、美、英 7 月 26 日的《波茨坦公告》，无条件投降。"得知这一喜讯后，梁皇山上响起了各寺院为庆祝抗战胜利而敲响的钟声。[1]

可是以蒋介石为首的国民党顽固派却命令中共领导下的抗日武装"就地驻防待命"，不得向敌伪"擅自行动"；要国民党军队"积极推进"，"勿稍松懈"；要伪军"负责维持社会治安"，等待国民党军收编。这些命令，充分暴露了他仇视人民武装、妄图独吞抗战胜利果实的真面目。宁波国民党地方当局与日、伪三方之间也形成了默契。根据浙江地方当局制订的"确保奉化溪口，争取宁波、杭州"的方针，在宁波以西以北，日军第 91 旅团旅团长宇野节拒绝新四军浙东游击纵队司令何克希促其缴械的命令；命令在宁波地方当局势力所及的宁波以南一线的日军先后于 15 日撤离宁海，18 日撤离奉化、

---

[1] 王之祥：《抗战时期宁波电讯技术人员训练所》，政协宁波市文史资料委员会编：《宁波文史资料》第二十二辑，2001 年 12 月印行，第 29 页。

象山。宁波地方最高长官、浙江第六行政督察区专员兼保安司令俞济民和忠义救国军温台地区指挥官郭履洲遂率部进入宁海县城，18日俞济民部又进而接收奉化县城。同时，俞济民加紧收编伪军，8月28日将谢文达的伪10师收编为宁波先遣军，宁波地区大小二三十股伪军也先后都被收编，协助国军防卫新四军。驻天台后方的32集团军副总司令陈沛[1]也率前进指挥部迅速向宁波挺进。

8月9日，中共中央、毛泽东发表《对日寇的最后一战》，号召"八路军、新四军及其他人民军队，应在一切可能条件下，对于一切不愿投降的侵略者及其走狗实行广泛的进攻……猛烈地扩大解放区，缩小沦陷区"[2]。总司令朱德接连发布七道命令，要求各解放区武装接受日军投降，收缴日伪武装，配合苏联红军作战。8月12日，新四军浙东游击纵队司令员何克希奉延安总部朱总司令电令，向驻扎在浙东解放区附近各城镇的日军与伪军、伪政权发出通牒："所有敌军于收到本通牒后，立即停止抵抗，并即派遣代表前来本军接洽投降事宜，解除全部武装，一切军用器具，不得破坏与损毁，留驻原地，听候接收；所有伪军、伪政权于接到本通牒后，立即率部向本军反正，听候编遣。"[3]同时，在军事上采取积极有力措施：由副司令员张翼翔率三支队、五支队全部及第2旅一个团和三北地方武装，横扫三北地区的日伪军据点；由张俊升、王仲良率第2旅主力和四明地方武装，牵制余姚守敌，相机进攻鄞西日伪军据点；令淞沪支队、海防大队、金萧支队就地积极行动，迫使日伪军缴械。

从8月13日开始，新四军浙东游击纵队在各个地区向日伪军发起进攻。

---

[1] 陈沛（1898—1987），广东茂名人，黄埔军校第一期毕业。1940年12月被授陆军中将军衔，1943年起先后任第三战区32、43集团军副总司令，浙东前敌总指挥官。
[2] 谭启龙：《谭启龙回忆录》，中共党史出版社2003年版，第209—210页。
[3] 《新四军浙东游击纵队对敌伪军通牒》，《浙东抗战与敌后抗日根据地史料丛书》第七卷，中共党史出版社2001年版，第7页。

在三北地区，8月16日，三北特务营在镇海、慈溪等县1000余名民兵的配合下，向慈北掌起桥日伪军据点发起进攻，经三昼夜的军事打击和政治攻势，迫使日伪军200余人全部投降。8月17日，第1旅[1]第三、第五两个支队和三北、余上特务营在民兵、自卫队配合下，向姚北周巷日伪军据点发起进攻，次日攻克周巷，歼灭伪中央税警团1个营大部，缴获日本造曲射炮两门、迫击炮一门。8月19日，乘机解放庵东。8月20日，在慈北五洞闸歼灭企图入海潜逃的伪中央税警团1个营。其间，还先后克复了长河、马渚、泗门、小越、坎墩、观海卫、二六市、庄桥等地的大小日伪据点20多个。

在四明地区，新四军第2旅和第1旅四支队及警卫大队在四明地区民兵和自卫队的配合下，向鄞县西乡的日伪军发起进攻。8月19日，攻入鄞江桥为10师据点，打垮日伪军2次增援，毙伤伪营长以下官兵40余人，俘虏100余人。随后接连攻克集士港、凤岙市、布政市、栎社、庄市等日伪军据点，兵临宁波城下。在新四军的锐利攻势下，驻奉化萧王庙的伪军1个中队全部反正。8月27日，三北特务营在慈东团桥毙伤、俘虏伪军130余人，向镇海县城

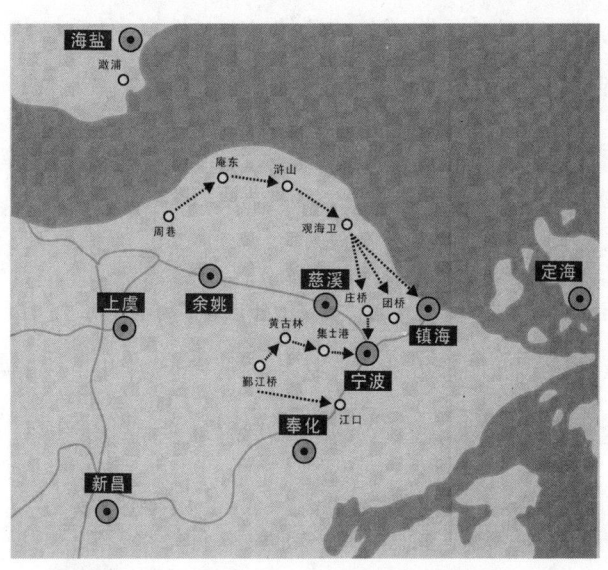

新四军浙东游击纵队对日伪军反攻示意图

---

[1] 1945年7月11日，国民党挺进第五纵队全体官兵1000余人在张俊升率领下，通电宣布起义，表示愿意接受共产党和新四军的领导和指挥。7月13日，奉新四军军部命令，起义部队被改编为新四军浙东游击纵队第2旅，张俊升任纵队副司令员兼第2旅旅长。原浙东游击纵队第三、四、五支队编为第1旅，张翼翔任纵队副司令员兼第1旅旅长。

推进。

形势喜人、形势逼人,根据地党政军民群情振奋。几乎每天都有新消息报来,报告攻克了什么据点,准备攻克什么据点。因围攻的据点很多,主力部队、地方部队都不够用,有些任务就交给民兵。广大群众也自觉行动起来,烧毁日伪军据点、哨卡、篱笆等设施,以满天火光迎接抗战的胜利。

在浙东新四军的不断进攻下,不到半个月的时间,毙伤伪营长以下200余人,俘虏营长以下1700余人,缴获各种大炮7门,轻重机枪49挺,步马枪1300多支。除几座县城外,基本上消灭了盘踞在三北、四明、会稽、淞沪地区的日伪军。浙东广大地区的人民获得解放,浙东抗日根据地面积得到空前扩大,拥有400多万人口,1万多人的抗日武装,成为华中八大战略区之一,以及抗战胜利后中共公布的十九块解放区之一。[1]

三、宁波抗日战争的胜利

在世界反法西斯力量和中国人民抗日战争的沉重打击下,1945年8月15日,日本政府宣布无条件投降。9月2日,在停泊在日本东京湾的美军旗舰"密苏里号"上举行了日本向盟国投降的签字仪式。日本签字投降后,蒋介石派陆军总司令何应钦代表中国战区最高统帅接受日军投降,并把中国战区划为15个投降区。32集团军副总司令陈沛,受派遣代表国民党军队来宁波接受日军投降。

日本无条件投降的消息传来,浙东军民欣喜若狂,以各种方式欢庆抗日战争的胜利。在浙东根据地,姚南沿江6000多名群众开会热烈庆贺,会后,队伍游行到了余姚城下。镇海澥浦召开军民联欢会,到会军民1000余人,

---

[1] 谭启龙:《谭启龙回忆录》,中共党史出版社2003年版,第211页。

演出《参军》《胜利之夜》等节目,庆祝抗战胜利。慈溪观城区13个乡镇分成2组,分头举行庆祝抗战胜利活动。慈溪县抗日民主政府举行盛大的庆祝抗战胜利活动,数千军民手执标语、大旗,抬着用柏树、毛竹、纸花扎成的坦克车和鼓船,肩扛毛泽东巨幅画像列队游行。队伍经过的地方,欢声雷动。余姚梁弄区委隆重举行抗战阵亡将士大会,给烈士家属发慰问品,吃胜利酒,并召开庆祝胜利大会,举行大规模的游行和文艺晚会,全区公演绍兴戏3天。

  为了争取国内和平,避免内战的发生,8月28日,毛泽东在周恩来、王若飞等的陪同下,赴重庆和蒋介石谈判。新四军浙东游击纵队从大局出发,放弃了攻打宁波城的行动。9月上旬,俞济民率部进抵鄞县甲村,部署入城,先组织"鄞县城区区署"到宁波市内着手接收事宜。9月14日下午,侵占宁波的日军最高指挥官、"浙东联络部"部长、日军独立混成第91旅团长宇野节少将作为投降代表从慈城日本司令部出发抵达宁波。当日晚,陈沛率第32集团军前进总指挥部进驻宁波城东五华里处的白鹳桥。

  9月15日上午,宇野节带领两名随员,从直街(今解放路)过南门到三板桥乘小艇,经管山河出大西坝进入姚江,小艇一直东行经桃花渡后进入奉化江再到前塘河,来到设在白鹳桥附近的前进总指挥部谒见陈沛。9时许,宇野节毕恭毕敬地向陈沛讲述了遵照备忘录办理投降事宜的经过,然后说明日军因运输困难,

2010年9月14日落成的侵华日军宁波投降处

一时撤退不及,请求能给予放宽撤退时限。陈沛表示同意推迟一天,但15日必须先行接收江东区及日军战备仓库。宇野节接受指令后,又原路返回慈溪。[1]

16日上午9时许,陈沛率领总指挥部成员,由俞济民迎接,至江东临时招待所后,详细筹划接收城区事宜。下午3时,国军第107师在30万市民的欢迎声中入城。17日上午10时整,陈沛总指挥等一行乘汽车,由江东区徐徐向城区驶入,通过灵桥时受到民众的夹道欢迎。在鼓楼上举行了隆重的升旗仪式。"其时,宁波30万军民庆祝宁波日军投降,汽笛长鸣,爆竹震天,甬江城畔,欢声雷同,气象万千。"[2]

中国人民抗日战争的胜利是二十世纪人类历史上的重大事件,对于中华民族的发展具有重大而深远的意义。毛泽东在《论持久战》中强调指出:抗日战争是"战争史上的奇观,中华民族的壮举,惊天动地的伟业"[3]。在这场攸关中华民族生死存亡的殊死搏斗中,英勇的宁波人民同全省、全国人民一道,同仇敌忾,共赴国难,在四明大地掀起了抗日救亡的高潮,并最终取得了抗日战争的胜利。

宁波的抗日战争作为中国整个抗日战争的一个重要组成部分,它的胜利也具有极为重要的意义。

宁波抗日战争的胜利,是中国共产党倡导建立的抗日民族统一战线的重要成果。抗日民族统一战线的建立、巩固和发展,是夺取抗日战争胜利的重要保证。面对日本帝国主义的侵略,在敌强我弱的情况下,"单纯的政府抗战只能取得某些个别的胜利,要彻底地战胜日寇是不可能的。只有全面的民族抗战才能彻底地战胜日寇"[4]。宁波是蒋介石的老家,从1927年"四一二"

---

[1] 《时事公报》,1945年9月16日。
[2] 《时事公报》,1945年9月18日。
[3] 《毛泽东选集》第二卷,人民出版社1991年版,第474页。
[4] 《毛泽东选集》第二卷,人民出版社1991年版,第353—354页。

反革命事变以来,国共两党就在宁波展开了尖锐的斗争。面对日本帝国主义的侵略,国共两党捐弃前嫌,团结广大民众在中国共产党倡导的抗日民族统一战线的旗帜下,为争取抗日战争的胜利奋力拼杀,谱写了一曲壮丽的篇章。尽管国共两党在合作中还存在着这样那样的矛盾和摩擦,但共同抗日始终是抗战时期两党关系的主流。正因为如此,宁波才能取得抗战的最终胜利。

宁波抗日战争的胜利,全面体现了以爱国主义为核心的伟大民族精神。宁波人民素有敢于反抗侵略的优良传统。从明代的抗倭到清代的抗英、抗法,宁波大地上发生了多次闻名中外的抗击外来侵略战例。"伟大的抗日战争,唤起了全民族的危机意识和使命意识。"[1]面对日本侵略者的残暴行径,英勇顽强的四明儿女同样不甘屈辱,不畏强暴,奋起抵抗,誓死保卫神圣家园,表现出了坚持国家和民族利益至上、誓死不当亡国奴的自尊品格,万众一心、共赴国难的团结意识,不畏强暴、敢于同敌人血战到底的英雄气概。奉化著名的爱国实业家竺梅先为了中国的抗战事业,献出了自己的全部精力和巨额资产。慈溪县县长章驹不仅在沦陷前团结进步人士共同抗日,而且在沦陷后继续坚持抗战,不幸在1941年12月31日日军"扫荡"中以身殉职。浙东新四军英勇奋战,以牺牲988名、受伤1858名指战员[2]的代价换来了宁波抗日战争的胜利。

宁波因其重要的地理位置为中国和世界的反法西斯战争做出了自己的贡献。宁波是毗邻上海的一个重要港口城市。在沦陷前,宁波作为国民政府输入战略物资的一个重要通道发挥着重要的作用。上海、杭州等地相继沦陷后,由于上海仍有租界存在,沪甬线航轮仍在通航,宁波成为内地各省物资的运转口岸。1940年宁波港的贸易额达到20861万元,税额达到566

---

[1] 《胡锦涛在纪念抗日战争胜利60周年大会上的讲话》,2005年9月3日。
[2] 中共宁波市委党史研究室:《中共宁波党史》第一卷,中共党史出版社2001年版,第274页。

万元,分别比1936年增长6倍和3倍。[1]沦陷后,坚持抗战的新四军浙东游击纵队和宁波国民地方政府不仅吸引了日军的有生力量不能投作他用,并因宁波靠近日军在中国统治的重心上海,曾被美军作为重要的登陆地点来考虑,迫使日军部署重兵把守,从而减轻了其他战场的压力,而先后两次营救了19名美军飞行员(其中3人在救起后又被敌人掳去)的壮举,为世界反法西斯战争贡献了自己的力量。

宁波抗日战争的胜利,发展壮大了民主进步力量。毛泽东指出:"这个战争促进中国人民的觉悟和团结的程度,是近百年来中国人民的一切伟大的斗争没有一次比得上的。"[2]在宁波沦陷前,面对日本帝国主义的侵略,宁波国民地方政府采取了一些积极进步的措施为抗日救亡运动的开展提供了一定空间,而广大民众在共产党员和爱国人士的组织领导下,积极投身其中,使以爱国主义为核心的民主思潮成为社会的主流。宁波沦陷后,中国共产党及其领导下的抗日武装成为宁波抗战的中流砥柱,进一步发展壮大了进步力量。中国共产党人以强烈的爱国主义精神、不怕流血牺牲的先锋模范作用,支撑起宁波救亡图存的希望,成为夺取抗日战争胜利的民族先锋。在抗日武装斗争中,浙东游击纵队由小到大,从弱变强,部队指战员和党政干部发展到1万余人。浙东根据地也发展成为全国19个解放区之一,其所实施的政治、经济和文化政策受到了群众的热烈欢迎。这些都为宁波地区日后迎接新中国的诞生,奠定了思想、政治和群众基础。

---

[1] 郑绍昌:《宁波港史》,人民交通出版社1989年版,第348页。
[2] 《毛泽东选集》第三卷,人民出版社1991年版,第1032页。

第十四章

抗战胜利后的宁波

一、新四军北撤

向北发展，争取东北，是中共七大提出的方针。抗战胜利后，国民党政府和苏联政府签订了《中苏友好同盟条约》。条约及附件虽然规定东北主权将交国民党政府接管，但苏军允许中共部队以"东北人民自治军"名义在东北开展活动，为中共争取东北提供了难得的契机。为避免南方解放区可能被优势敌人各个击破的危险，并阻止国民党部队北进，以保障部队向北发展，中共中央在坚持"向北发展，争取东北"的同时，决定"向南防御"，主动撤出南方一些敌人势在必争、我难于巩固的解放区，将包括浙江在内的南方8个解放区的部队撤至陇海路以北及苏北、皖北解放区。据此，毛泽东于9月15日晚，电示苏南、浙东、皖南"三地区部队须立即开始注意控制北上通路，保障北上安全，并准备将来适当时机渡江北上"[1]。9月19日，中共中央将华中局关于江南主力北调的建议电告毛泽东，并提出"浙东、皖南部队及党政应全部转移（只保留秘密工作者），留一部坚持有被消灭危险。"[2]毛泽东同意这个方案，并以此作为让步条件在重庆谈判中向国民党方面提

---

[1] 中共浙江省委党史研究室等编：《浙西抗日根据地》，浙江人民出版社1992年版，第226页。
[2] 中共浙江省委党史研究室等编：《浙西抗日根据地》，浙江人民出版社1992年版，第228页。

出。20日,华中局转发中央当日电令,"浙东、苏南、皖中、皖南部队北撤,越快越好","浙东部队及地方党政立即全部撤退,只留秘密工作者及少数秘密武装"。[1]

22日,新四军军部和华中局又致电谭启龙、何克希,就浙东部队和地方党的撤退步骤提出6点指示[2],并限7天内做好一切准备。在接到命令后,浙东区党委主要领导于当日在上虞丰惠镇召开会议,研究确定北撤的部署、路线及领导人分工等事宜,并就北撤工作做出如下决定:一、决定张翼翔、刘亨云率五支队和侦察队到三北地区会合海防大队,封锁钱塘江,集中所有能够集中的船只,确保北撤用船。同时电请苏中方面速派船南下支援。二、决定公开建立"新四军浙东纵队留守处",由朱洪山、黄明担任正副主任,设法与中共驻南京办事处保持联系。利用公开合法身份保护不能随军撤走的兵工厂、后方医院、印刷厂等后勤机关人员和伤病员安全。三、决定以纵队司令员何克希的名义写信给宁波的国民党专员俞济民和天台的"绥靖指挥部"指挥陈沛,说明我军坚决执行党中央和平民主方针,以大局为重撤离浙江,要求对方保证我方留守人员的安全。四、因金萧支队远离三北,故命令金萧支队除留精干力量就地隐蔽坚持外,兼程到上虞集中。五、决定将"抗币"限期收回。以布告的形式通知持币者,立即到指定地点,用"抗币"换回粮食和现金,每元换大米一斤,以避免根据地人民的损失。六、估计到部队撤退后,国民党要在根据地内搞白色恐怖,为减少损失,根据华中局的指示决定,若

---

[1]《中央关于撤退江南部队向北进军问题给华中局的指示》,《浙东抗战与敌后抗日根据地史料丛书》第七卷,中共党史出版社2001年版,第46页。

[2] 6点指示:一是在党内外作深入动员解释,对外宣传在出发后进行,以免增加行动困难;二是注意保密,随时备战;三是留下部分熟悉地形、民情、与群众有密切关系的干部,领导坚持原地斗争,并组织新四军后方留守处;四是撤退前布置秘密工作,对于一切不能立足者,均应撤退或隐蔽,对多余物资和粮款,应尽量救济困难抗属和群众;五是部分无法隐蔽或转移的干部、群众,应依靠群众,依靠山地,组织短小精悍的秘密游击队,准备游击基地;六是党的组织以绝对保密、精悍为原则。《浙东抗战与敌后抗日根据地史料丛书》第七卷,中共党史出版社2001年版,第48页。

国民党采取镇压政策,各地下党组织可以秘密通知一些党员同参加帮助新四军工作的群众团体成员一起,向国民党机关"自首"登记,以保存力量。七、决定由区党委宣传部长顾德欢起草一个告别浙东人民的文告[1],在《新浙东报》上刊登。八、决定留下部分人员和短小精干武装在浙东坚持隐蔽斗争,并把党委制改为特派员制。由刘清扬、邢子陶(不久后北撤)、朱之光等负责四明地区,马青负责金萧地区,王起负责三东(镇海、奉化、鄞县三县东部)地区。要求他们坚持党的旗帜,隐蔽精干,积蓄力量,等待时机。[2]

9月23日,区党委又召开扩大会议,谭启龙在会上传达中共中央和华中局关于北撤的命令及区党委关于北撤的部署,要求与会人员行动起来,保证安全完成北撤任务。会议结束后,浙东区党委和纵队领导分头落实会议决定,并赴各地传达贯彻会议精神。为了防止国民党趁新四军北撤之机进行偷袭,浙东区党委和纵队部决定以江苏青浦(今属上海)为中途集结点,然后渡过长江进入苏北。

9月28日,进至余姚的国民党第98军一部配合浙保及伪军突然袭击驻周巷的浙东游击纵队第五支队,试图封闭渡海通道,以待援军赶到将浙东新四军部分主力围歼于杭州湾南岸。经五支队奋力反击,重创并击溃了敌军。周巷战斗的胜利,不仅粉碎了敌人企图在杭州湾南岸消灭新四军部分主力的阴谋,也保卫了三北地区北撤的安全,为整个部队的北撤赢得了时间。

从9月30日起,集结在东起慈北观海卫、西至姚北临山卫的新四军浙东游击纵队和党政机关及地方工作人员,开始分批渡海北撤。在三北沿海民众的全力支持下,在沿海各渡口共集结了300多条大小船只。浙东纵队和党政干部的北撤大致分为三路。9月30日,谭启龙、顾德欢等带领区党委

---

[1] 顾德欢起草的《忍痛告别浙东父老兄弟姐妹书》,字字句句,情真意切,感人肺腑,催人泪下,充分表达了中共及其领导下的军队与浙东人民的深厚感情。
[2] 谭启龙:《谭启龙回忆录》,中共党史出版社2003年版,第213—215页。

机关人员、教导大队、警卫大队从观海卫附近的高背浦下船起航,在北岸奉贤登陆,然后渡黄浦江至青浦,此为第一路。第二路由何克希率领。先由纵队副司令张俊升率第2旅于10月1日在临山大墩丘上船,次日拂晓至海宁黄湾登陆。3日,2旅政委王仲良率余上大队也在黄湾登陆,与2旅主力会合。由于国民党军正向黄湾逼近,部队遂向东转移到海盐的澉浦,并致电要何克希也改到澉浦登陆。但2旅在澉浦又遭到国民党军队围攻,激战到傍晚始突围到嘉兴新篁。4日下午,何克希率五支队和后勤机关等从临山北渡澉浦。5日拂晓登陆后即遭98军的进攻,经殊死决战,方始突围,并与2旅在新篁会合。后2旅改道,直接去苏北海安集结,何克希则率所部于12日到达青浦观音堂。第三路由张翼翔、张文碧、刘亨云、杨思一等率领三支队、四支队、金萧支队北渡。10月1日,张翼翔率四支队在庵东相公殿一带起航,途中因

新四军浙东纵队北撤示意图

遭台风，支队长程业棠等被风刮回相公殿。金萧支队于10月6日才赶到临山登船，次日在浦东靠近奉贤的海岸登陆，并与先期到达的张翼翔等会合。10月7日，慈溪县县长谢仁安、镇海县长戚铭渠在完成有关善后事宜后，率两县党政干部和三北特务营一部，最后一批从高背浦启航北渡，途中因遇到台风，直至11日后才陆续驶达浦东。

11月3日，浙东游击纵队和浙东区党委、浙东行署等党政干部15000余人，经过将近1个月的长途跋涉，终于胜利到达苏中根据地东台，完成了战略转移的任务。11月12日，部队继续北上到达江苏涟水，在那里进行了整编。新四军浙东游击纵队第2旅改编为新四军独立第1旅，海防大队改编为华中海防纵队第二大队，纵队主力改编为新四军第一纵队第3旅，下辖第7、第8、第9等3个团。

新四军浙东游击纵队北撤，是贯彻中共中央"向北发展，向南防御"战略方针的重要举措。北撤的胜利，不仅粉碎了国民党妄图消灭纵队主力的阴谋，也为即将开始的解放战争提供了一支有力的生力军。

留下坚持原地斗争的人员，保留了党的旗帜，在受住了严峻的斗争考验后，不断发展壮大，为迎接解放军东进、解放宁波做出了重要贡献。

二、严惩汉奸，审判战犯

抗日战争时期，日本侵略者实施"以华制华""分而治之"的侵华战争政策，利用丧失民族气节的汉奸维护其对占领区的统治。1941年4月宁波沦陷后，不愿做奴隶的宁波人在中国共产党和国民地方政府的领导下，继续浴血奋战，抗击日本侵略者，然而，也有一批卖国求荣、认贼作父的宁波人，成为汉奸。这批汉奸要么直接投靠日军，成为日军的鹰犬，如宁波日军宪兵队的刘斌、蔡邦、程明和林元等"四大金刚"；要么参加日伪政权，如余姚县长劳乃心。他们以日军为靠山,充当了日本法西斯侵华的工具和帮凶,为虎作伥,干尽了丧尽天良的坏事。抗战胜利后,举国上下强烈要求严惩觍颜事敌、为虎作伥的汉奸,清算他们的罪行,伸张民族正气。

浙东行政公署和新四军浙东纵队政治部顺应民心,于1945年8月19日,首先发布了《调查惩治汉奸办法》,提出成立调查叛国罪犯委员会,采取一切可能与有效的办法,加紧调查汉奸的罪状,设立人民法庭,接受人民控诉,提出对汉奸绳之以法的主张。宁波国民地方政府虽然从1945年8月下旬起开始陆续逮捕政治、军警、文化、经济等各类汉奸,如奉化县伪县长杨梵清、日本宁波宪兵队大特务章光耀等,但国民政府为排斥中共对东南沦陷区的接收,利用了较大数量的汉奸和伪军帮助接收,并对他们进行庇护,甚至委以重任。如原日本宪兵队密探科密探孙桂芳、思想科特高李明耀等暗通关节,得到作为接收先遣队的鄞县城区区署肃奸队的谅解,答应暂不追究汉奸身份。于是,孙桂芳等在宁波状元楼大摆酒席,邀请区署和肃奸队负责人洪一飞等数十人赴宴,连日本宪兵队特高科负责人岩永林夫妇也应邀参加。经过觥筹交错,互相化敌为友。[1] 罪大恶极、被沦陷区民众称为"活阎王"和"小阎王"的伪10师37团团长张侠魂与该团1营营长许泽楣也摇身一变,分别混入国民政府军当了军官。该做法引发民众强烈不满和抗议。当时司法行政部向政府反映:舆论声言,民族统一危在旦夕。批评者质问道,若此等人不受一定追究,再遇民族危亡之际,人们何以保持忠贞?[2]

随着汉奸利用价值基本消失,国民政府终于将调查审判汉奸提上议事日程。11月23日,国民政府公布《处理汉奸案件条例》,具体规定如下10条划定汉奸的标准:1.曾任伪组织简任职以上公务员,或荐任职之机关首长者;

---

[1] 应瞻光供稿、林雨整理:《杀人魔窟——日本宁波宪兵队》,政协宁波市暨各县(市、区)文史资料委员会、宁波市档案馆编:《宁波文史资料》第十二辑,1992年7月印行,第140页。
[2] 转引自郑建锋:《战后国民政府在浙江检举汉奸工作略论》,《江苏科技大学学报(社会科学版)》,2009年第3期,第16页。

2.曾任伪组织特任工作者；3.曾任前两款以外之伪组织文武职公务员，凭借敌伪势力侵害他人、经告诉或告发者；4.曾在敌人之军事、政治、特务或其他机关工作者；5.曾任伪组织所属专科以上学校之校长或重要职务者；6.曾任伪组织所属金融或实业机关首长或重要职务者；7.曾任伪组织管辖范围内之报馆、通讯社、书局、出版社社长、编辑、主笔或经理，为敌宣传者；8.曾在伪组织管辖范围内，主持电影、制片厂、广播台、文化团体，为敌宣传者；9.曾在伪党部、新民会、协和会、伪参议会及类似机关，参与重要工作者；10.敌伪管辖范围内之文化、金融、实业、自由职业、自治或社会团体人员，凭借敌伪势力，侵害他人，经告诉或告发者。[1]次年3月13日，国民政府又修正公布《惩治汉奸条例》，对汉奸的量刑评判标准进行了详细的规定。《处理汉奸案件条例》和《惩治汉奸条例》的先后颁布，使审判汉奸有了法律依据。

9月中旬回城后，鄞县县政府和县党部成立由4人组成的肃奸委员会，各县参议会也通过了有关惩治汉奸的决议案。经过5个月的肃奸活动，鄞县肃奸委员会在报上分3批公布300多名多已遁散的汉奸名单。从1946年3月起，开始对被逮捕关押的汉奸进行审判，如3月13日判处伪宁波保安队长、汉奸赵虎臣死刑。

对于外逃的汉奸，宁波地方当局采取各种奖励措施，发动民众进行检举、控诉，大批抗战期间作威作福的投敌者在群众的检举下逐渐浮出水面，受到应有的罪责惩罚。1946年，伪10师37团团长张侠魂在上海被捕后解押回宁波受审。1947年3月，张侠魂和其妾甘桂凤及爪牙戴月波、周光华等买通看守，商定里应外合，武装劫狱，后因内情泄露而未遂。6月5日，宁波法院判处甘桂凤等3人有期徒刑9个月，甘桂凤因有孕而被交保假释，张

---

[1] 转引自郑建锋：《战后国民政府在浙江检举汉奸工作略论》，《江苏科技大学学报（社会科学版）》，2009年第3期，第16页。

侠魂被以越狱罪判三年徒刑,被解送杭州。[1]但是,也有些罪犯逃脱了法网。敌伪宁波特务组织中号称"二十六兄弟"老大、老二的章光耀、顾瑞大和孙桂芳、蔡光许、俞剑华等一度逃脱法网,直至1949年宁波解放后才被公审惩处。余姚县长劳乃心,当时有首民谣对其犯下的罪行进行了有力控诉:"天上有颗扫帚星,地上有个劳乃心。只想扫荡捉壮丁,害死多少老百姓。"[2]由于自知罪孽深重,他在日军投降后偷偷逃往台湾,逃脱了人民的审判。

严惩汉奸的活动,对民族正气的弘扬、民族觉悟意识的提高、民族自信心的增强都起到了积极作用。

1945年8月日本战败投降后,根据同盟国的商定,中国国民政府成立"战争罪犯处理委员会",拟定《战争罪犯审判办法》等文件,在北平、沈阳、南京、广州、济南、汉口、太原、上海、徐州、台北10个城市和香港设立专门审判战犯的军事法庭,对日本战犯进行逮捕、拘押和引渡,并进行审判。其中,涉及宁波地区的日本战犯有两名,一是芝原平三郎,二是大场金次。

1945年8月抗战胜利后,芝原平三郎的亲信蔡晓东在苏州被捕获(蔡被高等法院判处徒刑七年),供出芝原平三郎在上海的藏匿点(上海邢家宅路18号),芝原平三郎遂被国民党第一绥靖区司令部(司令长官李默庵)捉拿归案。1946年11月1日,在上海北四川路的该部军事法庭公审,宁波方面派鄞县抗战蒙难同志会主持人李子瑜与曾良秉、吴小毛妻等三被害人赴沪出庭作证。杭州、宁波等地证人列举了芝原平三郎犯下的种种罪行,控诉他残杀中国人民、迫害抗日志士、奸污妇女(就此一端竟达百数受害人)等案。

当时审判芝原平三郎时,1946年11月12日的宁波《时事公报》曾刊载"对战犯芝原平三郎,被害人应速指证,如无证据,两月后仍有被释放的可

---

[1] 宗耀:《"活阎王"张侠魂》,政协宁波市暨各县(市、区)文史资料委员会、宁波市档案馆编:《宁波文史资料》第十二辑,1992年7月印行,第144—145页。
[2] 杨光:《铁杆汉奸劳乃心》,政协宁波市暨各县(市、区)文史资料委员会、宁波市档案馆编:《宁波文史资料》第十二辑,1992年7月印行,第171页。

1947年7月19日,国防部上海审判战犯军事法庭宣判芝原平三郎死刑,同年11月19日执行。图为芝原平三郎在上海军事法庭被处决前签字

能"的报道,激起了宁波民众的愤恨。不过,最后芝原平三郎仍然没有逃脱死亡的命运。至1947年7月19日,国民党国防部上海审判战犯军事法庭宣判芝原平三郎死刑。同年11月19日,由该法庭宣布对芝原平三郎执行死刑。这个至死不悟、机关算尽的"花花太岁"(芝原平三郎的别号),终于结束了他可耻的生命。

大场金次,是日军在宁波沦陷时期最后一任宪兵队长。宁波警察局侦缉队队长李子瑜,为检举宁波方面敌宪罪犯,以宁波抗战蒙难同志会常务理事名义,于1946年11月1日启程赴上海,于6日下午到国防部战犯管理处指认战犯,除岩本林、木场胜雄等在1945年抗战胜利后化装潜逃外,在战犯收容所仅有宪兵队长大场金次一人。经指认初步审问后,移送上海第一绥靖司令部军事法庭扣押。查该战犯1944年秋季接任宁波宪兵队长以来,性情残暴,率部流窜乡间。仅1945年为例:3月27日,火烧鄞东乡高塘头董玉房,枪杀工人朱小毛;4月4日,又窜至鄞县南乡陈家,烧毁大批民房,枪杀宁警总队驻庄桥区署的警备队长林之超、队士2人及农民林夏春,并用火焚毁尸体;5月7日,将慈溪县政府勤工郑明头、郑明初、张甫林、王兆法等4人砍头后抛尸甬江;5月8日,又枪杀庄桥区署工作人员7人;7月13日,枪杀鄞东植本小学教导主任殷惠伦和鄞东区署勤工邱宝昌等。在火烧董玉房时,被捕的尚有城区区署等工作人员和警员12人,大场命日兵就地处死,后由密探李明耀献计,押回宁波严加审讯以追查游击队线索,总算留命。临走时用烧夷弹引爆,将董玉房23间楼屋、14间平屋焚烧,霎时火光冲天,哀号遍地,22户无辜的住户因此倾家荡产,流离失所。[1] 经国防部核准,于1948年6月24日在上海被枪决。

1948年6月25日宁波《时事公报》的报道

面对全国人民要求严惩日本战犯的呼声,国民政府搜查、逮捕,以及引渡日本战犯,并公开审判和惩处一批罪大恶极的日本战犯,在一定程度上为遭受日本侵略者虐杀的死难同胞找回了公道,洗刷了近代中国人民的百年耻辱。

三、日军侵略给宁波造成的后果及影响

二十世纪三四十年代日本发动侵华战争,使中华民族遭受了重大的人

---

[1] 应瞻光供稿、林雨整理:《杀人魔窟——日本宁波宪兵队》,政协宁波市暨各县(市、区)文史资料委员会、宁波市档案馆编:《宁波文史资料》第十二辑,1992年7月印行,第135页。

口伤亡和财产损失。为了清算日本侵华战争的罪行,以待战争结束后向日本索赔,1938年10月28日至11月6日,在重庆召开的第一届国民参政会第二次大会上,黄炎培等提出议案,要求中央政府从速设立抗战公私损失调查委员会,开展战时公私财产损失调查。1939年7月1日,国民政府行政院颁布《抗战损失查报须知暨表式》,通令各部会及省市按规定及时查报抗战损失。但是,在战争环境下,特别是国土大片沦陷后,开展人口伤亡和公私财产的调查,难度很大。抗日战争结束后,国民政府对抗战时期的人员伤亡和财产损失进行过一次统计,但由于条件的限制,也不够完整。2006年开始,根据中央党史研究室的统一部署,在省委党史研究室的指导下,宁波市委党史研究室开展了全面的抗日战争时期人口伤亡和财产损失调查。

根据此次调研成果汇总统计,宁波市抗战时期人口伤亡总计32606人,其中直接人口伤亡20034人,间接人口伤亡12572人。[1] 所谓直接人口伤亡,是指日军或受日军指使的伪军直接炸、杀、奸、打等造成的人口死亡和受伤人数;间接人口伤亡,是指由于战争的影响而造成的人口死亡、受伤或失踪,主要包括三大类,即被俘捕、灾民和劳工。此外,国民政府军队在宁波伤亡和伪军汉奸伤亡两部分,列为单列统计人口伤亡,不在统计范围内。宁波市抗战时期财产损失共计72147835元(折合为1937年7月法币值,下同),其中,社会财产直接损失22938610.06元,社会财产间接损失14768348.92元,居民财产损失34440876元。[2] 所谓社会财产直接损失,是指社会财产遇到敌军攻击、轰炸或掠夺直接造成的损失,分为工业、农业、交通、邮政、商业、财政、金融、文化、教育、公共事业和其他十一大类。社会财产间接损失是指:(1)社会因抗战增加的费用,如迁移费、防空设备费、疏散费、救济费、抚恤费

---

[1] 浙江省宁波市委党史研究室:《宁波市抗日战争时期人口伤亡和财产损失》(上),中共党史出版社2015年版,第39页。

[2] 浙江省宁波市委党史研究室:《宁波市抗日战争时期人口伤亡和财产损失》(上),中共党史出版社2015年版,第39页。

等;(2)各种营业可获利润额的减少及其费用的增加;(3)伤亡人员的医药、埋葬等费用,分为工业、农业、交通、邮政、商业、财政、金融、文化、教育、公共事业、人力资源和其他十二大类。居民财产损失是指抗战时期因日军的侵略而导致的平民的财产损失,分为土地、房屋、树木、禽、畜、粮食、衣服、首饰、生产工具、生活用品和其他十一大类。

日军的侵略不仅给宁波造成了惨重的人口伤亡和财产损失,还给宁波的发展带来了深远的影响。

1. 人口增长停滞。日军侵略不仅给宁波造成大量的人口伤亡,也给宁波的人口变化带来了潜在的影响。从《宁波市抗战时期人口变化图》中可以看出:1938年宁波市人口有3076144人,到1945年人口不增反降,只有3017948人,宁波市抗战时期的人口增长处于停滞状态。[1]

图表1:宁波市抗战时期人口变化图

单位:千人

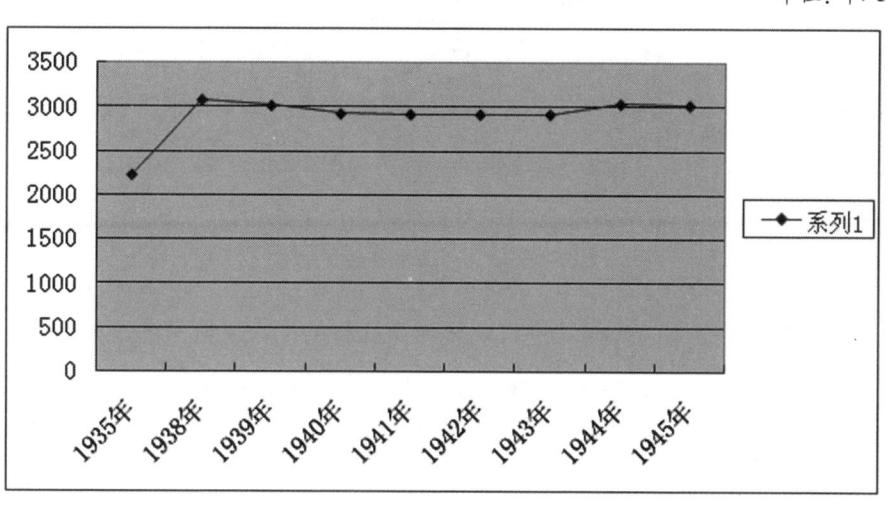

资料来源:根据浙江图书馆藏《浙江省各县历代户口统计表(民国)》(编号0040)整理而成。

---

[1] 浙江省宁波市委党史研究室:《宁波市抗日战争时期人口伤亡和财产损失》(上),中共党史出版社2015年版,第40页。

造成抗战时期宁波市人口增长停滞的原因是日军的侵略。它不仅体现在人口伤亡上,还体现在人口自然增长率的下降上。沦陷前日机的狂轰滥炸导致宁波出现巨大的人口伤亡。沦陷后,日军的烧杀奸淫和残酷统治,不仅导致了人员的直接伤亡,由于缺衣少食,间接伤亡的人数也大为增加。1941年,日伪政权为了稳定统治,以(伪)鄞县乡镇联合会名义发起鄞、镇、慈、姚、奉五县联合评议米价委员会,限定稻谷、大米价格,进而又发展到每7至10日评议一次日用品价格。日伪当局派警察监察市场,推行"公定最高限价",对柴、米、油、盐、糖、烟、布、纸等87种物价实行强制限价。1943年实行战时经济政策与物资统配,规定凡储备有棉花、化工药品、皮革、五金等18种物资者,一律登记,实行军事管制。1942年日伪政权强制改法币为储备币后,物价大幅度上升,至1945年8月,一般物价上涨1000—2000倍,大米上涨6363倍,每石达到70万元。[1]

日军的残暴统治使民众生活困窘,流离失所,必然导致人口自然增长率的下降。据行政院善后救济总署浙闽分署对浙江省各县农村因战争导致的难民人数的统计,宁波市的难民总数为360254人。其中,鄞县118842人,余姚70376人,奉化62120人,慈溪44486人,镇海25251人,象山21772人,宁海17407人。[2]整个浙江省的难民总数共有2268557人,宁波市的难民数占浙江省的15.9%。

2.阻滞了宁波的现代化进程。作为浙江省的三大工业中心之一,宁波市的近现代工业已经有了一定的基础。但日军的侵略使宁波的工业遭受了毁灭性的打击。据统计,抗战时期宁波市的工业损失达8900807元。

在宁波沦陷后,宁波一些较大的工厂,有的关闭,有的缩小经营范围。

---

[1]《鄞县志》,中华书局1996年版,第889页。
[2] 因《浙江省善后救济资料调查报告》中缺鄞县的数据,所以这里采用的是行政院善后救济署浙闽分署统计的数据。见:袁成毅《浙江抗战损失初步研究》,陕西人民出版社2003年版,第161页。

当时，和丰纱厂因厂房失火被焚已停止生产；恒丰布厂老板逗留上海租界，宁波总厂处于半停工状态；诚生布厂遭兵匪劫掠，资方代理人姚玉凤忧郁成疾而亡，工厂随之倒闭；开设在东钱湖边的大昌布厂，老板们担心日军骚扰，无意经营，仅留下少数几名职工护厂，其余全部遣散；正大火柴厂也一度停止生产，工人遣散，职员逃往三北避难；太丰面粉厂和通利源榨油厂的情况也是如此，经营范围大大缩小，开工率不到三分之一。四明电话公司的用户，从2273户锐减至1100户。永耀电力公司虽未遭日军接管，但因日伪横行，偷电漏电严重，亏蚀累累。整个宁波的工业生产，一片萧条景象。

作为浙东的商贸中心，抗战时期宁波市商业造成的实物损失虽然只有467578.22元，但日军的侵略对宁波商业的破坏是很难用数据来衡量的。宁波沦陷后，宁波工商界中的一些头面人物也纷纷避走。内地客商见宁波沦陷，裹足不至；四乡客户，除万不得已，绝不敢冒险到宁波办货。因此宁波市场萧条，交通阻隔，运输萎缩，码头冷落。茶坊、酒楼、妓院，虽有日伪汉奸进进出出，但生意难做，大不如昔。另一方面，日军进城后，日伪、汉奸、宪兵横行霸道，到处敲诈勒索，各商店为了免招灾祸，纷纷自寻门路，找靠山，拜老头子。敌伪宪兵队中的刘北魁、程明、高镛等，成了当时宁波的红人。日军还在宁波城内交通要道和四郊，处处设立岗哨关卡，抄查验检，所以四乡民众更不敢上城，生意更加清淡。

同时，日伪严格控制物资，商品进口须经日寇特务机关批准。因此，从上海运入宁波的工业品数量大大减少，物资供应紧张。尤其是日军实行纱布"收购"，宁波棉布业储存在上海栈房中的巨量棉布，遭日军突击检查，来不及转移，全被掠夺，损失惨重，使宁波棉布业元气大伤。南北货业因食糖来源减少，营业困难。渔行业因汉奸把持市场，渔船进口又受重重勒索，外销不通，营业衰退。钱庄业因国家银行内迁，存款被冻结，除了几家专做沪甬汇兑生意外，都停业观望。其他如国药业、粮食业、木行业等，莫不如此。

作为经济现代化的基础行业，抗战时期宁波市的交通运输业损失惨重，达9095146.11元。战前宁波市水陆交通发达，但为了抵御日军的侵略，按照浙江省政府的命令，各县对宁波连接外界的唯一的一条铁路萧甬铁路和宁波的主要公路干线进行了破坏。经过镇海口三次沉船活动，宁波大的船只消耗殆尽。在日军统治下的宁波港，航业活动几乎停顿。沪甬线上行驶的只有几条日军控制的船，一般商客赴沪进行贸易活动（多数是做些小生意的，称之为"单帮"商客）十分困难，进出手续烦琐。抗战胜利时，整个港口找不到一座完整的码头和仓库，呈现一派破败残落的景象。甬江上也找不到一条像样的船。劫后余生的招商局几乎是一无所有。抗战时期被拆除路轨的萧甬铁路直到二十世纪五十年代才恢复通车。

3. 生态环境遭到严重破坏。1940年日军对宁波实施的细菌战，不仅给宁波造成了惨重的人员伤亡，而且使昔日繁华的闹市区变成了鼠疫场。为了防止疫情的扩大，1940年11月30日晚上，鄞县政府焚毁了开明街疫区全部房屋，疫区内建筑物尽付一炬，留下一片瓦砾废墟，直到二十世纪五十年代才恢复生机。

日军占领宁波后为了修筑军事设施，砍伐了大量的树木，给生态环境造成了严重的破坏。从现有的调查情况来看，抗战时期宁波被毁林木1114亩，树木290730株，木材9625000斤，木材225295.6方，毛竹281447株，1076500斤，柴爿1200000斤。为了在占领的中国大陆继续顽抗，1944年8月起日军在江北区庄桥强行建造飞机场，占地7897亩，毁坏农田4000多亩。[1] 氟石作为当时的战略资源，是重要的化学原料和冶金催化剂，也成为日军掠夺的重点对象。在长达4年多的掠夺性开采中，不仅造成了大量的劳工伤亡，也给象山的氟矿资源和当地环境造成毁灭性破坏。

---

[1] 浙江省宁波市委党史研究室：《宁波市抗日战争时期人口伤亡和财产损失》（上），中共党史出版社2015年版，第43页。

4. 文化教育事业遭到重创。作为浙东文化的发源地,宁波的文化历史悠久,有许多名胜古迹。但日军的侵略使宁波的文化事业损失惨重。抗战时期宁波市的文化类财产损失虽然只有462004.35元,但很多损失是难以用金钱来估量的,如1939年6月被日机炸毁的江北慈城永明寺。作为历史文物,一旦毁掉,就永远消失了。类似的事例还有很多。

作为宁波最大的公立图书馆,鄞县县立图书馆在抗战之初为了躲避战乱,将馆藏珍籍385种移至姜山镇中心小学,1941年日军侵占鄞县后,县立图书馆撤至宁海前童,余书及设备被抢掠大半,损失惨重。除古籍收藏古物陈列所外,平装新书"散失残毁十丧三四,博识之士,几不屑一顾"[1]。

战前,宁波虽然没有高等教育,但宁波素来有捐资助学的传统,因此宁波的中小学教育非常发达。以创建于1912年的效实中学为例,由于教学质量高,早在1917年上海复旦大学、圣约翰大学等就与学校签订了永久性协议,凡效实中学毕业生,全部可以免试入学。1933年和1934年,浙江省举行毕业生会考,效实中学的高初中毕业生连续两届名列全省第一。但日军的入侵使宁波的教育事业遭到重创。抗战时期宁波市教育类财产损失达948694.36元。效实中学也在宁波沦陷期间停办,图书仪器横遭破坏,直至抗战胜利后才得以复校。

抗战爆发后,大量学校为躲避战乱实施迁移。宁波中学迁至胡家坟,效实中学迁至高桥,正始中学迁横溪,县立女中迁凤岙,城区其余中学多各迁农村或外县。1941年县城沦陷后,县立女中、县立乡村简易师范、县立商业职校成立联合中学,迁校至宁海、天台、新昌等地,迁移的学校直至抗战胜利才相继回迁。

宁波沦陷后,日伪政权加紧恢复、新建中小学校和师范院校,以鄞县为

---

[1] 郑芳华:《宁波公共图书馆事业的今昔》,政协宁波市文史资料委员会编:《宁波文史资料》第二辑,1984年10月印行,第99页。

例,日伪在占领区新设立8所中等学校,同时在城区恢复和新设9所镇中心国民学校、61所保国民学校和私立小学。但它的目的不是为了发展宁波的教育事业,而是为了泯灭中国民众的反抗意识,巩固其在沦陷区的统治。日伪奴化教育的目标是:"促进中日亲善,使儿童切实认识中日系同文同种之邦,用历史上字体上及读音等以证明之。采集日本名人史略、名胜古迹、风俗习惯及种种优良之点,介绍与学生,并撰拟中日友善之故事,随时向学生讲述,使学生深印脑中,以引起其对日之同情。"[1]其结果是对宁波文化教育事业的更大摧残。

---

[1] 《日军侵略浙江实录》,中共党史出版社1995年版,第680页。

附录

宁波市抗日战争时期人口伤亡和财产损失调研报告

浙江省宁波市委党史研究室

二十世纪三四十年代日本发动侵华战争,使中华民族遭受了重大的人口伤亡和财产损失。抗日战争结束后,中国对日本帝国主义侵略所造成的中国人口伤亡和财产损失未进行系统的研究。为获得详尽全面的抗日战争时期人口伤亡和财产损失的数据,由中央党史研究室牵头在全国范围内开展抗日战争时期中国人口伤亡和财产损失课题(以下简称抗战损失课题)研究。宁波市抗战损失课题调研是该课题的组成部分,也是一个全面反映宁波市抗日战争时期人口伤亡和财产损失情况的完整课题,这个课题具体由宁波市委党史研究室负责,从2006年4月开始,到2008年7月基本结束。课题调研整理形成了174卷宗资料,完成了宁波各地抗日战争时期人口伤亡和财产损失调研报告。

一、调研工作概述

(一)调研目的

抗日战争结束后,国民政府对抗日战争时期的人员伤亡和财产损失进行过一次统计,但由于条件的限制,还不够完整。如原镇海县政府只对甬江以北的城区和甬江以南的农村进行了调查统计,甬江以北的农村不在统计之列。鄞县县政府的调查也局限于部分农村和城区,而且保存下来的材料也不全。同时,国民政府调查统计的数据能真正完整保存下来的地方很少,如慈溪、余姚、宁海等找不到原国民政府的汇总统计数据。即使保存下来,统计数据也比较笼统,如鄞县县政府战后统计的数据表明,抗日战争时期鄞县死亡17500人,但这个数据所反映的死亡人数是全部因日军侵略而死,还是包括了自然死亡的人数,就不得而知了。中华人民共和国成立后,也有学者进行这方面的研究,但由于条件的限制,也只是对能找到的现有材料进行整理。如杭州师范大学袁成毅教授根据地方志材料统计出宁波抗日战争时期平民的伤亡人数为24849人。[1]

针对上述情况,本着对历史负责的态度,宁波市委党史研究室组织人员在全市范围内全面开展社会调查和广泛收集档案文献资料,并加以分析研究,以获得尽可能准确的抗日战争时期人口伤亡和财产损失的数据。

(二)调研组织

根据中央、省委党史研究室关于开展抗战损失课题调研的通知精神,宁波市委党史研究室制订了调研工作方案。由市委党史研究室牵头,成立由市委党史研究室副主任韩小寅任组长的宁波市抗战损失课题调研领导小组,成员单位包括市档案局、市新四军历史研究会等,市委党史研究室业务一处参与全市调研工作的组织协调并负责业务指导和课题研究。

各县(市)区也相继成立抗战损失课题领导小组,调研工作具体由各地党史部门负责组织和实施,各级基层组织给予大力配合。据统计,全市各级参加调研人员共计1000多人。[2]

(三)调研方法

---

[1] 袁成毅:《浙江抗战损失初步研究》,陕西人民出版社2003年版,第245—251页。
[2] 包括专职人员和社会调查人员。

为保证调研课题的科学性和全面性,主要采取了以下方法:

1. 查阅档案文献

查阅档案文献资料是获取宁波市抗日战争时期人口伤亡和财产损失数据的最重要途径。宁波市委党史研究室除了组织各县(市)区党史部门集中到宁波市档案馆、浙江省档案馆、浙江图书馆、中国第二历史档案馆进行查档,还派人专门到台湾"国史馆"、国民党党史馆进行查档,获得了大批珍贵的档案资料。各地党史部门根据市委党史研究室的统一部署,查阅了本地、邻近及相关地区档案馆、图书馆有关抗日战争时期的档案文献资料。根据调研的目的,调研人员设计了人口伤亡、社会财产损失、居民财产损失等资料整理表,对查阅的资料逐一进行分类登记,然后以事件发生时间为序进行整理。

2. 开展社会调查

开展社会调查是获取宁波市抗日战争时期人口伤亡和财产损失数据的又一重要方式。社会调查获得的口述资料不仅是对档案文献资料的补充,对于档案文献资料缺少的县(市)区,更是统计数据的主要来源。社会调查是针对"三亲"[1]老人进行的,通过记录他们的证言证词来获取珍贵的口述资料。各县(市)区发动乡镇街道组织调查队伍,并从目的、意义、步骤及方法等方面对社会调查人员进行培训。参与调查的人员,既有离退休老干部,也有农村老年协会成员和基层组织的工作人员。调查方法,有的地方采取先开座谈会,再根据座谈会获得的线索进行有针对性调查的办法,有的采取由调查对象逐一填表的办法。对于获得的社会调查材料,要求调查手续必须完备,要填写被调查人的住址、年龄、身份证号,调查的时间和调查人的姓名,拍摄(提供)被调查对象的照片,每份材料都要有被调查人的签字或指印,以确保材料的可信度。

---

[1] "三亲",即亲历、亲见、亲闻。

3. 进行对比分析

在抗战损失课题调研工作中,对资料的鉴别、分析广泛运用了对比分析法。由于收集的资料来源不一,同一件事可能有着不同的出处。既有档案文献资料,也有社会调查资料;既有时间点上的记载,又有时间段上的材料。因此,在资料取舍的过程中必须采取对比分析的方法对资料进行鉴别、分析,要求材料能相互印证。对同一件事,如果既有档案文献资料又有社会调查资料,就以档案文献资料为主,社会调查资料为辅;如果同一件事,既有具体材料记载,又在综合性材料中反映的,以具体材料为主,综合材料为辅;对不同时间形成的档案资料,则以距离事件发生时间最接近形成的资料为主,稍远形成的资料为辅。

(四)调研过程

宁波市的抗战损失课题调研以今宁波市辖区内的11个县(市)区为基本调研单位同时也是调研覆盖范围。整个调研工作大致经历了四个阶段。

第一阶段:从2006年4月到9月为准备发动阶段,重点是进行广泛动员。

为做好这项工作,2006年4月,市委党史研究室开始方案制订、经费预算编制,并到宁波市档案馆进行资料摸底等准备工作。5月,又到象山对20余名"三亲"人员进行调查摸底,为大规模社会调查做准备。8月,市委听取市委党史研究室的调研工作方案汇报,决定成立宁波市抗战损失课题调研领导小组,并召集各县(市)区党分管领导和有关部门负责同志进行动员部署。领导小组成立后对各县(市)区委党史研究室明确工作任务和调研目标,并提出了"定领导、定人员、定经费、定责任、定方案、定方法"的要求。

9月底,各县(市)区普遍召开各乡镇、有关部门和社会团体负责同志以及老同志参加的动员会。各乡镇和有关部门通过会议宣讲等形式进行了动员,并落实了"六定"要求,为调研工作的全面展开打下了基础。

第二阶段:从2006年9月到2007年3月为收集资料阶段,重点是组织人员广泛查阅档案文献资料,全面开展社会调查。

在各县(市)区查阅当地档案馆、图书馆有关资料的基础上,市抗战损失课题调研领导小组先后三次组织各县(市)区进行档案文献的集中查阅工作,一次是组织鄞州、海曙、江北、江东区[1]有关人员和市委党史研究室人员一起在宁波市档案馆全面查阅鄞县县政府档案;另外两次是组织各县(市)区的人员赴浙江省档案馆和浙江图书馆收集资料。据统计,全市共计查阅档案15623卷,文献资料905册,复印资料20377张。

图表1:宁波市抗战损失课题调研档案文献资料查阅情况统计表

地域	余姚	慈溪	奉化	象山	宁海	鄞州	海曙	江北	江东	镇海	北仑	市本级	合计
档案卷数	800	800	1020	1144	339	1650	1650	1650	1650	1000	820	3100	15623
文献册数	100	56	5	50	31	140	20	41	10	160	12	280	905
复印张数	533	586	264	4669	1208	2081	2683	377	198	500	750	6528	20377

资料来源:根据各县(市)区调研报告中提供的数据汇总而成。

在查阅档案文献资料的同时,全市展开大规模的社会调查工作。调查对象主要是75岁以上的老人。调查人员首先向被调查人说明这次调查的意义和目的,不能因为误以为调查有补偿而夸大受害程度和损失,也不能因为没有补偿而敷衍了事。调查中有些当事人不愿回忆当年所受的屈辱,调查人员就多次上门,动之以情、晓之以理,耐心做好思想工作。全市共计走访了123597人,约占宁波市75岁以上老人的2/3,获得口述资料31089份,拍照17908张。在剔除一些事件发生地点时间模糊或回忆不清的资料后,共获得有效的口述资料7811份。另外,镇海、象山两地调查人员在社会调查过程中还对重要证人拍摄了录像,共计1000多分钟。口述资料也同样按照整理档案文件资料的办法进行整理。

---

[1] 说明:2016年宁波市江东区撤销,调整为鄞州区行政区域;奉化市撤市设区。本书保留"江东区""奉化市"的说法,后文不再单独作注。

图表2：宁波市各县（市）区社会调查情况统计表

县别		余姚	慈溪	奉化	象山	宁海	鄞州	海曙	江北	江东	镇海	北仑	合计
走访人数		10000	11682	7875	9777	23000	38000	5763	7933	3762	3600	2205	123597
口述资料	总份数	700	696	1957	1506	2343	20000	726	926	332	50	1903	31139
	有效份数	169	651	1200	1506	363	1954	519	852	58	50	489	7811
照片数		1500	1461	60	1200	110	10000	1704	947	70	50	806	17908

资料来源：根据各县（市）区调研报告中提供的数据汇总而成。

在资料收集期间，市抗战损失课题领导小组先后两次召开由各县（市）区委党史研究（办公）室主任和业务骨干参加的座谈会。会议交流了经验，分析了存在的问题，总结和推广了好的做法。

第三阶段：从2007年3月到8月为资料的继续收集与初步整理阶段，重点是对资料进行取舍，按人口伤亡、财产损失进行资料分类，折算实物财产损失。

在整理阶段开始后，市委党史研究室先后拟制了财产损失和人员伤亡的明细表、抗战官兵伤亡明细表、伪军和汉奸伤亡明细表以及死难者名单表下发给各县（市）区。市委党史研究室广泛收集1937年7月前后宁波地区的实际物价资料，按通胀率折算到1937年7月的价格，制订出《抗战损失课题调研中的宁波地区实物折算表及说明》。这一做法得到了中央党史研究室和省委党史研究室专家的充分肯定，并向全国和全省进行了转发。

针对行政区划的变动情况，市委党史研究室还拟定了《关于宁波地区有关县（市）区在行政区划变动的情况下利用原国民政府统计的数据填写统计表、撰写调研报告的意见》，下发给各县（市）区，就如何处理相关数据提出指导性意见，有效地避免了各地数据统计中可能出现的重复和遗漏问题。

在对收集到的资料进行整理的同时，还进行了资料的补缺工作。调研人员先后于4月和7月，派人到台湾的有关档案馆和中国第二历史档案馆查阅档案，获得了一批有价值的资料。

到8月份,在各地的资料收集工作基本完成,在初步完成资料鉴别、整理工作后,市委党史研究室组织各县(市)区参加课题调研的人员就数据统计、汇总问题进行研讨,以准确把握各种统计和汇总标准。

第四阶段:从2007年9月到2008年7月为汇总阶段,重点是填报各种统计表,撰写调研报告和专题。

为了使各县(市)区做好最后阶段的汇总上报工作,市抗战损失课题领导小组采取了一系列措施,以加强对县(市)区的帮助、指导。同时领导小组制订了课题验收细则,以保证课题的质量。3月28日到6月22日,领导小组组织人员对宁波市所属11个县(市)区的抗战损失课题成果开展验收工作。在验收中,严格按照课题的标准和规范,找出存在的问题,并提出解决办法。

在开展对县(市)区验收工作的同时,领导小组一方面根据各县(市)区上报的材料进行汇总,一方面开始市本级的专题和调研报告的撰写工作。到7月底,市委党史研究室完成了全市的人口伤亡和财产损失的统计及调研报告和专题的撰写工作,省抗战损失课题成果验收小组对宁波市所形成的各类表格、整理的资料和数据进行验收、评审。省专家组验收结论认为,宁波市抗战损失课题调研工作中对调研方法的多种创新和取得的经验,给其他市县以很好的借鉴意义。所属各县(市)区工作也卓有成效。此次调研所形成的成果,内容丰富,编排规范,表述清晰,具有较高的说服力和可信度。根据省专家组的意见,调研人员又对调研成果进行了修改完善。

二、抗日战争前及战争中宁波的自然条件和社会经济状况

(一)自然条件

宁波简称"甬",位于东经120度55分至122度16分,北纬28度51分

至30度33分。地处中国大陆海岸线中段,长江三角洲南翼,是浙江省东部的东海之滨。东有舟山群岛为天然屏障,北濒杭州湾,与上海隔湾相望;西接绍兴市;南临三门湾,与台州相连。全市陆域面积9816平方公里,其中市区面积为2462平方公里。

宁波境内主要山脉有四明山和天台山两支,主要水系是甬江,水量充沛,是浙江省八大水系之一。宁波有漫长的海岸线,港湾曲折,岛屿星罗棋布。全市海域总面积为9758平方公里,岸线总长为1562公里,其中大陆岸线为788公里,岛屿岸线为774公里,占全省海岸线的三分之一。大小岛屿有531个,面积524.07平方公里。

宁波属亚热带季风气候,温和湿润,四季分明,年平均气温16.5℃,月平均气温以7月份最高,为28.1℃,1月份最低,为4.9℃。全市无霜期一般为230—240天,年平均降水量1400毫米左右,5—9月的降水量占全年的60%。

(二)行政区划变更[1]

宁波市下辖11个县(市)区。其中,鄞州区、海曙区、江东区和江北区的区域范围相当于抗日战争时期的鄞县区域范围,镇海和北仑两区的范围相当于抗日战争时期的镇海县区域范围,现在的余姚市和慈溪市所辖的范围大致相当于抗日战争时期的余姚县和慈溪县区域范围,现在的奉化市、宁海县和象山县所辖的范围与抗日战争时期的奉化县、宁海县和象山县的区域范围相当。

抗日战争前,国民政府在浙江全省设有1市(杭州)、75县,并设有行政督察区作为省政府的派出机构。1932年10月1日,宁波所属各县属第五行政督察区。1937年抗日战争初期,第五行政督察区改为第六行政督察区。

---

[1] 毛觉人、何戍君:《宁波建置沿革考》,政协宁波市文史资料委员会编:《宁波文史资料》第一辑,1983年12月印行,第1—15页。

行政督察专员公署设在鄞县。宁波沦陷后,第六行政督察专员公署及鄞县县政府先迁至鄞西大皎,后迁到尚未沦陷的宁海。宁波所属的鄞县、慈溪、余姚、镇海、象山等县以"流亡政府"的形式驻宁海坚持施政。1945年8月,日本无条件投降后,第六行政督察专员公署迁驻鄞县,统辖鄞县、慈溪、镇海、奉化、宁海、象山、定海7个县。

1941年4月日军侵占宁波后,日军宁波特务机关是日军在浙东占领区内的最高行政机构,内设政务、经济、文教、卫生、情报各科,机关长是陆军大佐泉铁翁,机关地点在宁波市区惠政巷九号。

在驻甬日本特务机关的策划下,鄞县于4月26日成立"宁波乡镇联合会"。此后,沦陷的各县也先后成立维持会。1942年7月10日,"浙东行政公署"成立,直隶伪国民政府行政院,下辖鄞县、慈溪、镇海、余姚、奉化、象山六县。原来"宁波乡镇联合会"则于7月28日改称"鄞县乡镇联合会"。1943年4月,伪浙东行政公署改称"浙江省第一区行政督察专员公署"。1944年8月,第一区改为第六区。在日本投降后,9月汪伪政权由国民政府行政督察专员公署接管。

1941年7月下旬,中共领导的抗日武装第五支队四大队在宁波慈北建立第一个办事处。办事处成为后来中共领导下的抗日民主政权的雏形。从1944年1月建立浙东敌后临时行政委员会发展到1945年1月成立浙东行政公署,中共领导下的抗日民主政权建设逐步完善。浙东行政公署下设3个办公处(专员公署),其中,余姚、镇海、慈溪3个县政府属于三北分区特派员办公处;鄞县县政府和嵊(县)新(昌)奉(化)办事处属于四明分区行政专员公署。

(三)日军侵略宁波的基本情况

宁波与上海仅一水之隔。1937年"八一三"淞沪会战开始的第二天,日军飞机就入侵宁波领空进行侦察。8月24日,日机向栎社机场投下2枚重磅炸弹，宁波第一次遭受日机轰炸。在对宁波进行狂轰滥炸的同时，日舰也开始在宁波沿海游弋。9月27日，1艘日舰从象山东祁门行驶到横山埠海面，对同益轮船公司宁象联运渡轮"德兴"号发炮3发，将该轮击沉，同时向鄞县的东里蔡、外蔡、三陕岭开炮16发。这是日舰首次侵入宁波领海进行炮击。

日军对宁波地面的入侵，始于1937年10月31日。日军乘10余艘汽艇到三门湾大罗湾登陆，在遭到宁海县壮丁模范队数百人开枪堵击后撤退。1940年7月17日，日军对镇海展开大规模进攻。凌晨2点多，镇海口外日舰30余艘向要塞炮台猛烈轰击。在日炮的掩护下，日本海军陆战队500余人，乘装甲艇在算山齐毛贝村后（现属北仑区新碶街道）老鼠山偷袭登陆。在国民政府军的顽强抵抗下，日军于22日败退。

1941年4月，日军发动宁绍战役。19日，在日舰炮击和日机轰炸的掩护下，日舰大批装甲汽艇分载海军陆战队和第5师团第9旅团的6个大队共1万余人从镇海口登陆。19日，镇海县城沦陷。20日，宁波城区沦陷。22日，慈溪县城沦陷。23日，奉化、余姚县城沦陷。6月3日，象山县城也一度沦陷。

日军占领宁波后，第9旅团团部设在城区江北岸，旅团长是寿其少将。10月，由独立混成第20旅团接管，旅团部设在城区效实中学，伪和平军暂编陆军第10师也随之进驻宁波。1942年4月，独立混成第20旅团扩编为第70师团，其第62旅团占据宁波，旅团部设在江北岸，旅团长为山崎少将。

1945年9月15日，侵占宁波的日军投降代表、日军独立混成第91旅团长宇野节少将，在江东白鹳桥，向国民政府代表第32集团军前进总指挥部总指挥陈沛、副总指挥王云沛洽降。此后，侵踞宁波4年5个月的日军开始撤离。

(四)宁波沦陷前的社会经济变化状况[1]

宁波是我国东南沿海的重要港口之一,是浙东各地工农业产品的主要集散地,在历史上曾是我国东南沿海的商业枢纽和对外贸易港口。宁波的商人遍及全国各地及海外,有"无宁不成市"之称,对于我国近代工商业的兴起与发展,曾经起过重大的作用。宁波的手工业也很发达,明末以来是浙东手工棉纺织业的中心。宁波各县农村普遍栽培棉花,各地农村市镇里的弹花、纺纱、织布等行业亦较发达,并且形成了专门从事纺织业的"腰机户"和"染坊"。每逢市集,很多人就背着腰机、棋盘等土布在市上叫卖。

图表3:1936—1941年宁波港贸易及浙海关税收概况表

单位:万元(法币)

年份	1936	1937	1938	1939	1940	1941
直接对外贸易总值	135	215	596	1148	5662	—
转口土货总值	3291	3994	5605	7896	15199	—
海关税课	191	255	353	372	566	291

资料来源:根据1941年《海关华洋贸易统计册》编制,郑绍昌主编:《宁波港史》,人民交通出版社1989年版,第348页。

抗日战争的全面爆发,给宁波的社会经济带来了复杂的影响。从抗日战争全面爆发到1941年4月这段时间,虽然上海、杭州等地相继沦陷,但由于上海仍有租界存在,沪甬线航轮仍在通航,宁波成为内地各省物资的运转口岸,江西、湖南、湖北、广西、四川等地客商涌入宁波,使宁波港出现了一种非正常的繁荣景象。1940年宁波港的贸易额达到20861万元,税额达到566万元,分别比1936年增长6倍和3倍。当时行驶沪甬线的大小船只多达20余艘(打着外国旗号),每天从上海"进口"的棉布、百货、五金、日用品在1万吨以上,运往上海"出口"的物资也在5000吨以上,办理托运手续的报关行,曾增设到100多家。

---

[1] 陈德义:《"五口通商"后的旧宁波港》,李政:《解放前宁波市商业概况》,政协宁波市文史资料委员会编:《宁波文史资料》第二辑,1984年10月印行,第1—57页。

转运贸易的畸形繁荣,从表面上看使宁波的社会经济出现一时高涨,但暗中却潜伏着更大的危机。事实上,除了与转运和走私贸易相联系的生产部门,特别是商业、运输业、服务业出现前所未有的盛况外,其他生产领域,诸如农业、渔业、手工业和工业,绝大多数不是因战祸而衰落(如渔业),就是因供销市场的扭曲和阻隔而萎缩。其中,印染业和染坊受到的打击最大。由于沪甬轮船停航,恒丰(印染)厂原料、燃料、机物料运入困难,加之电厂停电,无法生产,只好停工。原先宁波各染坊加工的产销较旺的毛蓝布,由于靛青来路断绝,美国进口的花旗布坯日渐稀缺,染坊业顿至衰落。作为宁波商品生产基础的粮食市场,由于外源性供应的缩小以及商人的居奇作祟而严重萎缩,进而导致经济作物生产的减少,并使以此为基础的手工业和工业生产严重萎缩。作为宁波最主要的经济作物棉花,由于抗日战争开始后,对外销售量受到严重影响,种植面积急剧减少,导致棉花价贱,迫使棉农改种其他作物,使以棉花为主的经济作物的生产受到严重破坏。粮食奇缺,价格昂贵,也给宁波人民的生活和区域经济带来了严重的灾难。

三、日军在宁波犯下的主要罪行

侵华日军在宁波犯下的罪行主要有以下四个方面:

(一)轰炸炮击[1]

日军在占领宁波前,对宁波进行了近4年的轰炸炮击,造成了大量的人口伤亡和财产损失,择其主要的有:

1937年11月12日午后,5架日机在江北岸玛瑙路、封仁巷、刘家边、槐

---

[1] 蔡益人整理:《日机在宁波市区七次大轰炸》,戴士清整理:《日机日舰在宁波各地的肆虐》,政协宁波市暨各县(市、区)文史资料委员会、宁波市档案馆编:《宁波文史资料》第十二辑,1992年7月印行,第9—22页。

树路等处投弹 16 枚,炸死 30 多人,伤八九十人,毁民房 200 余间。[1]

1938 年 2 月 8 日、6 月 4 日、7 月 28 日三次轰炸慈北重镇观海卫,投弹 20 枚,炸死居民 19 人,伤无数,毁屋多间。

1939 年 4 月 28 日,投炸弹 36 枚,毁商铺住户 234 家、屋 500 余间,炸沉民船 10 余艘,死 120 余人,伤 370 余人。为抗日战争时期日机对宁波城区轰炸导致人口伤亡最为惨重的一次。5 月 1 日上午,6 架日机轰炸宁波江东新河头等处,投弹 18 枚,并以机枪扫射,史有生等 24 人被炸(打)死,吴世财、钱交根等 120 人被炸(打)伤,炸毁房屋 271 间,震倒房屋 44 间[2]。

同年 6 月 12 日,余姚首次被炸,以后又多次被炸,共炸死 43 人,毁屋 250 余间,还炸沉不少盐船及航行姚甬线的振新号客轮。23 日至 25 日的三天内,日机共出动 51 架次,对镇海小港(现属北仑区)接连轮番轰炸,投弹 304 枚,毁屋 1580 余间(几乎为全县被毁房屋的一半),死伤 86 人,李氏乾坤两房大屋及李家花园等无数建筑被夷为平地。

同年 12 月 12 日,日机投弹奉化溪口的丰镐房,投弹 21 枚,炸死 21 人,炸伤 28 人,炸毁房屋 14 间,震倒 40 余间,蒋介石前妻毛福梅罹难[3]。

1940 年 2 月 10 日,日谍探知蒋经国再次自江西赣州返乡送年、祭母,又派日机前来轰炸溪口,投弹 42 枚,炸死平民 10 人,炸伤 46 人,炸毁房屋 86

---

[1] 蔡文认为此次轰炸中,死者有 56 人,伤者七八十人,但查 1937 年 11 月 13 日《时事公报》,为死者 30 多人,伤八九十人。本文依据后者的报道。

[2] 戴文认为有三次轰炸,即 1939 年 4 月 26 日、4 月 28 日、5 月 1 日,毁屋 900 余间,死伤 600 余人,还炸沉甬江上渔船及民船 10 余艘。蔡文认为有两次轰炸,1939 年 4 月 28 日、5 月 1 日,伤亡人数与毁屋间数也与戴文不一致。本文的轰炸次数与损失数据依据有关档案整理,见:《宁海民报》,1939 年 5 月 2 日;《浙江省防空司令部敌机空袭统计表》,浙江省档案馆藏档案,案卷号 L017-000-0061;《世界红十字会中华四明分会发放被炸灾民食米花名册》,宁波市档案馆藏档案,案卷号 30-1-97。

[3] 戴文认为此次轰炸,炸死 18 人,但据浙江省防空司令部编制的《浙江省防空司令部敌机空袭统计表》(浙江省档案馆藏档案,案卷号 L017-000-0061),炸死 21 人,炸伤 28 人,炸毁房屋 14 间,震倒 40 余间。本文以档案资料为准。

间,震倒96间。蒋经国已于几日前离溪口返赣,幸未遭难。[1]

同年6月6日,一艘日军巡洋舰驶抵檀头山渔场,炮击东门岛捕鱼的渔船,5艘中弹沉没,未沉的11艘被围缆集中。日军将船上32名渔民以铅丝穿绑,浇以汽油,纵火焚烧。船被烧沉,人被活活烧死。

同年10月9日,日机3架飞至宁海县城上空,投炸弹6枚,其中在市门头投炸弹、燃烧弹各1枚,在西山殿投弹2枚,宁海中学操场与办公室前各投弹1枚,并以机枪扫射,炸死30人,炸伤20人,炸毁房屋100余间,店铺40余家。[2]同日上午9时40分,数艘日舰向石浦镇沿港居民区、商铺密集区连续炮击。9时55分,4架日机飞抵石浦上空狂轰滥炸,万福街、碗行街、合兴街、福建街、营房街、北直街、九曲市、太平桥、小娘坑、保生殿、铜关、盐厂等数十处在爆炸声中成一片火海。这次轰炸共炸死居民叶保萝、史世济等35人,炸毁房屋2079间,炸毁郑阿四当店、"同宝和""天生德"药房、竹店、棺材店、南货店、布店、咸货行等商铺20余家。[3]

(二)烧杀抢掠

日军在占领宁波的过程中进行了疯狂的烧杀抢掠,择其主要的有:

1940年7月17日凌晨,日海军陆战队第一次在甬江南岸算山齐毛贝村后的老鼠山偷袭登陆。从17日日军登陆到22日凌晨日军被击退止,五天半时间里,在蒋家、青峙、沙头、李隘、林唐、黄瓦跟、小港碶跟、港口、沙湾头、泥湾、浦前、江南道头、王家塘、后袁、双板桥、东山庵等近20个村镇,被烧民

---

[1] 戴文认为此次轰炸,炸死47人,但据浙江省防空司令部编制的《浙江省防空司令部敌机空袭统计表》(浙江省档案馆馆藏档案,案卷号L017-000-0061),炸死10人,炸伤46人,炸毁房屋86间,震倒96间。本文以档案资料为准。

[2] 戴文认为此次轰炸,时间为10月6日,日机炸死16人,伤22人,炸毁店铺40余家,居民房屋数十家。本文数据依据的是《宁海县志》(宁海地方志编纂委员会编:《宁海县志》,浙江人民出版社1993年版,第654—655页)的记载。

[3] 戴文认为此次轰炸,日机炸死10人,炸伤1人,炸毁房屋878间,但查象山县政府填报的《为被敌机轰炸损失详情列表报祈鉴核由》(1940年10月10日)(象山县档案馆馆藏档案,案卷号01-3-689),炸死35人,炸毁房屋2079间,炸毁店铺20余家。本文以档案资料为准。

房、店铺、庙宇、学校等屋共5370间；被日军枪杀、刺死、烧死以及妇女被强奸后又被刺死的共166人。日军把关在港口竺山庙的民夫30余人全部烧死在甬江北岸。7月17日下午4时，日寇占领镇海城区。第二天中午11时，日寇开始用喷火器向西门口武宁桥东西两侧街道和附近居民住宅纵火。城区四镇之一的武宁镇和前后葱园3000余间房屋，在一个下午和一个夜里夷为一片废墟，5000多居民无家可归，露宿郊外坟地。[1]

1941年4月19日，日军第二次在镇海江南、江北多点登陆，镇海沦陷。在霞浦林大山（原灵鼍山）棺材湾浦登陆的日军，枪杀了9人，打伤1人，烧毁房屋9间，抢去耕牛2头。9时，日军向霞浦进发，途中烧毁湖萍村民房16户计40余间。到霞浦新桥头时，日军又纵火焚烧房屋400余间，杀死村民17名，强奸妇女2人。日军强迫农民把抢来之物装上4只木船运到穿山日军舰艇停泊处。以后，日军又到柴桥等乡"扫荡"。从19日登陆到23日止，三四天中杀死杀伤居民104人，烧毁民房780余间。[2]

同年5月30日（农历五月初五）深夜，日军数百人，分六路偷袭鄞县政府驻地——大皎。翌日拂晓，日军进村烧毁房屋600余间。村民死6人，失踪10人，被强奸妇女多人。[3]

1942年10月8日（农历八月廿九日），移至阳觉殿的三北游击司令部和四支队，遭到日军的猛烈进攻。四支队和特务大队与日军展开激战，予以

---

[1] 镇海区政协文史办：《镇海人民的血泪仇》，政协宁波市暨各县（市、区）文史资料委员会、宁波市档案馆编：《宁波文史资料》第十二辑，1992年7月印行，第26—27页。

[2] 镇海区政协文史办：《镇海人民的血泪仇》，政协宁波市暨各县（市、区）文史资料委员会、宁波市档案馆编：《宁波文史资料》第十二辑，1992年7月印行，第28页。

[3] 《铁蹄下的鄞县惨象》认为，时间是5月29日，枪杀平民11人，烧死3人，毁屋1600余间，见：鄞县政协文史委：《铁蹄下的鄞县惨象》，政协宁波市暨各县（市、区）文史资料委员会、宁波市档案馆编：《宁波文史资料》第十二辑，1992年7月印行，第47页。但查鄞县政府战后调查资料和宁波市委党史研究室收集的社会调查资料，时间为5月30日，死伤者和烧毁房屋的数字也与上文不同，见：鄞县政府：《敌人罪行查报表》（1946年10月），宁波市档案馆馆藏档案，案卷号5-1-57，《采访闻富定、童贵康等的记录》，原件存鄞州区委党史办公室，抗战损失课题调研资料11-02-11-16）。本文依后者为准。

沉重打击。抗日部队转移后，日军为报复泄恨，来到阳觉殿，8日当天共杀害14人，其中道士11人，被俘的三五支队战士2人，长工1人。另有2名女道士被刺伤。9日清晨日军离开前纵火烧毁了阳觉殿。[1]

1943年2月6日，日军疯狂地对余姚市长泠江附近五个村庄进行了残酷的烧、杀、抢。日军一边杀人，一边放火烧村，大火足足烧了两昼夜。5个村庄全部被毁，一位老人、三个小孩和十余头耕牛都被烧死，房屋烧毁652间，受难群众158户。被抢走的财物足足装满十余艘大船。[2]

同年5月28日，日、伪军从大塘英山渡登陆，全岛352户被洗劫殆尽。日、伪军300余人窜至黄公岙行劫，抢去现金9.8万元，同时还用刺刀刺死2人。[3]同年8月10日，余姚日军40余人、伪"浙保"50余人，下乡抢走稻谷10余万斤，并在半山、青港、中和、上塘等乡限定每口每日食谷半斤，强购260万斤。[4]

同年12月上旬，大队日军和伪军从大皎、陆埠、奉化、下官、梁弄五路向四明山进犯。8日清晨，日、伪军一部闯入夏家岭山村，将全村124户共474间房屋烧成瓦砾，烧死猪90多头。[5]

同月15日，日军火烧余姚南黄村，全村237户烧掉234户467间房屋，其中楼房267间，毛竹山20余亩。财物被洗劫一空，4名妇女被轮奸，老人

---

[1] 关于被日军杀害的人数问题，《日寇蹂躏下的余姚》认为是13人，见：《宁波文史资料》第十二辑，第56页。而叶洪灿：《谈阳觉殿战斗》；洪水良：《忆阳觉殿战斗后日寇暴行》；陈水云：《谈烈士遗体掩埋情况》；蔡大勋：《我参加了阳觉殿战斗》《阳觉殿战斗中牺牲的部分烈士名单》等认为是14人，见：慈溪市新四军研究会编：《三北风云——纪念抗日战争胜利55周年》，2000年8月印行，第20—25页。本文以后者为准。

[2] 陈英浩、肖青回忆，张杰整理：《火烧长泠江》，政协宁波市暨各县（市、区）文史资料委员会、宁波市档案馆：《宁波文史资料》第十二辑，1992年7月印行，第83—87页。

[3] 象山县政协文史委：《灭绝人性　惨不忍睹——日军暴行在象山》，政协宁波市暨各县（市、区）文史资料委员会、宁波市档案馆编：《宁波文史资料》第十二辑，1992年7月印行，第35页。

[4] 金礼：《日伪军在农村疯狂抢粮》，政协宁波市暨各县（市、区）文史资料委员会、宁波市档案馆编：《宁波文史资料》第十二辑，1992年7月印行，第166页。

[5] 余姚市政协文史委：《日寇蹂躏下的余姚》，政协宁波市暨各县（市、区）文史资料委员会、宁波市档案馆编：《宁波文史资料》第十二辑，1992年7月印行，第57页。

1人、幼儿1人被烧死。[1]

（三）实施细菌战

1940年10月27日，日本关东军731部队组成的由石井四郎指挥的远征队——"奈良部队"会同南京荣字1644部队派出的队员在宁波开明街一带空投染有鼠疫杆菌的跳蚤及麦粒、面粉等物，导致宁波发生大规模的鼠疫。

开明街的鼠疫呈现出散布迅速、散布范围广、病症严重、死亡率极高等特点。日军在10月27日投毒后，29日即有人染疫发病。也就是说，投毒到发病不到48小时。30日晚，就开始死人，离投毒日仅仅3天。从11月1日到10日，每日均有新病例发现，多则10人，少则2人。到11日，死亡人数已经达到84人（仅已查到姓名者而言）。被感染的人虽经医生各种注射疗法与中医各种方药，均不见效，除当时甲部[2]的钱贵法一人外，其余皆死亡。经过调研人员的认真考证，开明街鼠疫的死亡人数，有名有姓的多达135人。[3]

1940年11月30日，下令焚毁开明街疫区，涉及中山东路、开明街、东后街、太平巷一带商店与民宅，共计115户，137间。另外，11月23日，焚毁中营巷44号林小狗一家，房屋3间。12月4日，焚毁华美医院工友徐安行1户，房屋4间。这次鼠疫共计焚毁117户，144间。[4]

（四）奸淫妇女

抗日战争时期，妇女遭受的性暴力达到了史无前例的程度。据这次调

---

[1]《日寇蹂躏下的余姚》（见：《宁波文史资料》第十二辑，第58页）中的损失数据与朱之光的回忆（见：朱之光：《创建浙东根据地片断回忆》，余姚党史245-A4.4-7）有差异，本文以后者的回忆为准。
[2] 1940年11月4日，鄞县政府在疫区设立甲、乙、丙部三个隔离病院。其中，甲部设在疫区内的同顺提庄，收入确诊的鼠疫病人。
[3] 宁波市委党史研究室：《抗日战争时期日军在宁波犯下的细菌战罪行调研报告》，原件存宁波市委党史研究室，抗战损失课题调研资料11-02-00-05。
[4] 黄可泰、邱华士、夏素琴主编：《宁波鼠疫史实——侵华日军细菌战罪证》，中国文联出版公司1999年版，第38页。

查，宁波遭到日军性侵犯的妇女有1547人，其中一次有多名妇女被性侵犯的就有12起。分述如下：

1941年4月19日，象山石浦沦陷，日军挨户搜查，浩劫三天，40余名妇女遭强奸、轮奸，年纪大的60多岁，最小的仅13岁。[1]

1941年4月22日下午，日军在占领慈溪县城后纵使士兵捣毁县府，搜查商店、民家，13名妇女被日军侮辱。[2]

1941年5月7日，日军占领鄞县凤岙后，强占行宫与涤源小学为指挥部，强令广招"花姑娘"，四出掳掠妇女40余人，集中拘留在涤源小学楼上，供日军泄欲。[3]

1941年5月18日，日军70余人，乘小炮艇于象山砺港埠登陆，直入茅洋五狮山探矿。村民闻讯逃避，日军找不到青年妇女，竟强奸、轮奸了在家的7名60多岁妇女。台头村有个来探亲的14岁小姑娘也被轮奸致伤。[4]

1941年5月30日，日军进犯鄞县大皎后，火烧大皎，强奸妇女40多人。[5]

1941年6月3日凌晨，日小林部队200人，分两路进犯象山县城。一路由溪口越行后岭过九顷、白石入城，一路由南堡过马岗经东陈、南庄入城，20余名妇女逃之不及遭到强奸。[6]

1941年夏，日军侵占鄞南通往奉化象山港渡口的要隘横溪，驻扎在王家

---

[1] 象山县政协文史委：《灭绝人性　惨不忍睹——日军暴行在象山》，政协宁波市暨各县（市、区）文史资料委员会、宁波市档案馆编：《宁波文史资料》第十二辑，1992年7月印行，第37页。
[2] 《慈溪沦陷后县政府应变经过》，浙江省档案馆、中共浙江省委党史研究室编：《日军侵略浙江实录》（1937—1945），中共党史出版社1995年版，第79页。
[3] 鄞县政协文史委：《铁蹄下的鄞县惨象》，政协宁波市暨各县（市、区）文史资料委员会、宁波市档案馆编：《宁波文史资料》第十二辑，1992年7月印行，第44页。
[4] 象山县政协文史委：《灭绝人性　惨不忍睹——日军暴行在象山》，政协宁波市暨各县（市、区）文史资料委员会、宁波市档案馆编：《宁波文史资料》第十二辑，1992年7月印行，第37页。
[5] 鄞县政协文史委：《铁蹄下的鄞县惨象》，政协宁波市暨各县（市、区）文史资料委员会、宁波市档案馆编：《宁波文史资料》第十二辑，1992年7月印行，第47页。
[6] 象山县政协文史委：《灭绝人性　惨不忍睹——日军暴行在象山》，政协宁波市暨各县（市、区）文史资料委员会、宁波市档案馆编：《宁波文史资料》第十二辑，1992年7月印行，第37页。

上祠堂(原横溪小学),时常出外找"花姑娘",被糟蹋的妇女有数十人。[1]

1941年9月,日军田尾部队侵驻慈溪周巷镇,不仅从外地抓来10余个妇女进行蹂躏,还强奸镇内的及过路妇女,达20余人。其中一个15岁的少女被多次强奸,一个新媳妇被轮奸致死。[2]

1941年,鄞县东吴镇举行大庙会,请来的王传香戏文班子在大庙演出,时逢日军从五乡碶经过大涵山到东吴,观众四处逃散,18名女演员由于来不及撤退遭到日军强奸、轮奸。[3]

1942年3月10日夜,进犯象山丹城的日军100余人,从柱岙登陆,连夜闯至钱仓,三五成群挨户搜索,被奸妇女多达20人。有个青年妇女被10余个日军轮奸致伤,站立不起。[4]

1942年10月,日军侵入奉化,在方桥镇胡家堭村集体强奸妇女30余名,并把行路人当作靶子枪杀。日军还在县城内的小路街开设"清风庄",专供其发泄兽欲,许多民女惨遭蹂躏。[5]

1943年12月8日,日军"扫荡"余姚大岚山,实行"三光"政策,有40多个妇女被强奸,甚至连五六十岁的老妪也未能幸免。[6]

日军在一些长期占领的地区大多设有"慰安所"、军妓院或行乐所等,或通过武力威逼,或通过诱骗等方法逼迫良家妇女充当"慰安妇"。据本次调查,

---

[1] 鄞县政协文史委:《铁蹄下的鄞县惨象》,政协宁波市暨各县(市、区)文史资料委员会、宁波市档案馆编:《宁波文史资料》第十二辑,1992年7月印行,第49页。
[2] 周莲生:《忆日寇侵占周巷的罪行》,慈溪市政协文史委:《慈溪抗战资料》,1995年5月印行,第128—131页。
[3] 《采访王阿华、史连方的记录》,钱诗健2006年11月采访,原件存鄞州区委党史办公室,抗战损失课题调研资料11-02-11-21。
[4] 象山县政协文史委:《灭绝人性 惨不忍睹——日军暴行在象山》,政协宁波市暨各县(市、区)文史资料委员会、宁波市档案馆编:《宁波文史资料》第十二辑,1992年7月印行,第37页。
[5] 奉化市政协文史委:《日军在奉化的暴行》,政协宁波市暨各县(市、区)文史资料委员会、宁波市档案馆编:《宁波文史资料》第十二辑,1992年7月印行,第65页。
[6] 沈明文:《日军四次"扫荡"大岚山》,余姚市新四军研究会、余姚市史志办公室、余姚市关心下一代工作委员会编:《姚江怒涛——余姚抗日战争史料选编》,中国文化出版社2005年版,第140页。

宁波城区有4处"慰安所",其中两处位于海曙区,两处位于江北区。除了宁波城区外,奉化沦陷后,伪维持会筹划开办的"清风庄"或"慰安所"有7处。在象山县城,日军也设立军妓院、行乐所、"慰安所"供日军长期作乐。在日军占领的比较偏僻的农村营地,也有"慰安所"存在。如象山县延昌乡伪乡长郑邦华,为献媚日军,开设行乐所,抓进10余名青年妇女专供日军作乐。在象山县茅洋上黄村,设有一个军妓院,专供日军军官作乐,另外设有两个行乐所,供日军士兵和工头作乐。

四、人口伤亡情况

(一)统计口径说明

以往有关抗日战争人口伤亡的调查与研究中,对各类人员伤亡的分类不够清晰,容易产生混淆,影响了数据的权威性。此次调研明确规定,抗日战争人口伤亡包括直接人口伤亡、间接人口伤亡和单列统计人口伤亡3个部分,并对影响调研质量的几个问题做了明确界定。

第一,"属地"原则。它指的是由伤亡人员的"死亡地""受伤地"负责统计,而不是由"籍贯地"负责统计;并确定各县(市)区为最初统计单位,然后逐级汇总。根据这一原则,各县(市)区的统计口径就是"本地伤亡人口",即既要统计本地籍人在本地的伤亡数,也要统计外地籍人在本地的伤亡数。对于本地籍人在外地伤亡的材料,则要求寄送给作为"死亡地""受伤地"的县(市)区,由他们负责统计。

第二,以"事件"作为分析单元。此次调研不能在已有的人口伤亡汇总数据中兜圈子,而要从发生在本地各种人口伤亡事件中去重新汇总伤亡数据。就是说,要以"事件"作为分析各类材料的基本单元,认真梳理,去伪存真。具体方法是:根据本地抗战基本情况及档案资料与社会调查材料的掌握情况,列出本地人口伤亡事件,并以时间为顺序编制人口伤亡明细表,然后根据明细表汇总人口伤亡数据。

第三,分门别类,理清概念。抗战人口伤亡包括直接人口伤亡、间接人口伤亡和单列统计人口伤亡3个部分。直接人口伤亡是指日军或受日军指使的伪军直接炸、杀、奸、打等造成的人口死亡和受伤人数;同样原因造成的失踪人口,也并入这部分统计。这部分人口伤亡直接与日军有关。间接人口伤亡是指由于战争的影响而造成的人口死亡、受伤或失踪,主要包括三大类,即被俘捕、灾民和劳工。并且明确,只有被俘捕、灾民和劳工中的死亡、受伤、失踪人数才能归入间接人口伤亡,对于死伤不明或无死无伤无失踪的这三类人员,不予统计。直接人口伤亡和间接人口伤亡容易混淆的关键在于被俘捕和劳工两大类。在被捕俘人员中,被日伪军捕俘且由日伪军直接致死致伤或失踪的,归入直接人口伤亡,其他原因造成死伤或因遭国民政府军捕俘造成死伤的,归入间接人口伤亡;对劳工来说,被日伪军打死打伤的劳工,也归入直接人口伤亡,因劳动致死致伤的劳工,则归入间接人口伤亡。

单列统计人口伤亡主要包括国民政府正规军在宁波伤亡和伪军汉奸伤亡两部分。把国民政府正规军在宁波伤亡作为单列,一者是因为抗战结束后国民政府军令部曾对正规军伤亡情况做过调查统计,已有权威性汇总数据;二者是因为各县(市)区缺少国民政府正规军在本地战斗的档案材料,且通过社会调查也难以获得这方面的完整材料,因而统计比较困难。由于伪军汉奸的伤亡到底是归入直接人口伤亡,还是间接人口伤亡,在学术界还有争议,在此也做单列处理。

(二)直接人口伤亡

综合11个县(市)区抗日战争时期直接人口伤亡的统计结果,得出宁波市的直接人口伤亡的数据,共计20034人。其中,死11306人,伤8554人,失踪174人。

从时间上看,1939年宁波市直接人口伤亡的人数最多,为4406人,占直接人口伤亡总数的22%。1939年虽然日军并未进入宁波,但野蛮的轰炸导致直接人口伤亡惨重。作为轰炸重点对象的宁波城区,即现在的海曙、江东和江北三区人口伤亡尤为惨重。这三区1939年的直接人口伤亡多达3497人,占整个抗日战争时期三区直接人口伤亡总数的47%,而江东区1939年的直接人口伤亡的人数更是占到了其在整个抗日战争时期人口伤亡总数的94%。

图表4:宁波市抗日战争时期直接人口伤亡年度分布图

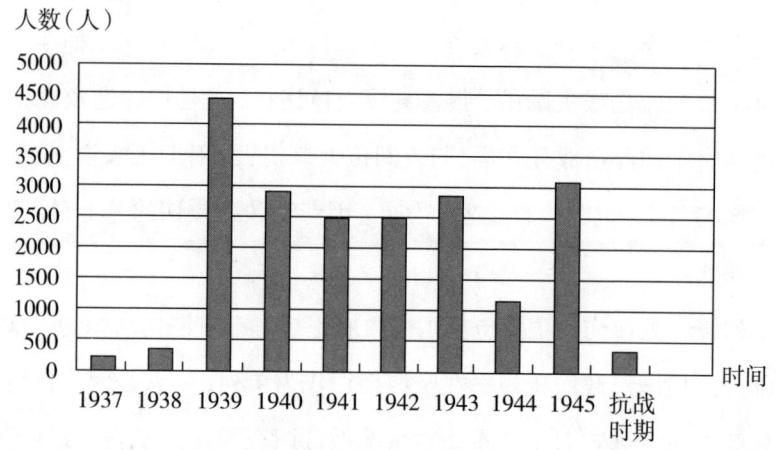

从性别上看,在直接人口伤亡的20034人中,男8469人,女2246人,童352人,不明8967人。在已知性别的伤亡人数中,男性占的比例最大,为42.3%。

从地域上看,宁波市11个县(市)区中,海曙区抗日战争时期直接人口伤亡人数最多,达5432人,远远超过由原鄞县农村组成的鄞州区。因为作为宁波城区的核心区域,海曙区也是日机轰炸的主要受害区域。

图表5：宁波市各县（市）区抗日战争时期直接人口伤亡分布图

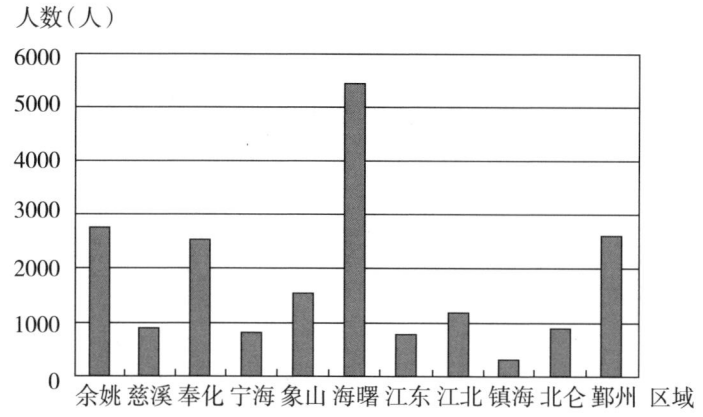

（三）间接人口伤亡

综合11个县（市）区抗日战争时期间接人口伤亡的统计成果，得出宁波市的间接人口伤亡的数据，共计12572人。从类别上看，死11025人，伤1230人，失踪317人，其中死亡人数占整个间接伤亡人数的87.7%。

图表6：宁波市抗日战争时期间接人口伤亡类别比例示意图

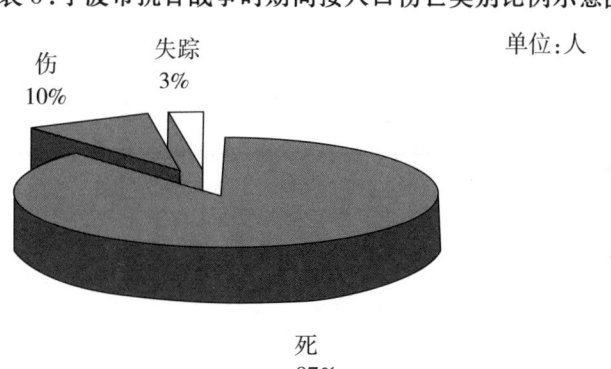

从时间上看，1942年和1945年宁波市抗日战争时期间接人口伤亡的人数为最多，分别为2591人、7695人。1942年作为日军占领宁波的第二年，在其统治地位还不稳固的情况下，日军实施暴力统治，导致灾民伤亡人数激增。1942年灾民伤亡人口为2531人，占当年间接伤亡总数的97.7%。1945

年间接伤亡人数最多,其原因是面临失败的日本侵略者使用高压手段进行残暴统治,处于饥寒交迫中的宁波人民成为最大的受害者。

图表7:宁波市抗日战争时期间接人口伤亡年度分布图

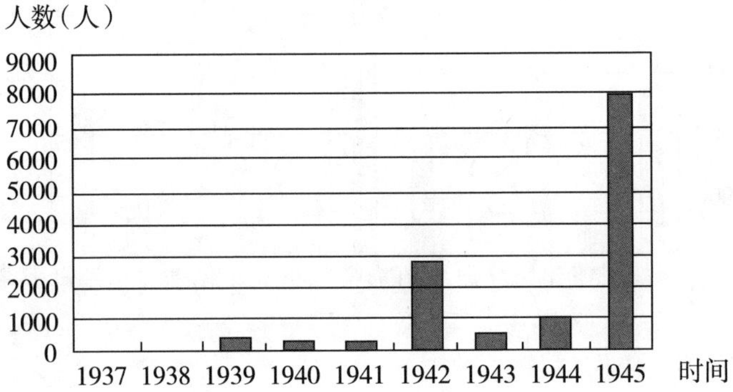

人数(人)

时间	1937	1938	1939	1940	1941	1942	1943	1944	1945
人数			~500	~400	~400	~2900	~600	~1100	~8000

说明:由于有的年份间接人口伤亡人数很少,在表中看不出来。

(四)单列统计的人口伤亡

宁波市抗日战争时期单列统计的人口伤亡,有12886人。

单列统计的人口伤亡分为两类,即国民政府正规军在本地的伤亡和伪军汉奸的伤亡。

抗日战争时期国民政府正规军在宁波的伤亡共计9955人。发生的战斗主要有三次。1940年7月17日,日军第一次进犯镇海,守军194师、16师48团和镇海要塞守备团进行了顽强抵抗,取得了镇海保卫战的胜利。据《宁波防守司令部镇海战役战斗详报》统计,国民党正规军在这次战斗中阵亡官兵600人,负伤580人。1941年4月19日,日军发动宁绍战役,到23日,宁波大部沦陷。据《浙东沿海军俞济时部浙江沿海作战详报》统计,参加这次战斗的暂编30师、暂编33师、暂编34师、暂编35师和194师伤亡惨重,阵亡官兵3377人,负伤2846人,失踪1472人。9月28日至30日,陆军暂编第9军第35师,反攻盘踞溪口日军,最后部队因伤亡颇重而撤退。据《暂编三十五师反攻奉化溪口之役战斗详报》,共计阵亡官兵504人、伤273人、失踪136人。

宁波市抗日战争时期伪军和汉奸共计伤亡2931人。其中伪军伤亡最多的是在余姚，有1769人。余姚作为当时浙东抗日根据地的主要所在地，也是日军进攻的重点，因此，伪军在余姚的伤亡最多。汉奸伤亡最多的在鄞县，有417人。

除了单列统计的人口伤亡外，本地人在外地的伤亡数据也未计入宁波市抗日战争时期人口伤亡总数。在这次抗战损失课题调研中，宁波市各县（市）区上报的在外地伤亡的人数共计6156人。[1]其中，抗战官兵的伤亡有4716人，平民的伤亡有1440人。在抗战官兵伤亡统计中，慈溪因没有找到原慈溪抗战官兵阵亡将士的系统名录，只根据社会调查统计6人，而沦陷时间较短的宁海县统计的有2796人，因而这个数据还不够全面。平民伤亡中以鄞县最多，有1071人。

（五）人口伤亡情况分析

1. 日机的轰炸是导致宁波沦陷前人口伤亡的最主要因素

宁波地处东海前哨，与上海仅一水之隔。从1937年8月19日到1941年宁波沦陷，日机一直对宁波进行狂轰滥炸。一次轰炸伤亡少则数人，多则上百人。根据对各地材料进行的统计，日机在宁波的轰炸多达632次，造成人员伤亡3217人，占直接人口伤亡总数的16.1%。

图表8：宁波市抗日战争时期遭受日机轰炸的次数和伤亡人数统计表[2]

县别	余姚	慈溪	奉化	象山	宁海	鄞县	镇海	合计
次数	13	9	20	22	23	230	315	632
死亡人数	110	141	100	146	137	2274	309	3217

资料来源：根据《日机在宁波市区七次大轰炸》《日机日舰在宁波各地的肆虐》和各县（市）区的调研报告中的数据整理而成。

---

[1] 根据各县（市）区调研报告中的数据整理而成。
[2] 此表是按照宁波市抗日战争时期的行政区划进行统计。

从时间上来分析，日机的轰炸以1939年到1940年最为猛烈，各县遭受最为惨烈的轰炸都集中在这两年。以宁波城区为例，1939年4月28日，日机对宁波城区灵桥附近的轰炸，炸死市民120人，其中落水溺死及焚毙者79人，在岸上被炸死者26人，重伤致死者15人；受伤者200余人，其中重伤160人，救火员负伤15人，其他失踪者数十人。这次轰炸，是抗战以来日机侵犯宁波城区导致生命财产损失最惨重的一次。

从地域上来分析，日机对宁波的轰炸主要集中在鄞县、镇海和象山三地。鄞县的城区和郊区的栎社机场是日机轰炸的重中之重。仅据《时事公报》《宁波民国日报》1937年9月至1941年3月刊登的消息统计，日机空袭宁波城区达135次。栎社机场及其附近农村也被炸近20次。所以，鄞县因日机轰炸伤亡的人数也最多。而镇海和象山两县作为沿海地区，是日军侵略宁波最有可能登陆的地方，也是日机轰炸的重点。

2. 以细菌战导致的伤亡极为悲惨

1940年的细菌战导致12户人家的45人全部死绝。泥水匠戚信荣曾经参与1940年11月对开明街一带鼠疫疫区封锁隔离围墙的建筑以及尸体的掩埋，鼠疫患者临死前的惨状在他的脑海里留下了极为深刻的印象。他说："我亲眼看见患者脸红似醉汉，两眼充血发红，表情惊恐痛苦，两手乱抓头发，头向墙壁乱撞，胡言乱语，狂叫一阵之后，疲惫不堪，最终昏了过去。由于死人多，棺材供不应求，有时只好把两具尸体合放入一口薄皮棺材中，其状惨不忍睹，使死难者家属痛哭流涕，不能自已。"[1]

3. 性侵犯导致的伤亡最为恶劣

根据收集到的资料，宁波受到日军性侵犯的妇女人数共计1547人，其

---

[1] 黄可泰、吴元章、顾生霖（执笔）：《"黑色疫魔"袭宁波——侵华日军制造细菌战的罪恶史实》，宁波市新四军暨华中敌后抗日根据地研究会编：《浙东抗战与敌后抗日根据地史料丛书》第一卷，中共党史出版社2001年版，第566页。

中包括"慰安妇"309人。

日军实施性暴力的对象不分年长年幼;实施地点不分野外屋内或者寺院道观;实施性暴力的主要方式有个别强奸、集体轮奸、先奸后杀等。在多数情况下,日军实施性暴力还不仅仅是为了满足其兽欲,而是用最野蛮最残酷的手段对浙江妇女实施性虐待,以期从中得到一种畸形的心理满足。

(1)性侵犯不分对象。从被日军性侵犯的宁波妇女的年龄上看,少至十二三岁的少女老到六十多岁的妇女都有,其中又以30岁左右的妇女居多。1941年4月19日,石浦沦陷,日军挨户搜查,浩劫三天,40余名妇女遭强奸、轮奸,年纪大的60多岁,最小的仅13岁[1],更有甚者,在家里坐月子的妇女也未能幸免。

(2)性侵犯不分场合。从现有的材料来看,入室强奸是日军对宁波妇女进行性侵犯活动的主要形式。在有名有姓的被日军性侵犯的名单中,在家里被日军强暴的妇女超过总数的一半。有的是在家里陪小孩睡觉,有的是在家聊天,有的是在外面被日军发现逃回家里。1941年秋季的一天,余姚市南黄村一位27岁的妇女,回家路过南庙美女山下,被驻扎在山上的日军看见,被强行拉上山腰。几个日兵兽性大发,在光天化日之下对其进行轮奸。蒙受侮辱的这位妇女身心受到严重摧残,没过几天就含恨而死。[2]当时,凡在美女山脚下路过的妇女,大多被辱。

(3)手段极其野蛮与残忍。日军对宁波妇女的性侵犯远远不能简单地用"犯罪"来界定,其对妇女的性侵犯简直到了没有人性的地步,是对人类文

---

[1] 象山县政协文史委:《灭绝人性 惨不忍睹——日军暴行在象山》,政协宁波市暨各县(市、区)文史资料委员会、宁波市档案馆编:《宁波文史资料》第十二辑,1992年7月印行,第38页。抗战损失课题调研资料11-02-00-06。

[2] 余姚市新四军研究会军史研究组:《日军在姚暴行录》,余姚市新四军研究会、余姚市史志办公室、余姚市关心下一代工作委员会编:《姚江怒涛——余姚抗日战争史料选编》,中国文化出版社2005年版,第117页。

明的粗暴践踏。在奉化市社会调查的70名性受害者中，被强奸致死的多达18人，占总数的25.7%。1942年5月15日中午，日军由奉化西岙进犯宁海县长洋村。郭某的妻子来不及躲避，被20余个日兵轮奸。一天后，郭某的妻子含恨而死。[1]这也是我们调查中发现的针对一个妇女实施性侵犯日军人数最多的事例。日军的暴行不仅表现在对被侵害者的身上，就连周边的人也不能幸免。据现年78岁的杨某的控诉，1943年10月15日，她还不满13岁，一天正在家里纺纱，闯进三个日本兵，吓得她大哭大叫，她奶奶闻声从屋里出来，被日本兵推翻在地，右手骨当场折断，而她被日本兵按倒在地进行轮奸，使她下身破裂，痛苦难忍。[2]

五、财产损失情况

（一）统计口径说明

此次调研，对财产损失的统计口径也做了相应的规范。概括来讲，财产损失统计包括社会财产和居民财产两大类，社会财产又分为直接损失和间接损失，居民财产都算作直接损失。直接与间接的区分，主要在于该财产损失是不是由日军侵略直接造成的。

从现已掌握的财产损失材料看，既零碎又复杂，特别是财产损失的档案材料，其表现形式五花八门。比如粮食损失，有的材料分门别类，列举米、谷、麦各损失多少，而有的材料就笼笼统统归为粮食损失，不作分类；又如，有的上报材料以"斤"作为粮食的数量单位，有的材料却以"石""担"等为数量单位；也有的材料中根本就没有具体损失数量，而是直接填写损失时或上报时

---

[1]《采访郭正刨、郭纪章的记录》，戴梦军2006年10月29日采访，原件存宁波市委党史研究室，抗战损失课题调研资料11-02-00-06。

[2]《采访杨××的记录》，林亚立2006年10月30日采访，原件存宁波市委党史研究室，抗战损失课题调研资料11-02-00-06。

的法币价值。面对如此纷杂的财产损失表现形式，要想得到一个汇总数据是非常困难的。所以，此次调研中做了统一，凡填入统计表的财产损失，都必须折合成1937年7月的法币价值。这样，在财产损失统计中就包括了财产折算和财产估算两个方面。如果从已掌握的财产损失材料中能够找出相关数据，那么可以进行财产折算；如果财产损失材料中只有财产损失事件而无相关损失数据，则需进行财产估算。财产折算包括指数折算、实物折算和货币换算3种。指数折算是指将财产损失的原始价值（不同时期的法币值）按价值时间物价指数与1937年7月物价指数的比例（倍数），折算成相当于1937年7月的法币值。这是最简单的一种折算方法。实物折算是指将那些以实物形态作为表现形式的财产损失价值换算成货币形态，然后再通过物价指数的倍数折算成相当于1937年7月的价值。此次调研确定以市为单位，制定实物参照值表，供县（市）区统计时参照。币值换算是指将以不同货币作为表现形式的财产损失价值转换成法币价值，然后再折算成相当于1937年7月的法币值。

（二）社会财产损失

在全面收集档案文献资料和口述资料的基础上，各地通过编写财产损失明细表对资料进行整理、分析，再填写财产损失统计表，得出了各地抗日战争时期财产损失的数据[1]，再汇总得出了宁波市抗日战争时期社会财产损失的总数。现分类叙述如下：

1.社会财产直接损失是指社会财产遇到敌军攻击、轰炸或掠夺直接造成的损失。分为工业、农业、交通、邮政、商业、财政、金融、文化、教育、公共事业和其他11大类。在对各县（市）区社会财产直接损失进行汇总的基础上，课题组统计出宁波市抗日战争时期社会财产直接损失，共计22821199.5元。

---

[1] 以下各类财产损失的汇总数据为1937年7月法币价值，而具体损失项目中的法币数量为各年度法币值的简单汇总。

按照大类分述如下：

（1）工业

宁波市抗日战争时期社会财产直接损失工业类共计9677920.4元。损失的具体项目如下：工业，工厂51家，器具766件，机器1500万元（1945年6月价值），发电机1台，钢材2万吨，棉纱360包；矿业，氟矿1座，矿石5万吨；其他，桐油20万听。

（2）农业

宁波市抗日战争时期社会财产直接损失农业类共计1105187.82元。损失的具体项目如下：农业，土地235.6亩、300平方米，盐和棉花5船，农物（财物）37元，皮棉15000斤；林业，林木734亩，树木48411株、695万斤、20万立方，毛竹24050株、105.5万斤；渔业，渔船10只；其他，谷240万斤，海塘堤10米，屋2间，帆船4只。

（3）交通

宁波市抗日战争时期社会财产直接损失交通类共计8113659.8元。损失的具体项目如下：铁路，钢轨1663条，钢轨、枕木7000元；公路，道路355.175公里，桥梁40座，器具148件，汽车1辆，站屋15间，汽车站1所；水运，船只718艘，码头2个，桥2座，浮桥、码头等价值5400万元（1946年1月价值）；其他，灯塔1座，桥5座，桥栏板1块，站屋10间，财物48060936元，卡车2辆。

（4）邮政

宁波市抗日战争时期社会财产直接损失邮政类共计27758元。损失的具体项目如下：邮政，房屋1间，器具844件；电讯，电话线214000米，电话机69部，电话线杆3600支，器具13422件，财物198425200010元。

（5）商业

宁波市抗日战争时期社会财产直接损失商业类共计462454.5元。损失的具体项目如下：商业，楼房 22 间，平房 23 间，瓦房 28.5 间，仓库 16 间，财物 10513680 元、25760 银圆、法币 16710600 元，空鼓 98 只，空铁桶 217 只，衣 200 件，商船 17 只；其他，酒 4 坛，棉布店布匹 1000 银圆，布 260 匹，盐 83940 斤，衣服 200 件，财物 6555200 元。

（6）财政

宁波市抗日战争时期社会财产直接损失财政类共计 225137.87 元。损失的具体项目如下：税收，15230 元（1943 年价值），350 万元（1944 年价值），865068 元（1945 年价值）；其他，法币 2192 万元，库款 57474.04 元（1941 年 12 月价值）。

（7）金融

宁波市抗日战争时期社会财产直接损失金融类共计 6250 元。损失的具体项目如下：钱庄，德丰钱庄 40 万关金券，65 万伪币；其他，银圆 1000 元。

（8）文化

宁波市抗日战争时期社会财产直接损失文化类共计 612350.8 元。损失的具体项目如下：图书 2415 册，二十四史等 12 部，器具 140 件等，书 49 大捆价值 395 元；古迹 97 处，房屋 416 间，寺院 3 座，古桥 1 座，天飞宫 1 间；其他，图书馆 1 个，寺庙宗祠凉亭殿堂 868 间，木材 1500 株，教堂及围墙 1 座，文昌阁 1 座，戏台 1 座。

（9）教育

宁波市抗日战争时期社会财产直接损失教育类共计 582141.56 元。损失的具体项目如下：小学 83 所，洋楼 1 座，校舍 455 间，桌椅 40 套，图书器具设备损失 6663320 元；中学 25 所，校舍 43 间，器具图书仪器设备 4991240 元，校具 8000 件，图书 3600 册，仪器 80 件，运动器具 20 件及其他教学设备，课桌椅、门窗价值折算米 2376 斤，衣物 8 件，谷 2500 斤，大米 15 石；中专师范学校 1 所，损失 630 元，器具图书仪器设备 850 万元（1946 年 10 月价值）；

其他，校具700件，仪器40件，运动器具16件，2所中学和2所小学价值2亿元（1947年1月价值），谷2000斤。

（10）公共事业

宁波市抗日战争时期社会财产直接损失公共事业类共计1846137元。损失的具体项目如下：机关，房屋125间，办公场所1处，家具322件等，粮食144281斤，盐3730斤，军被500条；团体，医院6座，物品129018件，财物912152667元，房屋2116间；其他，公共场所2处，戏台1座，祠庙2座，教堂2座，仓库1座，桌椅300套，器具320件，药品140种，药品200瓶，衣服445套，粮食1800斤，财物21613万元，房屋97间。

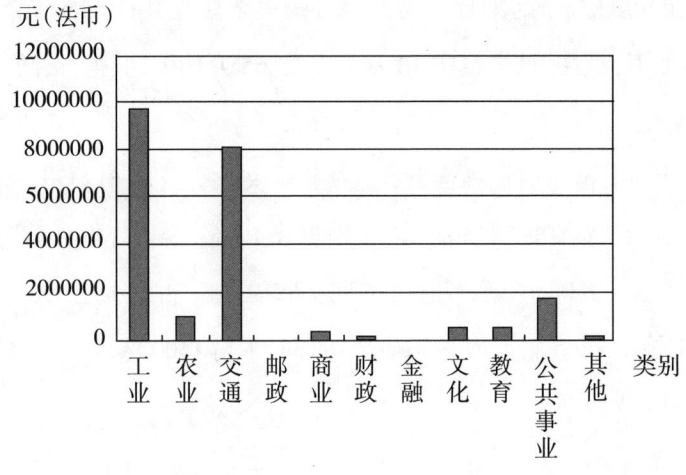

图表9：宁波市抗日战争时期社会财产直接损失柱状图

（11）其他

宁波市抗日战争时期社会财产直接损失其他类共计162201.7元。损失的具体项目如下：公共场所3处，税警所和火车站房屋12亿元（1947年1月价值）。

2.社会财产间接损失是指：（1）社会因抗战增加的费用，如迁移费、防空设备费、疏散费、救济费、抚恤费等；（2）各种营业可获利润额的减少及其费用的增加;(3)伤亡人员的医药、埋葬等费用,也分为工业、农业、交通、邮政、商业、财政、金融、文化、教育、公共事业、人力资源和其他12大类。宁波市抗日战争时期社会财产间接损失,共计14570476.7元。按照大类分述如下:

(1)工业

宁波市抗日战争时期社会财产间接损失工业类共计765605元。损失的具体项目如下:工业,3家工厂;矿业,氟矿石4万吨。

(2)农业

宁波市抗日战争时期社会财产间接损失农业类共计6701483.68元。损失的具体项目如下:农业,土地1572亩,减产64271700斤谷,粮食86849斤,木柴468430斤,菜396150斤,肉246斤,被子2379条,器具4324件,棉花10238.65吨;林业,棺木150具,木耷20部,毛竹3480株、21500斤,树723株,麻2000斤;渔业,救济渔民14100元,船只148艘;其他,谷5684斤。

(3)交通

宁波市抗日战争时期社会财产间接损失交通类共计886072元。损失的具体项目如下:公路,桥梁93座,破路973.25公里;水运,船只251艘,千吨以上轮船10140吨,百吨以上轮船920吨。

(4)邮政

宁波市抗日战争时期社会财产间接损失邮政类共计7634.4元。损失的具体项目如下:邮政,业务损失251474元;电讯,电话线57.5公里,电线杆2600根,电线1310斤。

(5)商业

宁波市抗日战争时期社会财产间接损失商业类共计25123.5元。损失的具体项目如下:商业,大米72斗,弥补特产公益捐7万(1941年价值);其他,丝绸店关店5年损失1200银圆,棉布店关店3年损失16425元。

(6)财政

宁波市抗日战争时期社会财产间接损失财政类共计263088.63元。损失的具体项目如下：税收，民众捐献270万元，米146924.16元，赈款952000元，支疏散费、移运费25396.88元，征属费598475元，入境货款税7500元；其他，赈谷4598石，赈米117695斤，救济面粉875包，赈款14976515元，优待征属2632人、434770元，军事费120万元，保安费2574042.3元，赎金5000元，动用备用金18000元，抚恤金10430元。

(7)金融

宁波市抗日战争时期社会财产间接损失金融类共计168666元。损失的具体项目如下：银行，抗日救国公债178880元；其他，捐款7276.61元（1941年价值），2462.64元（1940年价值）。

(8)文化

宁波市抗日战争时期社会财产间接损失文化类共计8766.1元。损失的具体项目如下：古迹19处，祠堂庙宇29座。

(9)教育

宁波市抗日战争时期社会财产间接损失教育类共计368583.34元。损失的具体项目如下：小学，46所，米津贴费12万元；中学，38所，救济费8012元，修建费17983元；中专，面粉44.5包；其他，校办工厂1个，支游民习艺所4万元。

(10)公共事业

宁波市抗日战争时期社会财产间接损失公共事业类共计4652329.5元。损失的具体项目如下：机关，财物17191372元，猪5只，酒12坛，棉背心与旧衣33359件，冬夏衣各73686套，棉被35201条，粮食809017.5斤、70万斗；团体，财物802711133.3元，棉背心5500件，大米162斗，衣4038件，被1060条，大洋552元，伪币33000元；其他，财物75986599元，谷2300斤，衣1000

套,庙 10 间,大洋 340 元。

(11)人力资源

宁波市抗日战争时期社会财产间接损失人力资源类共计 614449.8 元。损失的具体项目如下:1563213.5 工,31766 天,劳工 675.5 元,渔行职工失业半年损失 12000 元(1942 年 12 月价值),材料运输工具、修理炸毁街道、技工工资等 15710 元。

(12)其他

宁波市抗日战争时期社会财产间接损失其他类共计 108674.8 元。损失的具体项目如下:遣散外县难民款 865.9 万元,加贴工资 20 万元,奖金 80500 元,献机费 43 元,医药费 825 元,国币公债 140 万元,丧葬抚恤费 2125101.88 元,赈济款 15 万元,其他 628 元。

图表 10:宁波市抗日战争时期社会财产间接损失柱状图

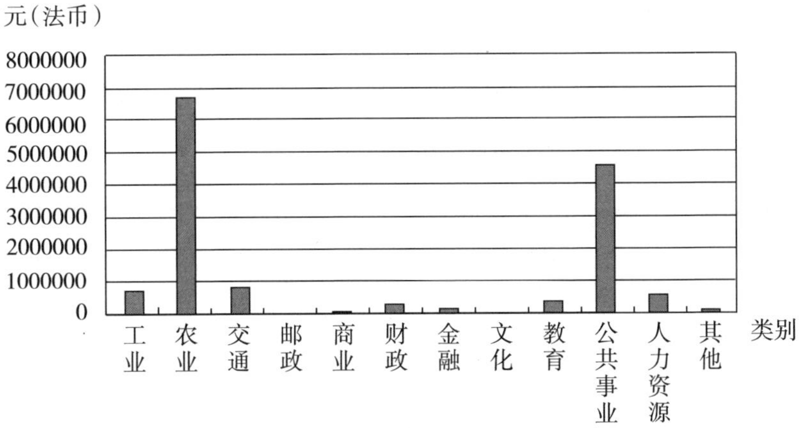

(三)居民财产损失

居民财产损失是指抗日战争时期因日军的侵略而导致的平民的财产损失,分为土地、房屋、树木、禽、畜、粮食、衣服、首饰、生产工具、生活用品和其他 11 大类。在对各县(市)区居民财产损失进行汇总的基础上,课题组统

计出抗日战争时期宁波市居民财产损失,共计 34440876 元。按照大类分述如下:

(1)土地

宁波市抗日战争时期居民财产损失土地类共计 2082312.57 元。损失的具体项目如下:破坏 9834.5 亩,征用 22626.5 亩,填土费 1000 元法币。

(2)房屋

宁波市抗日战争时期居民财产损失房屋类共计 11161832.75 元。损失的具体项目如下:房屋 49032.5 间,其中,平房(房屋)16526.5 间,楼房(瓦房)30827 间,草房(棚屋)1088 间,震倒房屋 211 间、洋房 380 间。

(3)树木

宁波市抗日战争时期居民财产损失树木类共计 2668640.45 元。损失的具体项目如下:树木 241596 株,毛竹 253917 株,木材 2675000 斤,木材 25295.6 方,洋纱棍 36 吨,柴爿 600 吨,林木 380 亩,蚕茧 40 担。

(4)禽

宁波市抗日战争时期居民财产损失禽类共计 36377.3 元。损失的具体项目如下:禽 94306 只,蛋 2772 斤和 192 个。

(5)畜

宁波市抗日战争时期居民财产损失畜类共计 456093.85 元。损失的具体项目如下:牛、骡 2820 头,羊、猪 3685 头,马 3 匹,未分类 5410 头。

(6)粮食

宁波市抗日战争时期居民财产损失粮食类共计 4164031.78 元。损失的具体项目如下:谷 111686822 斤,粮食 2 船,米 4812370 斤、82 石,麦 45032 斤,麦面 4190 斤,高(红)粱 4500 斤,豆 6957 斤,玉米 600 斤,年糕 55 斤,番薯(干)3220510 斤,鱼虾 50 斤,黄鳝 900 斤,脆瓜 3 亩,金团 80 只,洋芋 4000 斤。

（7）衣服

宁波市抗日战争时期居民财产损失衣服类共计2873428.57元。损失的具体项目如下：衣物，95423件，银圆310块、475630500元（1946年10月价值），棉花102900斤，被子4707条，布匹20916.6丈，银圆12000枚，毛巾32条，皮鞋1双，皮衣、皮袍、皮棉1船。

（8）首饰

宁波市抗日战争时期居民财产损失首饰类共计108154元。损失的具体项目如下：首饰3786件，古董珠宝等6000大洋，黄金10两，银圆36513块，铜圆200块，饰物200万元。

（9）生产工具

宁波市抗日战争时期居民财产损失生产工具类共计2221102.51元。损失的具体项目如下：船只882艘，海渔、货船280吨，渔船、渔具75800元，农具65180件，583家农户的工具和用品5650万元，渔具300万元，手车15辆。

（10）生活用品

宁波市抗日战争时期居民财产损失生活用品类共计1644799.98元。损失的具体项目如下：物品4432件，酒5715斤，猪肉152斤，鲞708斤，盐200200斤，笋30斤，药材30万大洋，桐油9吨，柴爿10000斤，财物50204484元。

（11）其他

宁波市抗日战争时期居民财产损失其他类共计7024102.36元。损失的具体项目如下：银圆9241元，财物法币56745720479元，伪币193.1万元，铜板1酒坛、2080块，茶叶4万斤，棉花3.6万斤，鱼蟹8.5万斤，砖头18.4万块，麦冬1000斤，工艺品3500件，电话机2架，桥4.5座，船只116艘，汽车1辆，店铺内财产折谷20万斤。

图表11:宁波市抗日战争时期居民财产损失类别柱状图

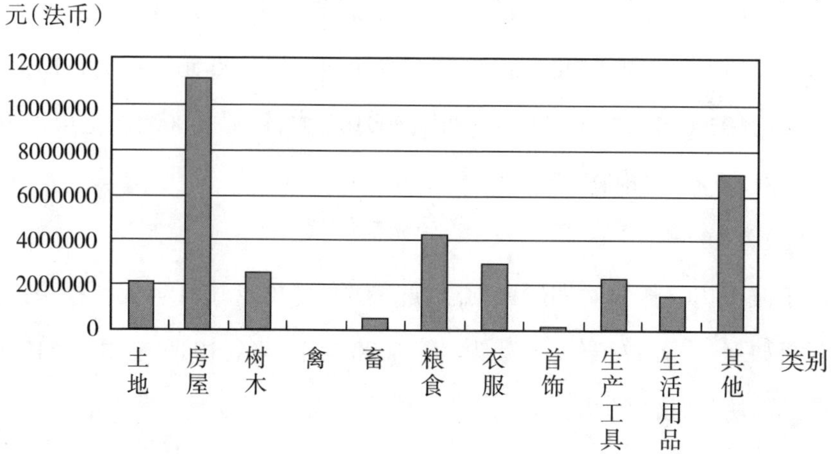

元(法币)
12000000
10000000
8000000
6000000
4000000
2000000
0
土地
房屋
树木
禽
畜
粮食
衣服
首饰
生产工具
生活用品
其他
类别

(四)单列统计的财产损失

由于缺乏折算标准,还有一些财产损失未计入宁波市抗日战争时期财产损失统计表,在此将重要的财产损失单列如下:

1938年3月,为阻击日军进入浙江,余姚县政府号召百姓拆毁杭甬铁路余姚段41.37公里。

1939年6月,江北慈城永明寺被日机炸毁。据记载,建于677年的永明寺耗费650万缗。

1940年宁波鼠疫防治中的消毒和防疫费也是一项重要的财产损失。据1940年11月4日《时事公报》披露:“当局购得硫磺600公斤。”以此量计算,约可消毒1500平方米面积的房屋。由于疫区人员外逃,在疫区外发现鼠疫患者和死亡者(32人)计95处(市区83处,郊区12处),有远至奉化、慈溪、象山等县的。据称,这95处,至11月29日全部追踪做了消毒。市区于11月9日起实行鼠疫菌苗预防注射,至15日,注射人数为5790人,以后此项工作继续进行,共注射鼠疫杆菌苗达23343人,重点人群还注射了两次。

1941年4月,日军占领宁波后,大肆掠夺。在慈溪庄桥(现属江北区),

国民政府中央贸易委员会储存的全部物资,加上民众的粮食、棉花、金属器皿等财物,也被日军用30艘帆船掠往宁波。

(五)财产损失情况分析

1.损失惨重

宁波市抗日战争时期财产损失惨重的特点主要表现在以下三个方面:第一,数量大。日本帝国主义对宁波的侵略是一场千古未有的浩劫。抗日战争时期宁波市财产损失除了因种种原因未计入总数的以外,总值达71832552.2元。其中,社会财产直接损失为22821199.5元,社会财产间接损失为14570476.7元,居民财产损失为34440876元。第二,范围广。抗日战争时期宁波市的财产损失的范围非常广。从地域上看,宁波市11个县(市)区都有财产损失的统计;从类别上看,所涉及的财产损失各个类别都有损失。第三,程度深。以抗日战争时期宁波市的房屋财产损失为例,宁波市抗日战争时期居民财产房屋类损失数额巨大,共计42570.5间,价值11714744.37元。有的地方房屋损失殆尽。如1940年7月,日军第一次在镇海登陆时,镇海县的武林镇,原有房屋1200余间,差不多全部被夷为平地。

图表12:宁波市抗日战争时期财产损失比例图

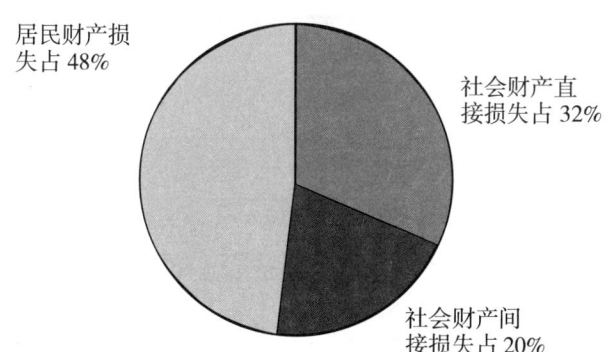

宁波之所以损失这么惨重,原因主要有以下两点:一是宁波作为浙东的经济中心,经济本身比较发达。工业上,宁波是浙江省的三大工业中心之一

（其他两个是杭嘉湖与温州）；商业上，宁波自古以来商贸就比较发达。虽然近代以来，由于上海的崛起，宁波有所衰落，但依托便利的交通条件，其在浙东的商贸中心的地位仍然稳固。二是宁波重要的战略地位使其成为日军侵犯的重点。在日军占领上海、广州等地后，由于上海仍有租界存在，沪甬线航轮仍在通航，宁波成为内地各省物资的运转口岸和中国连接海外的主要海上通道，战略地位极为重要。为了断绝国际上对中国海路物资援助，日军派遣军舰封锁宁波沿海，不断出动飞机轰炸宁波，1940年7月从海上向宁波发动进攻，甚至对宁波实施细菌战。在这些行动都达不到目标后，日军于1941年4月从上海抽调第5师团直接占领了宁波。

2. 时段集中

从宁波市财产损失的时间上来分析，1941年损失最多，共计28209901.26元，占总财产损失的39%。其中，社会财产直接损失15428910.97元，社会财产间接损失6808952.84元，居民财产损失5972037.45元。1941年宁波市财产损失最多的原因主要是宁波沦陷后，日军对宁波进行了疯狂的掠夺。

图表13：宁波市抗日战争时期财产损失年度分布图

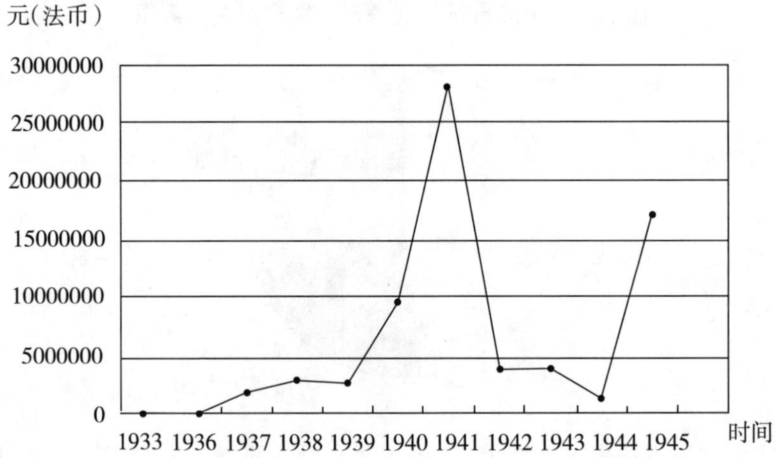

3.居民的房屋财产损失价值最大

从宁波市财产损失的类别上看,以居民财产损失中的房屋财产损失最大,占宁波市财产损失总数的15.5%。房屋财产损失最大的原因主要有两点:一是日军的多次轰炸造成了宁波房屋的巨大损失;二是宁波的经济在当时来说是比较发达的,被毁的房屋大多为瓦房或楼房,价值较高。

六、结论

(一)主要调研成果

根据此次调研成果汇总统计,得出的宁波市抗日战争时期人口伤亡和财产损失的数据汇总如下:直接人口伤亡20034人,间接人口伤亡12572人,总计人口伤亡32606人;社会财产直接损失22821199.5元,社会财产间接损失14570476.7元,居民财产损失34440876元,共计财产损失71832552.2元。

与以往抗战调查学者研究相比,这个调研结果有两个明显特点。一是调研的系统性和规范性。在历时3年的调研中,市县实行联动,互相学习,互相协作,分阶段,分步骤,体现了较强的系统性。在调研结果的汇总统计中,各地按照中央党史研究室发布的统计表和统计要求,精确定义,严格填写,做到规范性。二是数据的全面性和准确性。宁波市各县(市)区党史部门全部参加这次调研,一个不缺,此次调研采用查阅档案文献和社会调查两种方法,将这两种方法所得材料进行整合,便于互相补充,互相印证,保证了数据的全面性。此次调研所采用的数据,基本出自第一手材料,而把第二手材料作为参考资料,在填写明细表、统计表时,每一个数据都注明原始出处,做到所有数据都"有据可查",突出了所引用材料的准确性。正是基于以上调研特点,此次调研结果具有相当的可信度。当然,需要同时说明的是,由于年代久远、搜集资料困难等客观原因,在调研中得出的宁波市抗日战争时期人口伤亡和财产损失基本数据,还是限于目前资料和研究水平所能汇总形成的数据,并不是最终结果。今后,我们将继续推进本课题调研工作,以期在掌握更多资料和取得研究新成果的基础上对有关数据进一步修订、补充和完善。

(二)人口伤亡和财产损失造成的影响

1. 人口增长停滞

日军侵略不仅给宁波造成大量的人口伤亡,也给宁波的人口发展带来了潜在的影响。从以下图表中可以看出:1938年宁波市人口有3076144人,到1945年人口不增反降,只有3017948人,抗日战争时期宁波市的人口增长处于停滞状态。

图表14:宁波市抗日战争时期人口分布图

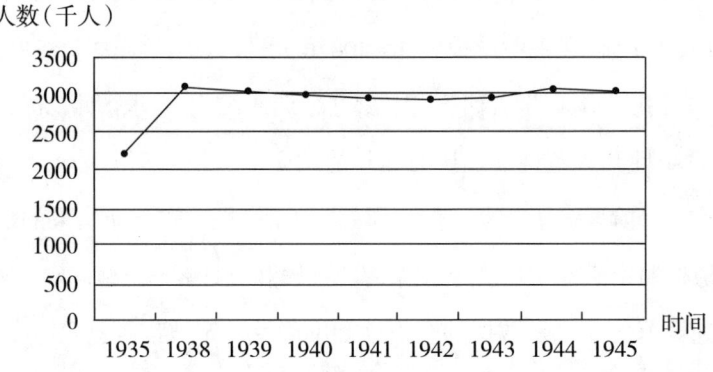

资料来源:根据浙江省图书馆藏《浙江省各县历代户口统计表(民国)》(编号0040)整理而成。

造成抗日战争时期宁波市人口增长停滞的原因是日军的侵略。它不仅体现在人口伤亡上,还体现在人口自然增长率的下降上。

沦陷前日机的狂轰滥炸导致宁波出现巨大的人口伤亡。沦陷后,日军的烧杀奸淫和残酷统治,不仅导致了人员的直接伤亡,由于缺衣少食,间接伤亡的人数也大为增加。1941年,日伪政权为了稳定统治,以(伪)鄞县乡镇联合会名义发起鄞、镇、慈、姚、奉五县联合评议米价委员会,限定稻谷、大米价格,进而又发展到每 7 至 10 日一次评议日用品价格。伪当局派警察监察市场,推行"公定最高限价",对柴、米、油、盐、糖、烟、布、纸等 87 种物价实行强制限价。1943 年实行战时经济政策与物资统配,规定凡储备有棉花、化工药品、皮革、五金等 18 种物资者,一律登记,实行军事管制。1942 年日伪政权强制改法币为储备币后,物价大幅度上升,至 1945 年 8 月,一般物价上涨 1000—2000 倍,大米上涨 6363 倍,每石达到 70 万元。[1]

日军的残暴统治使民众生活困窘,流离失所,这必然导致人口自然增长率的下降。据行政院善后救济总署浙闽分署对浙江省各县农村因战争导致的难民人数的统计,宁波市的难民总数为 360254 人。其中,鄞县 118842 人,余姚 70376 人,奉化 62120 人,慈溪 44486 人,镇海 25251 人,象山 21772 人,宁海 17407 人。[2]

此外,由于战乱,食品短缺,缺医少药,宁波人民的身体健康水平也大大下降。

2. 阻滞了宁波的现代化进程

作为浙江省的三大工业中心之一,宁波市的近现代工业已经有了一定的基础。但日军的侵略使宁波的工业遭受了毁灭性的打击。据统计,抗日战争时期宁波市的工业损失达 8900807 元。

宁波沦陷后,宁波一些较大的工厂,有的关闭,有的缩小经营范围。其时和丰纱厂因厂房失火被焚已停止生产;恒丰布厂老板滞留上海租界,宁波总厂处于半停工状态;诚生布厂遭兵匪劫掠,资方代理人姚玉凤忧郁成疾而亡,工厂随之倒闭;开设在东钱湖边的大昌布厂,老板们担心日军骚扰,无意

---

[1] 鄞县地方志编纂委员会编:《鄞县志》,中华书局 1996 年版,第 889 页。
[2] 因《浙江省善后救济资料调查报告》中缺鄞县的数据,所以这里采用的是行政院善后救济署浙闽分署统计的数据,袁成毅:《浙江抗战损失初步研究》,陕西人民出版社 2003 年版,第 161 页。

经营，仅留下少数几名职工护厂，其余全部遣散；正大火柴厂也一度停止生产，遣散工人，职员逃往三北避难；太丰面粉厂和通利源榨油厂的情况也是如此，经营范围大大缩小，开工率不到三分之一。四明电话公司的用户，从2273户锐减至1100户。永耀电力公司虽未遭日军接管，但因日伪横行，偷电漏电严重，亏蚀累累。整个宁波的工业生产，一片萧条景象。

  作为浙东的商贸中心，抗日战争时期宁波市商业造成的实物损失虽然只有467578.22元，但日军的侵略对宁波商业的破坏是很难用数据来衡量的。

  宁波沦陷后，宁波工商界中的一些头面人物也纷纷避走。内地客商见宁波沦陷，裹足不至；四乡客户，除万不得已，也不敢冒险到宁波办货。所以宁波市场萧条，交通阻隔，运输萎缩，码头冷落。茶坊、酒楼、妓院，虽有日伪汉奸进进出出，但生意难做，大不如昔。另一方面，日军进城后，日伪、汉奸、宪兵横行霸道，到处敲诈勒索，各商店为了免招灾祸，纷纷自寻门路，找靠山，拜老头子。敌伪宪兵队中的刘北魁、程明、高镛等，成了当时宁波的红人。日军还在宁波城内交通要道和四郊处处设立岗哨关卡，抄查验检，所以四乡民众更不敢上城，生意更加清淡。

  同时，日伪严格控制物资，商品进口须经日寇特务机关批准。因此，从上海运入宁波的工业品数量大大减少，物资供应紧张。尤其是日军实行纱布"收购"，宁波棉布业储存在上海栈房中的巨量棉布，遭日军突击检查，来不及转移，全被掠夺，损失惨重，使宁波棉布业元气大伤。南北货业因食糖来源减少，经营困难。鱼行业因汉奸把持市场，渔船进口又受重重勒索，外销不通，营业衰退。钱庄业因国家银行内迁，存款被冻结，除了几家专做沪甬汇兑生意外，都停业观望。其他如国药业、粮食业、木行业等，莫不如此。

  作为经济现代化的基础行业，抗日战争时期宁波市的交通运输业损失惨重，达9095146.11元。战前宁波水陆交通发达，但为了抵御日军的侵略，按照浙江省政府的命令,各县对宁波连接外界的唯一的一条铁路——杭甬铁路和宁波的主要公路干线进行了破坏。经过镇海口三次沉船活动,宁波大的船只消耗殆尽。在日军统治下的宁波港,航运活动几乎停止。沪甬线上行驶的只有几条日军控制的船只,一般商客赴沪进行贸易活动(多数是做些小生意的,称之为"单帮"商客)十分困难,进出手续烦琐。抗日战争胜利时,整个港口找不到一座完整的码头和仓库,呈现出一副破败残落的景象。甬江上也找不到一条像样的船只。劫后余生的招商局几乎是一无所有。抗日战争时期被拆除路轨的萧甬铁路直到二十世纪五十年代才恢复通车。

3. 生态环境遭到严重破坏

1940年日军对宁波实施的细菌战,不仅给宁波造成了惨重的人员伤亡,而且使昔日繁华的闹市区变成了鼠疫场。为了防止疫情扩大,1940年11月30日晚,鄞县政府焚毁了开明街疫区全部房屋,疫区内建筑物尽付一炬,留下一片瓦砾废墟,直到二十世纪五十年代才恢复生机。

日军占领宁波后为了修筑军事设施,砍伐了大量的树木,给生态环境造成了严重的破坏。从现有的调查情况来看,抗日战争时期宁波被毁林木1114亩,树木290730株,木材9625000斤、225295.6立方米,毛竹281447株、1076500斤,柴爿1200000斤。

日军为了在占领的中国大陆继续顽抗,1944年8月起在江北庄桥强行建造飞机场,占地7897亩,毁坏农田4000多亩。氟石作为当时的战略资源,是重要的化学原料和冶金催化剂,也成为日军掠夺的重点对象。长达4年多的掠夺性开采,不仅造成了大量的劳工伤亡,也给象山的氟矿资源和当地环境造成毁灭性破坏。

4. 文化教育事业遭到重创

作为浙东文化的发源地,宁波历史文化悠久,有许多的名胜古迹。但日军的侵略使宁波的文化事业损失惨重。抗日战争时期宁波市的文化类财产损失虽然只有462004.35元,但很多损失是难以用金钱来估量的,如1939年6月被日机炸毁的江北慈城永明寺。作为历史文物,一旦毁掉,就永远消失了。

宁波最大的公立图书馆——鄞县县立图书馆,在抗战之初为了躲避战乱,将馆藏珍籍385种移至姜山镇中心小学。1941年日军侵占鄞县后,县立图书馆撤至宁海前童,余书及设备被抢掠大半,损失惨重。除古籍收藏古物陈列所外,平装新书"散失残毁十丧三四,博识之士,几不屑一顾"[1]。

战前,宁波虽然没有高等教育,但宁波素来有捐资助学的传统,因此,宁波的中小学教育非常发达。以创建于1912年的效实中学为例,由于该校教学质量高,早在1917年就与上海复旦大学、圣约翰大学等学校签订了永久性协议,凡效实中学毕业生,全部可以免试入学。1933年和1934年,浙江省举行毕业生会考,效实中学的高初中毕业生连续两届名列全省第一。但日军的入侵使宁波的教育事业遭到重创。抗日战争时期宁波市教育类财产损失达948694.36元。效实中学也在宁波沦陷期间停办,图书仪器横遭破坏,直至抗战胜利后才得以复校。

抗日战争爆发后,大量学校为躲避战乱实施迁移。宁波中学迁至胡家坟,效实中学迁至高桥,正始中学迁至横溪,县立女中迁至凤岙,城区其余中学多各迁农村或外县。1941年县城沦陷后,县立女中、县立乡村简易师范、县立商业职校成立联合中学,迁校至宁海、天台、新昌等地,迁移的学校直至抗日战争胜利才相继回迁。

宁波沦陷后,日伪政权加紧恢复、新建中小学校和师范院校,以鄞县为例,日伪共在占领区新设立8所中等学校,同时在城区恢复和新设9所镇中心国民学校、61所保国民学校和私立小学,但其目的不是为了发展宁波的教育事业,而是为了泯灭中国民众的反抗意识,巩固其在沦陷区的统治。日伪

---

[1] 郑芳华:《宁波公共图书馆事业的今昔》,政协宁波市文史资料委员会编:《宁波文史资料》第二辑,1984年10月印行,第99页。

奴化教育的目标是:"促进中日亲善,使儿童切实认识中日系同文同种之邦,用历史上字体上及读音等以证明之。采集日本名人史略、名胜古迹、风俗习惯及种种优良之点,介绍与学生,并撰拟中日友善之故事,随时向学生讲述,使学生深印脑中,以引起其对日之同情。"[1] 其结果是对宁波文化教育事业的更大摧残。

(朝泽江　执笔　韩小寅　修改)

---

[1] 浙江省档案馆、中共浙江省委党史研究室编:《日军侵略浙江实录》(1937—1945),中共党史出版社1995年版,第680页。

抗日战争时期日军在宁波犯下的细菌战罪行调研报告

浙江省宁波市委党史研究室

  细菌战亦称"生物战",是利用细菌或病毒作武器,以毒害人、畜及农作物,造成人为瘟疫的一种灭绝人性的作战方式。第一次世界大战中德国首先使用细菌武器,造成了严重后果。鉴于战争中使用细菌战武器造成的危害,参与1925年6月日内瓦国际会议的与会代表,签订了《关于禁用毒气或类似毒品及细菌方法作战议定书》,明确规定禁止使用细菌武器。然而,一些国家却一直在研究和使用它。抗日战争期间,日军为了摧毁中国人民抗战的决心和意志,全然不顾《议定书》关于禁止使用细菌武器的规定,丧心病狂地在中国研制、试验、使用细菌武器,给中国人民带来了深重的灾难。

  1940年10月27日,日军731部队在宁波空投染有鼠疫的跳蚤及麦粒等物,制造鼠疫。侵华日军进行的细菌战已经过去了80年,当年还不记事的孩童现在也到了耄耋之年,而更多的受害者则带着痛苦离开了人世。

  为了纪念在这次细菌战中死去的同胞,宁波先后于1995年和2005年在当年细菌战的发生地——开明街口树立了两座宁波鼠疫遗址纪念碑。其中,2005年竖立的纪念碑用8.1米高的锥形黑色大理石做成,呈三角锥形塔式尖顶,纪念碑底部外延是一个炸弹弹坑的形象,上面布满用紫铜雕塑的菌秆、麦穗、跳蚤，用以表现细菌战的残酷。纪念碑的3个平面分别刻着有关细菌战的碑文、111名细菌战遇难者名单和表现遗址位置的宁波当时的地图，正对开明街的一面刻有"勿忘国耻，励志图强"八个大字。

历史已进入新世纪，和平与发展成为世界的主流，中日两国也进入睦邻友好的新时期，世世代代友好下去的呼声已成为两国人民的共同愿望。但是日本国内的右翼分子不时躁动，肆意歪曲历史，否认南京大屠杀，否认进行过细菌战，一心想成为军事大国，重温"共荣圈"美梦。

"前事不忘，后事之师"，开展侵华日军在宁波实施细菌战的专题研究就是为了晓谕中日两国人民，携手维护和发展用鲜血换来的和平，不让历史悲剧重演。

在开明街鼠疫发生后，当时宁波的主要报纸《时事公报》对事件发生的过程进行了全程报道，为日后研究留下了第一手资料。鄞县政府对事件处理的全过程也被详细记录，给后人留下了丰富的档案资料。中华人民共和国成立初期，为了控诉日本帝国主义的侵略罪行，人民政府对细菌战的资料进行了初步的挖掘。1959年吴元章发表的《"送瘟神"斗争的胜利》对日军在宁波实施细菌战做了初步的描述，也是目前所见最早的研究开明街鼠疫的文章。从1964年开始，宁波市卫生防疫站防疫科的黄可泰与宁波细菌学前辈吴元章一起，对侵华日军使用细菌武器在宁波引起鼠疫的情况又进行了深入的研究。

改革开放以来，随着史料的进一步挖掘，对侵华日军在宁波实施细菌战的研究也进入了高潮。相关的回忆性和研究性文章大量出现。1994年黄可泰、吴元章的专著《惨绝人寰的细菌战——1940年宁波鼠疫纪实》由东南大学出版社出版发行。这是研究侵华日军在宁波实施细菌战的第一部专著，受到了国内外学者的高度重视，并在国内出版的研究侵华日军在中国实施细菌战的专著中被频频引用。我们的专题主要是在参考近年来国内出版的相关著述和 2006 年 8 月开始在全市开展社会调查获得的资料的基础上，对前人的研究成果进行补充、完善。

由于日本对细菌战采取了十分隐秘的方式，致使我国人民长期不知细菌战为何物，当细菌战引发的疫病吞噬他们的生命时，又认为是发了人瘟，是上天降下的天灾。同时，对细菌战的调查、研究和认定需要大量的专业知识和丰富的史料作为基础。这些都给我们的研究带来了很多困难。根据实际情况，我们的专题对已经得到国内外公认的开明街鼠疫进行了全面的分析、介绍，对有待确认的侵华日军在宁波实施的细菌战事例以附记的形式进行了梳理，为将来开展进一步的研究打下基础。

一、开明街鼠疫的发生

宁波是我国东南沿海的重要港口之一，是浙东各地工农业产品的主要集散地。抗日战争爆发后，上海、杭州等地相继沦陷，由于上海仍有租界存在，沪甬线班轮仍在通航，宁波成为内地各省物资的转运口岸和中国连接海外的主要海上通道之一，战略地位极为重要。

为了切断这条海上交通补给线，日军除了派遣军舰封锁宁波沿海海面，还不断出动飞机轰炸宁波，甚至于 1940 年 7 月直接进行武装侵略。在这些手段都不能达到目的后，日军决定对宁波实施细菌战。

1940 年 8 月初，由 731 部队组成的远征队——"奈良部队"，在石井四郎的带领下与南京"荣"字 1644 部队派出的队员会合，在杭州笕桥机场集结，准备对宁波发动细菌战。据 731 部队特别班班员石桥直方的证词，宁波开明街的鼠疫就是石井四郎亲自指挥 731 部队和南京"荣"字 1644 部队犯下的罪行。"南京'荣'字 1644 部队当时抽调 50 名专业人员配合 731 部队行动，侵驻杭州的日军华中派遣军第22师团也参加了宁波鼠疫作战。"[1]他们的目的有两个：一是检验鼠疫战的成效，二是认为如果鼠疫战获得成功，导致该地发生鼠疫流行的情况，它的港口自然会被迫封闭。

为了实施细菌战，日军加强了对宁波的空中侦察，并从9月13日开始，停止了对宁波的轰炸。10月27日晨约7时[2]，天色阴霾，空袭警报突然嘶鸣，一架日机蹿入宁波市区上空，盘旋一周后俯冲而下，没有扫射轰炸，却抛下大量传单，传单上画有日、德、意国旗和两手相握表示"中日亲善"的图画。还说什么"重庆正在闹饥荒，民不聊生，日本人民则丰衣足食，尚有余粮来接济你们"等谎言。散布传单后，该机向西飞去。

下午2时许，日机再次入侵，投下大量麦粒和面粉，散落在市中心开明街一带，该处上空顿成一片淡黄色云雾，屋瓦上发出"沙拉拉"的响声，居民都感到十分惊奇和惶恐。日机过后，居民发现，跳蚤骤增，红红的颜色，形体略小，种类也不一样。后来，才知道这些跳蚤就是吸饱了鼠疫试验者的血液，体内充满着亿万个鼠疫杆菌的疫蚤。[3]当时正是干旱季节，但29日下了一场雨，把麦粒和疫蚤从屋瓦上冲洗下来，漂浮于住户露天水缸的水面上。不久，许多露天水缸的石缝里长出了麦苗。凡是落麦最多的庭院，死人也最多。这成为日军对宁波实施细菌战的有力见证。

日机投毒后仅隔两日，就有人染上鼠疫病。据国民政府卫生署卫生防疫处处长容启荣的调查，最早死于鼠疫的是开明街16号印刷店的王正行。接着，开明街66号滋泉豆浆店店主赖福生夫妇，隔壁的王顺兴大饼店，胡元

---

[1] 郭成周、廖应昌：《侵华日军细菌战纪实——历史上被隐瞒的篇章》，北京燕山出版社1997年版，第332页。

[2] 关于开明街鼠疫的发生时间，目前有三种说法，一种是10月22日，一种是10月27日，还有一种是两次，即22日和27日都发生过。本专题采取黄可泰等人经过考证后的说法，为10月27日，黄可泰、邱华士、夏素琴主编：《宁波鼠疫史实——侵华日军细菌战罪证》，中国文联出版公司1999年版，第20—22页。

[3] 钱贵法：《我在宁波细菌战中的悲惨遭遇》，《纵横》，1996年第4期。

兴骨牌店,以及中山东路元泰酒店、宝昌祥服装店,还有东后街一带,相继发生死人情况。死于鼠疫的尸体像烤熟的虾子,抽搐成一团,面部发黑,样子十分吓人。[1]到11月3日,已有29人死亡。4日又有7人死亡。一时间,呼天抢地的哀号声此起彼伏,丧服裹身的人比比皆是,景象十分悲惨。

二、开明街鼠疫的确证

1. 鼠疫的确诊

开明街暴死事件发生后,患者纷纷去医院求治。起初,患者被误诊为恶性疟疾或横痃。据当时华美医院院长丁立成医师称:"余曾经诊视一患此疫症之8岁孩童,初由某医院诊视,因其头痛畏寒,以为恶性疟疾。经打奎宁针两支未见效,到余处求诊,亦以为恶性疟疾。经注射奎宁针一支,亦未见愈。后发现喉间(颈部)淋巴(结)肿胀,知其实系鼠疫,现该孩已死亡。"[2]

作为天字第一号传染病——鼠疫的确诊和宣布,古今中外,任何一位医师都懂得其责任之重大,都懂得必须慎而又慎。最早确诊鼠疫的华美医院院长丁立成医师发表"实系鼠疫"的谈话,决不仅仅是"发现喉间(颈部)淋巴(结)肿胀"。他最先从东后街136号患者王仁林身上做淋巴腺穿刺液涂片,交由许国芳技师检验,经美兰染色镜检,找到两端染色较深,肥大短小的革兰氏阴性杆菌。这种杆菌,就是典型的鼠疫杆菌形态。此发现虽无具体日期记载,但据容启荣在《浙江鼠疫调查报告书》中记载,患者王仁林于10月31日发病,11月2日死亡。所以可以推断该项发现是在11月1日前后。[3]

---

[1]《采访钟辉的记录》(1965年4月28日采访),黄可泰、邱华士、夏素琴主编:《宁波鼠疫史实——侵华日军细菌战罪证》,中国文联出版公司1999年版,第84页。
[2]《东后街之传染病断系鼠疫》,《时事公报》,1940年11月4日。
[3] 魏巍:《1940年日军对宁波细菌战的几点研究》,《中共宁波市委党校学报》,2005年第4期,第30页。

但细菌学的检定（尤为鼠疫杆菌）决不能仅以细菌形态学所能确定的。丁立成医师于11月3日，又从至华美医院求治的一疑似鼠疫患者俞元德（男，16岁，开明街72号祥和豆腐店学徒，住东后街）身上抽取血液和肿胀淋巴腺穿刺液，交化验室技师许国芳分别注入两只豚鼠的腹股沟皮下。次日，接种部位呈水肿及出血性炎症，附近淋巴腺肿大，其周围组织呈出血性浸润。第三天，两只豚鼠先后死亡，随即在华美医院太平间做了解剖，见脾脏肿大，有米粒状结节，黏液膜及内脏充血并呈溢血斑，将淋巴腺与血液涂片后美兰染色检查，见到无数鼠疫杆菌形态，再将豚鼠淋巴腺穿刺液和血液作细菌培养，又得出阳性结果，后又经省卫生处吴昌丰技正作血清凝集实验也获阳性结果。[1]

这次鼠疫惨祸的病原体，在11月1日前后，由华美医院院长丁立成医师从病人王仁林肿胀的淋巴腺中抽取淋巴腺穿刺液经涂片染色镜找到；11月5日，又经鼠疫细菌学常规检验程序确诊。至此，鼠疫确诊无疑。这次日机投下鼠疫病菌，首先由华美医院以当时国际上鼠疫细菌学常规的检验程序确诊是世上最烈性传染病——鼠疫，其功不可没。[2]

当时在鄞县中心医院任职的孙金铨医师对鼠疫的临床诊断也做出了自己的贡献。11月1日下午，在鄞县县东镇镇长毛稼笙报请下，鄞县卫生院院长带领医务人员赴疫区调查，发现患者5人，选择2名症状较轻的患者去中心医院检查，经孙金铨、周尧恒医师检查，发现患者具有显著的鼠疫症状，当即向鄞县县政府做了报告，为防止鼠疫的蔓延发挥了重要的作用。

2. 病源的证实

宁波历史上从没有发生过鼠疫流行的情况。在开明街鼠疫发生后，对

---

[1] 魏巍：《1940年日军对宁波细菌战的几点研究》，《中共宁波市委党校学报》，2005年第4期，第30页。
[2] 魏巍：《1940年日军对宁波细菌战的几点研究》，《中共宁波市委党校学报》，2005年第4期，第30页。

鼠疫的来源，当时曾经提出有两种可能，一是从外地传染来的，因为浙南庆元曾一度闹过鼠疫。一是由日本飞机撒下的麦子粟米夹着跳蚤一类的东西所传播的。但当时的研究认为，前者的可能性不大。因为第一个发病的地点是豆浆店，并没有来自外地的人，也没有其他可疑线索可寻。况且从庆元到宁波，要经过龙泉、丽水、永康、东阳（或金华）、嵊县、新昌、奉化等处，交通非常不便，要经过许多日夜，舟车辗转；而且这些地区当时都没有发现类似的疫病。因此，可以断定不是从外地传染来的。对于后者，经过研究后认定是确凿无疑的。因为从日本飞机撒下麦子粟米的时间和地点与发病的时间和地点完全吻合，而且麦子粟米撒得最多的地方，死的人也最多。同时，疫区里发现一些奇异的跳蚤，与宁波的跳蚤不一样，形体略小，色红。[1] 当时看到跳蚤的人很多，防治人员的白色防护衣上也时有发现。据当时担任消毒工作的钟辉说，他所看到的就是这样小而红的跳蚤。由此看来，传播疫菌的是跳蚤而不是麦子粟米，跳蚤是凭借着麦子粟米而撒下来的。

这个观点被1949年12月伯力军事法庭上日军战犯的供词证实。据关东军军医部长梶塚隆二供称：1941年2月，石井四郎在向其汇报1940年细菌战时说，"效力更大得多的细菌投掷法是不把细菌'赤裸裸'投掷下去，而是把它与媒介物一块，即同虫类，特别是同跳蚤一块投掷下去。跳蚤是最富有生命力的虫子，把跳蚤染上鼠疫后，就从飞机上投掷下去，而寄存在跳蚤体内的鼠疫病，便能顺利地同跳蚤一起落到地面上"。[2] 另据731部队特别班班员石桥直方的供认："我参加过宁波的鼠疫作战。1940年8月西郡班一些人到达杭州，在国民党航空学校的飞机场乘轻型战斗机飞往宁波。后来，增田美惠药剂大尉驾驶这架飞机把731部队、1644部队培植的鼠疫跳蚤连同

---

[1] 这种跳蚤后在浙江衢县再次被发现，被浙江省卫生处确定为印度蚤。
[2] 《伯力审判材料》（中文），莫斯科：外国文书籍出版局印行，1950年，第105页。

高粱、麦粒一起,投撒到宁波城。"[1]

1940年浙赣细菌战结束后,731部队马上派人调查细菌战攻击的效果,特别是对成功的战例(例如宁波)进行了详细的调查。据柄泽十三夫供认:"当时为了搜集关于此次动作效果的情报,特留下了一个由野崎少佐带领的专门小队,结果野崎少佐弄到了几份记载有关宁波一带瘟疫流行消息的报纸。"[2] 据当地居民回忆:"一九四一年四月十九日,日寇侵入宁波。五月初,十一个日本高级将官(并非驻在本市的敌军部队,而由其他地方特派而来)到疫区附近找寻当时办事人员金体熔,详细探寻宁波鼠疫发生经过,'何时发生?''发生何地?''最初发生于哪家?''当时有否飞机散发小麦?''人民是否说这事日军干的?''你担任什么工作?''一共死了多少人?''怎样防治的?'……问长问短,问了二小时,均被详细记录。"[3]

宁波鼠疫还被作为日军细菌战的成功范例在日军内部大肆宣传。细菌战的主谋石井四郎对于此次"保号作战"的效果甚为满意。据1941年初就任731部队总务部长的川岛清供称:石井曾将一份记述1940年间宁波一带发生鼠疫流行的杂志给我看,并声称宁波鼠疫流行是日军远征队空投鼠疫跳蚤的结果,还说"这次远征是有成效的"[4]。另外,石井四郎还把其亲自参加细菌战的镜头和细菌战的成功战例联系在一起,拍成纪录片,以宣传自己的功绩。据看过这部影片的原731部队训练部长西俊英供称:"我看见过一部说明第731部队所派远征队于1940年间在华中一带动作情形的纪实影片。起初在银幕上映演的,是装有染上鼠疫跳蚤的器皿怎样安置到机身下面去。

---

[1] 郭成周、廖应昌:《侵华日军细菌战纪实——历史上被隐瞒的篇章》,北京燕山出版社1997年版,第332页。
[2] 《伯力审判材料》(中文),莫斯科:外国文书籍出版局印行,1950年,第105页。
[3] 金一毛:《一连串的事实证明日寇作细菌战》,《当代日报》,1950年2月12日,解学诗、松树高夫等著:《战争与恶疫——七三一部队罪行考》,人民出版社1998年版,第131页。
[4] 《伯力审判材料》(中文),莫斯科:外国文书籍出版局印行,1950年,第105页。

随后映演的,是撒放器怎样安置到飞机翅膀上去。接着就是一段解释,说明这一器皿内盛有鼠疫细菌。然后就表明有四五个人坐上飞机,但究竟这几个人是谁,我却不知道。接着飞机就飞向空中,随后又是一段解释,说明飞机向敌人方面飞行。然后那架飞机就飞到了敌军上空。随后几幅镜头是表示飞机动作、中国军队移动及中国村庄情景的。接着就出现有一股烟气脱离飞机翅膀向下坠去。随后就有一段解释,说明这股烟气乃是撒放到敌军头上的鼠疫跳蚤。然后飞机就飞回机场。银幕上出现了'作战完毕'几字。随后就是飞机降落,消毒人员来到飞机跟前,接着就是表明飞机消毒的情形。随后有数人下机:首先下机的是石井中将,跟随在他后面的是碇常重少佐,其余的人我不认识。随后出现了'战果'二字,映出一份中文报纸以及从这份报纸上译成日文的一段消息。解释文字上说道,在宁波一带忽然间发生了强烈的鼠疫流行病。"[1]

三、开明街鼠疫的防治

在疫情发生后,当时的鄞县政府在浙江省政府专家的指导和社会各界人士的帮助下采取了积极有效的措施进行了防治。

1. 封锁疫区

在鼠疫得到初步确诊后,11月2日,县政府医防人员经会商决定封锁疫区。2日晚,县政府派出警察120余人维护秩序,防疫人员按疫情发生情况勘定界限,随后由工程队用木桩绳索将疫区圈起来。封锁分成内、外两线,内线由保安警察负责,外线由行政警察负责。县政府要求该地段商店停市,同时告令第一学区(开明街这一带属第一学区)各小学,查明学生住处,凡疫

---

[1]《伯力审判材料》(中文),莫斯科:外国文书籍出版局印行,1950年,第105页。

区寄宿生禁止返家;通知学生暂行停课(至5日,县府通告各校一律停课)。到4日,县政府又发布告示(第391号),宣布宁波发生鼠疫灾祸,严加封锁疫区。

在5日成立防疫处后,鄞县政府决定加强封锁措施,在疫区周围建筑隔离围墙。除东后街开明巷一部分利用原有围墙外,其余各处筑以高1丈10寸(市尺)的空斗墙,每丈间有实叠墩柱。围墙从11月8日动工,昼夜不息,到11日完工。共修建了66.66平方丈的隔离围墙。墙内搪以泥浆,墙顶加弧形白铁皮压顶,以防鼠类窜越。隔离围墙仅设门3处,以备工作人员出入。同时,防疫人员还将中山东路行人道及各户排水瓦筒掘毁,将北太平巷的阴沟堵塞,以阻绝鼠类的地下通道,并在墙外挖了3尺宽、4尺深的隔离沟,遍撒石灰,防止携带鼠疫的跳蚤逃窜。

在封锁疫区的同时,鄞县政府于民光戏院(民光电影院)内设立防疫办事处。当时宁波主要公共娱乐场所——天然舞台、共舞台、中南戏院、兰江戏(剧)院,于5日联合发出启事:"奉谕预防疫证,暂行停演。"旅馆商业同业公会亦于6日通知各旅馆拒收疫区来客。毗邻疫区的灵桥镇镇长吴涵发布紧急通知,责成各保甲长对新迁入的户口应特别注意,如系来自疫区的应立即报告,以便派员查询,杜绝蔓延。

2. 消毒疫区和捕鼠灭蚤

在封锁疫区的同时,从11月3日起,对封锁区内沿街门牌板壁缝均用白纸粘封。沿途用石灰水浇洒。3日晚起,各该商店用硫磺熏蒸,并将地板撬开浇石灰水。硫磺熏蒸的方法是:密封房屋,将硫磺置于盆中,上浇煤油少许,引火后经12小时(硫磺盆置灰缸上,以防火灾),然后将天花板、地板撬开,消除死鼠秽物。这种古老的硫磺消毒法,在当时仍不失为一种有效方法,一是可以杀鼠灭蚤,二是福尔马林等药物匮乏(到11月中旬以后,才使用福尔马林、石炭酸、来苏尔等新型消毒材料。)。据11月4日《时事公报》

披露:"当局购得硫磺600公斤。"以此量计算,约可消毒1500平方米面积的房屋。至4日,计有69户用硫磺熏蒸了12个小时。

熏蒸以后,由工务队扫除死鼠秽物,并将地板天花板拆除,焚化死鼠。所有工作人员都穿着防蚤衣。据当年曾在消毒队任副队长的钟辉说:"当时进入疫区工作时,我穿白色防蚤衣和油布短统靴,看到下半身爬上很多平时少有的红红的跳蚤。凡是落麦子最多的庭院,死人最多。"截至11月23日,凡鼠疫感染者居住的房屋,均已消毒两次,经中央防疫队(十七队)叶树棠队长等调查研究后,准予启封,由各户将自己物品,择要移出。为此,防疫处又成立了一个疫区物品消毒处,按照规定给每个住户发放两只竹箩、麻袋,以两箩两袋为限对住户的物品代为消毒,每天消毒20户。消毒办法有煮沸、热蒸、用福尔马林和石炭酸4种,视物而定。

3. 建立防疫机构

由于鄞县县长俞济民在10月底就离开宁波去永康参加浙江省政府主席黄绍竑主持的专员、县长会议,所以11月5日前的封锁疫区等防疫工作,实际是由医学、新闻及各方有识人士呼吁敦促县府实施的。在俞济民于11月5日晨返甬后,下令于11月6日成立鄞县防疫处,下设防治组、总务组、工务组、警备组等机构。防疫处成立后,认真地进行了一系列防疫工作。至12月2日,在26天的时间里,防疫处共召开22次会议,几乎每天都开会讨论防疫事项。

宁波发生的鼠疫,也惊动了国民政府当局。继11月5日,浙江省卫生处派第三科科长王毓榛技正来甬后,10日,中央防疫队队长叶树堂也率队员4人(属中央防疫队十七队)从松阳转金华赶到宁波,省卫生处处长陈万里也随同前来。从中央和省来鄞参加防疫工作的技术人员共计9人。

11月11日,在县防疫处下增设技术室,由中央、省防疫技术人员为主组成。在防治组下又增设三队:预防注射队、环境卫生队和检疫队,调查统计股则与宣传股合并为调查宣传股。同时,还增设了一个疫区善后委员会,由县商会主席,县东、县西、唐塔三镇镇长及该管属的警察分局长任委员,县商会主席周大烈为主任委员。以后又由县政府加聘了委员。

为了筹措防疫和善后处理经费,11月16日,防疫处增设了一个防疫经费筹募会,聘金延荪为主席,竺梅先、周大烈为副主席,倪德照、郑留隐、城区11名镇长、宁波警察局警捐征收主任、警察局各分局长为委员。

11月30日晚,焚毁疫区后,新发病例终止,防疫处遂于12月5日结束。另行成立鄞县防疫委员会负责防疫未了事宜,由鄞县卫生院具体执行。

4. 设立临时隔离病院

疫情发生后,患者多往医院及某些中、西诊所求治。至11月2日,华美医院已诊治8人。为方便患者,疫区的县东镇公所还与县中心医院联系,印制急诊券,凡染疫者可随时向镇公所索取,赶往中心医院急救。从11月3日起,设立扑灭鼠疫临时办事处于民光戏院(今民光电影院),要求凡发现昏睡高热病人,即送该处就诊,确诊后,再送南门外大禹庙临时设立的隔离医院医治,其他医院不得接收疫区患者。

由于大禹庙离疫区远,送病人比较困难。为防止疫源播散,11月4日起,在疫区内和疫区附近设甲、乙、丙三个临时隔离医院。甲部设在疫区内同顺提庄,收容确诊的鼠疫病人,配医生、护士各一人,遇死亡者,由掩埋队装入棺木运至老龙湾深埋。甲部从11月4日设立到11月30日结束,收容过61人,死亡59人,治愈二人为钱贵法、陈和尚[1]。乙部,设在疫区开明街斜对面的永耀电力有限公司营业部(当时市区的高大建筑之一),收容者须先经洗浴、更衣才能入院,每人注射鼠疫菌苗二次,自11月4日设立到11月26日结束,

---

[1] 容启荣:《浙江鼠疫调查报告书》,但据1940年11月22日的《时事公报》记载,甲部当时还有三名病人,即徐贵法(即钱贵法)、陈和尚和朱陈氏。另据钱贵法回忆,随甲部迁南郊董孝子庙的有他和陈和尚两人。因此,对朱陈氏的去向难以断定,未将其列入死者名单。

共收容193人,准予出院时都发给证书。丙部,设在疫区内的开明庵,配医生、护士各一人。收容疫区内外的可疑患者,若确诊为鼠疫再转入甲部。自11月7日设立到20日结束,先后收容17人,内迁甲部后死亡者9人,在院内其他病死亡者1人,余下7人经诊断非鼠疫,病愈后发给证书出院。

乙部经留验出现症状而向甲院转送的最后二例患者是郭惠龄(转甲院后死亡)和武春元,其中,武春元是由鄞县中心医院孙金铂医师经血片染色镜检查找到鼠疫杆菌形态的患者。

据12月1日《时事公报》刊登的《鄞县政府布告》中的统计:各隔离医院共收容疫区居民253人。住院者至11月15日止,超过潜伏期经预防注射而给证出院者127人,另有63人因无家可归仍留乙部(之后移至董孝子庙)。

5.搜查外逃病人

因感染鼠疫暴死的情况发生后,疫区内居民以及部分染疫者,纷纷逃避瘟疫,回老家或外出投亲靠友。为防止疫情扩散,鄞县政府决定在封锁疫区后开始追查病人。11月3日,县政府电告各乡镇,开明街一带发生鼠疫,要求各地凡是发现有头痛及淋巴结肿痛、恶寒、高热、旋即不省人事的病人,或死后皮肤有黑斑的,立即电告县府。但除了毗邻的灵桥镇特别重视,次日即发紧急通知要求保甲长挨户查外,这项工作在其他乡镇落实得并不到位。为此,县防疫处于6日成立后,专门设置了一个搜查队,负责查找从疫区外逃的居民和病人。在7日防疫会议上,省卫生处王毓榛科长特别提出了调查户口着手追回外逃者,以免疫情扩散的主张。搜查队的工作取得了较好成效,控制了疫情的蔓延。据11月5日至15日《时事公报》的统计:共追查到疫区外出居民62人,其中已死亡的患者有15人,即11月4日追回疫区居民2人,5日发现15人(死亡9人),7日追回患者4人,8日追回嫌疑病人14人,9日发现4人(2人死亡),10日发现7人(3人死亡),11日发现5人(1

人死亡），13日追回1人，14日追回10人。另据事后的统计，整个出逃在外的死亡者达32人以上。

6. 进行预防注射

注射鼠疫菌苗，是预防鼠疫的有效措施。市区于11月9日起实行鼠疫菌苗预防注射，并为此在县防疫处防治组下增设了一个预防注射大队，把以开明街疫区为中心，东至碶闸街，南至大梁街，西至南北大路，北至苍水街的市中心一片的居民作为注射对象。9日、10日，鄞县县政府发布通知，把对虽在疫区外但与疫区人有过接触的其他居民，以及全市中小学生，也作为注射对象。至15日，共注射人数5790人。以后此项工作继续进行，共注射鼠疫杆菌苗达23343人，对重点人群还注射了两次。

当时省卫生处陈万里处长曾宣布，专门运抵宁波市的鼠疫菌苗有2900瓶，可供10万人注射用。军政部第四防疫分队第一队派卫生工程师高惠民等来甬，又携带一批鼠疫菌苗。

7. 焚烧疫区

在11月25日召开的第17次防疫会议上，县政府在征得省政府的同意后，决定忍痛烧毁疫区的全部房屋及遗留的财物，并派员逐户登记造册，从11月30日晚上7时始，焚毁开明街疫区全部房屋。焚屋时，省政府派卫生处处长陈万里、第六专员公署专员徐箴代表省政府作为监视员到场监视，另有警备官长33人、警长174名（警察局人员207人），中央防疫队11人，防疫处征集股3人，医官4名，官佐8名到场。此外，还调动了全城10余支水龙布防，以防火势蔓延它处。

11月30日的大火焚烧了4个小时，被焚住户（包括店号）115户，房137间，地面面积约为5000平方米，疫区内建筑物尽付一炬，留下一片瓦砾废墟，后来人称"鼠疫场"。

8. 评述

由于未发现新的病例，12月1日，鄞县县政府发布通告，解除封锁。

从当时的情况来看，尽管开明街鼠疫发生在闹市区并且在鼠疫发生初期未能及时确诊并采取防治措施，但由于后期防治措施得力，疫情没有蔓延，鼠疫造成的人员伤亡并不严重。开明街鼠疫中采取的防治措施也得到了上级卫生防疫部门的充分肯定。12月初浙江省政府颁布的《防治鼠疫要点》和《紧急处置办法》就是在借鉴鄞县防治开明街鼠疫的措施的基础上制订的。

从后来的情况来看，开明街鼠疫的防治也是成功的。虽然在1942年日军占领宁波后尚有个别发生鼠疫的记载，如当时担任宁波华美医院院长的丁立成医生回忆："同年（1941年）五月，西北街西北村有一王姓病人求治，当时抽血进行动物接种，接种后的天竺鼠不久即发作病死，乃证明是鼠疫。"[1]但未得到证实，官方也没有鼠疫再度发生的记录。1964年，黄可泰、朱元卿等对宁波市家鼠做了批量调查，解剖家鼠5000只，也未发现鼠疫迹象。

四、开明街鼠疫的特点

1940年发生的开明街鼠疫首先具有明显的人为传播的特点：一是宁波不是鼠疫疫源地，历史上从没有流行鼠疫的记录，且远离鼠疫流行区，无从外地传入的迹象；此次鼠疫流行地点又位于县城中心，死亡者发病前并无远离家门外出。二是鼠疫流行期间没有发现疫鼠，而是蚤——人直接传染；患者所感染鼠疫类型基本上都是由疫蚤传染的腺鼠疫。据容启荣《浙江鼠疫调查报告书》中有病情记录的61例病人统计：腺鼠疫58例，败血鼠疫3例[2]。三是鼠疫流行区域与日军撒布疫蚤的地点相同，在因病死亡者中，除一人是在医

---

[1] 中央档案馆、中国第二历史档案馆和吉林省社会科学院编：《细菌战与毒气战》，中华书局1989年版，第282页。

[2] 中央档案馆、中国第二历史档案馆和吉林省社会科学院编：《细菌战与毒气战》，中华书局1989年版，第257页。

院感染外,全部是在疫区内感染的;而且,除5人外全部是在疫区封锁消毒前感染的。此外,死亡者多集中在疫区西北角,与日军撒布物的集中点相一致。

其次,开明街的鼠疫还呈现出散布迅速、散布范围广、病症严重、死亡率极高等特点。日军在10月27日投毒后,29日即有人染疫发病。也就是说,投毒到发病不到48小时。31日晚,就开始死人,离投毒日仅仅4天。自11月1日至10日,每日均有新病例发现,多者9至10人,少者2至3人。至11日,死亡人数已经达到87人(仅就已查到姓名者而言)。这么短的潜伏期和如此强烈的传染力,在流行病学中是罕见的。从医学角度可以认定,日军投放的是一种传染性特别强的鼠疫菌菌株。国民党卫生署署长金宝善也曾就此事急电[1]致行政院蒋介石。可见,当时宁波鼠疫流行的情况相当严峻。宁波此次鼠疫,多数为腺鼠疫,虽经医生之各种注射疗法与中医之各种方药,均不见效,当时除甲部的钱贵法一人幸存外,其余皆死亡。

据1940年11月16日《时事公报》上发表的防疫处防治组张方庆的《鄞县鼠疫近况与未来之预防》:"兹据调查所得,疫区自中山东路二四八号,经开明街至东后街一四二号止,其居住,罹病数与死亡率(数)制表(见附表),披露于此,几毗连之家,无一能幸免者,且发病皆在十月三十日至十一月十日之十日间,其传染力之大,见此可推测一般矣!……此次鼠疫,多数为腺疫与败血症之合并。故虽医师之各种注射疗法与中医之各种方药之试药,均不见有效,除现在甲部有二三人有痊愈希望外,其余皆已死亡或将要死亡,其死亡率之大,亦可惊人。"

对比一下日军在同期对其他地区细菌战的情况。在浙江省衢县,日军在1940年10月4日上午9时许投下混有鼠疫跳蚤的麦子、粟粒和破布,而直到11月12日,衢县才发现首例鼠疫病,相距38天,这可以说明,日军在

---

[1] 急电要求中央防疫处生物学研究所赶制大量鼠疫菌苗及血清,以应浙东亟需。急电全文见郭成周、廖应昌:《侵华日军细菌战纪实——历史上被隐瞒的篇章》,北京燕山出版社1997年版,第325页。

衢县投下的鼠疫跳蚤的毒性并没有在宁波投下的鼠疫跳蚤的毒性强。在此次衢县鼠疫过程中，自11月12日至12月5日24天时间里，共发现鼠疫患者21人，均死亡。其每天的死亡率和死亡人数也难以与宁波相比。在常德，日军于1941年11月4日晨5时许，投下染有鼠疫的麦、谷、棉絮及其他不明物质，到11月11日即空投后的第7天出现了第一例患者。从11月4日至25日共发现患者44例，死亡40例。由此，我们可以看出，日军对宁波所使用的寄宿在跳蚤上的鼠疫病菌的烈性之强是罕见的。此次宁波鼠疫的发病快、传染快、潜伏期短、死亡率高等特点也是同时期其他地区难以相比的。

五、开明街鼠疫的影响

日本侵略者制造的开明街鼠疫，给宁波人民带来了深重灾难。

泥水匠戚信荣，曾经参与1940年11月对开明街一带鼠疫疫区封锁隔离围墙的建筑，以及尸体的掩埋。鼠疫患者临死前的惨状在他的脑海里留下了极为深刻的印象。他说："我亲眼看见患者脸红似醉汉，两眼充血发红，表情惊恐痛苦，两手乱抓头发，头向墙壁乱撞，胡言乱语，狂叫一阵之后，疲惫不堪，终于昏了过去。由于死人多，棺材供不应求，有时只好把两具尸体合放入一口薄皮棺材中，其状惨不忍睹，使死难者家属痛哭流涕，不能自已。"[1]

尽管开明街鼠疫已经过去70多年了，但它给受害者家属造成的痛苦和折磨仍未消除。家住宁波市区郎官巷的傅玉娟，现已90多岁高龄。70多年前她的新婚丈夫何福林就死于这场鼠疫。当她得知消息，从绍兴老家赶到宁波，何福林的尸体已经埋在老龙湾。她未能见丈夫最后一面。从此，她开始

---

[1] 黄可泰、吴元章、顾生霖（执笔）：《"黑色疫魔"袭宁波——侵华日军制造细菌战的罪恶史实》，见宁波市新四军暨华中敌后抗日根据地研究会编：《浙东抗战与敌后抗日根据地史料丛书》第一卷，中共党史出版社2001年版，第566页。

了70多年的无依无靠的孤寡生活。可以想象,她在苦熬光阴中的痛苦景象。

关于开明街鼠疫导致的人口伤亡人数,一直有多种说法。最少的说法是93人[1],多数资料说是97人[2],还有的说法是103人[3]。而黄可泰等学者经过深入研究后认为,有名有姓,且有死亡日期的有109人。同时他们还指出:这个数字"实际上仍是一个保守的数字"[4]。另据2011年10月20日《宁波晚报》的报道,当年宁波受害人数达1500多人。

开明街鼠疫导致的死亡人数之所以会发生混乱,主要原因是在疫情发生初期未能采取有效的防治措施,导致从疫区潜逃在外者人数众多,难以一一查明。后来防疫处虽然采取了搜查措施,并取得了显著成效,但由于这些染疫者有的为了不牵涉家属亲友,往往自己编造地址或不报地址;也有的怕亲人要被隔离而隐瞒致死,反说是正常死亡的。另外,开明街地处宁波城区的繁华地段,往来人口众多,给疫病的防治也带来了很大困难。这些都给疫病的扩散提供了条件。

为了获得宁波鼠疫造成的人口伤亡的准确数字,我们在广泛收集档案文献资料的基础上,还从2006年开始在全市进行了广泛的社会调查。通过整理分析获得的资料,我们对原有的伤亡人数进行了仔细鉴别,剔除了我们认为不准确的部分,并补充了我们认为真实可靠的人员名单,认为开明街鼠疫的死亡人数,有名有姓的有135人[5]。

---

[1] 1940年12月1日《时事公报》的报道:"患疫而死者,至(11月)28日止,计93人。"
[2] 依据是中央防疫处处长容启荣的《浙江鼠疫调查报告书》中记述:"染疫者99人,其中死亡97人。"
[3] 孙金钚、倪维熊:《日本侵华战争中的罪行——宁波鼠疫的发生和经过》,政协宁波市文史资料委员会编:《宁波文史资料》第二辑,1984年10月印行,第175页。
[4] 黄可泰、邱华士、夏素琴主编:《宁波鼠疫史实——侵华日军细菌战罪证》,中国文联出版公司1999年版,第23页。
[5] 具体名单见附录《宁波鼠疫死亡者目录》。另据《宁波鼠疫史实——侵华日军细菌战罪证》中有死者朱陈氏,死于11月12日,依据是11月13日的《时事公报》。但查该天报纸,朱陈氏为救治患者。直至21日仍处于救治之中(见11月22日《时事公报》)。后来《时事公报》对此人虽然再无报道,但不能确认此人已经死亡,故在本名单中没有收入。

这 135 人的鼠疫受害者名单,来自四个方面:一是当时的国民政府卫生署防疫处处长容启荣 1941 年撰写的《浙江鼠疫调查报告书》,有 97 人;二是当时宁波的主要报纸《时事公报》所载,有 87 人[1];三是社会调查,有 28 人;四是鄞县防疫处的防疫会议记录,有 1 人。其中,《浙江鼠疫调查报告书》和《时事公报》都提到的有 78 人,《浙江鼠疫调查报告书》《时事公报》和社会调查都提到的有 1 人,为开明街胡元兴骨牌店的胡世桂,剔除重复的名单,共计 135 人。

从时间上来看,在开明街鼠疫中,从 10 月 31 日发生第一起死亡案例,到 12 月 6 日左右陈和尚死亡,有受害者死亡的时间跨度长达 37 天。由于开始不明真相,导致疫病刚发生时死亡人数激增。在一个星期的时间里,就有 53 人死亡。其中,11 月 6 日一天就有 17 人死亡,为死亡人数最多的一天。到 11 月 15 日,有 8 户人家全部死亡。11 月 6 日鄞县防疫处成立后加强了对疫病的防治,才使死亡人数逐渐下降。

图表 1:开明街鼠疫受害者死亡时间分布图

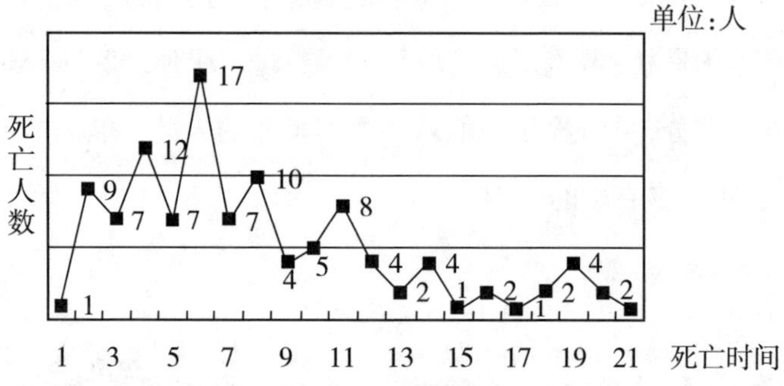

说明:分布图中的死亡数据不包括不知确切死亡时间的受害者

从死亡的地点来分析,主要集中在城区,占开明街鼠疫死亡人数的

---

[1] 据 1940 年 12 月 1 日《时事公报》报道:"患疫而死者,至(11 月)28 日止,计 93 人。"但实查从疫情开始到结束期间《时事公报》的报道,有姓名者只有 87 人。本文以实有的有姓名者死难者名单为准。

96.3%。由于在疫情发生时未及时采取防治措施,在城区外也发生了三起死亡事例,分别是11月1日死于象山的赖福(富)生夫妇,11月4日死于奉化的蒋康华和11月9日死于慈溪的徐鸿水及他的母亲。

在开明街鼠疫中,宁波人民不仅付出了人员伤亡的代价,在物质财产损失方面也是十分惨重的。鄞县政府除了投入大量的人力和财力防治鼠疫外,还发动各方力量筹措防疫费用。在11月13日召开的第7次防疫会议上,防疫处决定筹款50万元,用于办理疫区的善后工作,于11月16日召开的第10次防疫会议上决定成立防疫经费筹募委员会,专门负责筹款工作。开明街鼠疫的防治工作得到了各方的支持。为了帮助鄞县政府防治鼠疫,浙江省政府除了派人、送药来甬进行指导、帮助外,还于11月16日决定向鄞县下拨1万元的灭疫款。慈溪县政府在发生疫情后也决定筹措万元经费用于防疫。社会各界也积极行动起来为防治鼠疫出钱、出力。在11月19日召开的第13次防疫会议上,会议主席报告了旅沪同乡会汇法币5000元用于防疫的经过,并表示余俟续汇。12月2日召开的第22次防疫会议上,会议主席又报告了社会各界捐助本县防治鼠疫经费1335元的事宜。但由于当时的鄞县事后没有对开明街鼠疫造成的财产损失进行统计,现在进行财产损失统计又缺乏相应的折算标准,因此,我们对开明街鼠疫造成的财产损失不能统计出一个精确的数字,只能对损失的财产进行分项列举。

一是建造隔离围墙和挖壕沟的费用。除东后街开明巷一部分利用原有围墙外,其余各处筑以高1丈10寸(市尺)的空斗墙,每丈间有实叠墩柱,共计66.66平方丈。另外在墙外挖了3尺宽、4尺深的隔离沟。

二是消毒和防疫费。据11月4日《时事公报》披露:"当局购得硫磺600公斤。"由于疫区人员外逃,在疫区外发现鼠疫患者和死亡者(32人)计95处(市区83处,郊区12处),有远至奉化、慈溪、象山等县的。据称,这95处,至11月29日全部追踪做了消毒。市区于11月9日起实行鼠疫菌苗预防注射,至15日,注射人数为5790人,以后此项工作继续进行,共注射鼠疫杆菌苗达23343人,重点人群还注射了两次。

三是人工费。防治鼠疫的人工费主要包括两个方面:(1)工作人员的费用,按照11月6日召开的第1次防疫会议的规定,防疫处工作人员的伙食补贴为:长官每天法币8角,士兵5角。(2)聘请人员的费用,根据8日召开的第2次防疫会议的规定,招考的10名防疫队员的待遇为平时每月30元,防疫时期每月60元;11日召开的第5次防疫会议的规定,隔离病院勤杂工甲部每天2元,乙部1.5元,丙部1元,伙食由防疫处供给;17日召开的第11次防疫会议的规定,对在隔离病院协助工作的10名中医,由防疫处给予每人20元的车马费补贴;19日召开的第13次防疫会议又规定,对在院服务的11名国医每人增发20元的车马费。

四是房屋损失费。1940年11月30日,焚毁开明街疫区,涉及中山东路、开明街、东后街、太平巷一带商店与民宅,共计115户,137间。另外,1940年11月23日,焚毁中营巷44号林小狗一家,房屋3间。1940年12月4日,焚毁华美医院工友徐安行1户,房屋4间。这次鼠疫共计焚毁117户,144间。[1]

开明街疫区经查证焚毁的房屋共计115户,137间[2],列计如下:

中山东路计有:124号汪忠记;226号施恒兴板刷店;228号源恭新棉花店;230号香甜饮食店;232号胜尔皮件店;234号久大伞店;236号张富记广货店;238号陆万元竹牌店;240号康泰广货店;242号沈成茂年糕店;244号郁万寿竹牌店;246号馀兴竹骨店;248号新恒兴竹骨店;250号南洋袜厂;252号协兴绸缎店;254号胜利永成衣店;256号上海书店;258号董德茂雨鞋店;260号宝昌祥服装店;262号振昌祥服装店;264号老大有年

---

[1] 黄可泰、邱华士、夏素琴主编:《宁波鼠疫史实——侵华日军细菌战罪证》,中国文联出版公司1999年版,第38页。

[2] 《鄞鼠疫区昨晚全部焚毁》,《时事公报》,1940年12月1日。

糕店；266号元泰酒店；268号久和祥烟纸店。

开明街计有：64号王顺兴大饼店；66号滋泉豆浆店；68号复兴馆；70号胡元兴骨牌店；72号祥和豆腐店；74号徐万兴杂货店；76号陈美生骨牌店；78号户主严阿才后当住宅；80号户主周李氏；82号姚聚兴号；84号同义园；86号聚义馆；88号王传记木作；90号开明庵念堂；92号兴记电料行；94号周万利竹牌店；96号根记水果店；98号其昌骨牌店。

东后街计有：139号户主不详；133号户主毛头；129号户主不详；128号户主江锡林；127号户主江卢化；126号户主徐庆奉；125号户主郑小娘；124、123、122、121号，以上户主未详；120号户主周立荣；118号户主尹阿支；130号同顺提庄（又即开明庵）户主王植生；131号户主不详；134号户主王阿定；136号户主王仁林；138、132、140号住户沈全斌、许坟金、翁果夫；141号住户徐许氏；142、143号住户不详；又开明庵内二楼住屋八间，又前后小披五间，高平屋三间。

太平巷计有：三楼之市房28间；二楼市房3间；东后街二楼市房10间，三楼市房2间，二楼住房23间，平屋10间；东后街三楼住房2间一弄，八厢房二弄。

焚毁疫区的房屋使被焚的115户（其中12户死绝），计400余人无家可归。

五是救济费。11月25日召开的第17次防疫会议决定，给中营巷44号的林小狗家属提前发给救济费150元。按照这个标准，如果每个鼠疫受害者家属都给予同样的救济费，那将是一笔很大的费用，只是后来未发现发放这种救济费的材料。

六是其他费用。据1940年12月1日《时事公报》《鄞防疫处清除基地》一文中的数据，防疫处还发放了箩278只、袋282只、铁箱94只、货物杂件1239件。12月2日一篇题为"祸根已除，撤销封锁"的文中还提到在防治鼠疫过程中共掩埋棺木93具。按照11月30日《时事公报》提供的救济院拨用大小棺木65具,计价款2216.6元来计算,93具棺木价值3171.3元。

自从1940年11月30日,宁波开明街、东后街一带疫区全部焚毁之后,一场惨案就此了结,留下一片废墟,徒留死难家属的悲痛思念和路人的凭吊而已。直到中华人民共和国成立后,昔日的废墟——鼠疫场才恢复生机。昔日繁华的闹市区成为一片废墟场,其间接损失是难以估价的。

附记:

除了开明街鼠疫外,我们在专题调研中还收集到了一批侵华日军在宁波实施细菌战的资料。由于这批资料大多为社会调查所得,缺少相关的档案资料加以证明,还有待进一步确认。我们以附记的形式加以梳理放在专题的后面,为以后进行深入的研究做准备。

1. 姚北瘟疫[1]

1940年前后,日军飞机还在余姚县境上空进行了无数次的盘旋侵扰,特别是1940年3月27日,共有十三架日机在姚北一带进行了疯狂轰炸,这是史料记录中日军飞机对姚北破坏最惨重的一次。这一年,姚北地区爆发了一场突如其来的瘟疫。"东洋人的飞机三天、二天地在屋顶上转,我们在八仙桌上盖上棉被,让妇女、小人都躲在八仙桌下头,整天都是这样提心吊胆地过日子";"这一年,死了很多体壮的后生,临死前都痛得在床上打滚,二只眼珠弹出,浑身抽筋,真是罪过啊!"说起当年之惨状,大庙周村一带的年迈老人还依稀记得。这一年,在该村及邻近村落接连有十多个身强力壮的村民在一个月之内突染恶疾,神秘地死去,这是一场奇怪的瘟疫,在这场灾难之中,姚北一带的罹难者不下百人。当时国民党余姚县政府正处于流亡前夜,

---

[1] 《一张特殊的"良民证"》《采访周如浩的记录》《采访洪尧根的记录》,原件存宁波市委党史研究室,抗战损失课题调研资料11-02-00-05。

无力调查这一场极其不正常的瘟疫，致使目前关于1940年姚北突发瘟疫事件已无详细资料图片可追证。

2. 穿山霍乱[1]

1940年8月12日，一架日机在穿山村（现属宁波市北仑区柴桥街道）投下一枚炸弹。炸弹爆炸后，有许多灰白色飘浮物散落在村民的屋顶、庭院及水缸等处。村内先后有76人发病，上吐下泻，不久死亡。半月后，柴桥医院检验诊断为霍乱疫病[2]。

穿山村史志详细地记录了看见日军丢细菌弹的老人邹兆仙（已故）和邹品方（已故）的讲述：1940年公历9月中旬的一天，我们正在炮台冈山脚下做农活，只见一架日机飞来，飞机飞得很低，飞机上血红的太阳旗看得很清楚，飞机在穿山村上空盘旋几圈后，从飞机上落下一个炸弹。我们看炸弹没爆炸，就大着胆走过去看，只见炸弹落地的地方，随风飘着一片片肥皂泡沫一样的东西，亮晶晶的，正向大湾、河南路一带飘去，大家也不知道这是什么东西，还有人看到田野上、水池里也有很多小浮子一样的东西。那时大家只知道日本飞机上丢下来的不是好东西，但是没有想到日本人丢的竟是细菌弹，要大批死人的。据了解，当村里的水缸、池塘出现"石灰状"不明漂浮物一星期后，穿山村就有人开始发病了，头痛、发热、上吐下泻。很多人都是上午发病第二天就死了，但到死都不知道病因是什么。"当时村里人都吓死了，但条件差，没能力去医院，只能眼巴巴地看着家人死去，有钱的买点消毒药水洒在院子里，没钱的只能迷信地去求神拜佛。人一个个死掉，棺材、坟墓都来不及做，就挖个坑草草埋了。"86岁的周光春老人回忆起当年的情景还是一脸的惊恐。

---

[1] 周鸿原、周德兴主编：《穿山史志》第七篇，1995年6月印行，第26页；《采访丁章才等人的记录》，原件存宁波市委党史研究室，抗战损失课题调研资料11-02-00-05。

[2] 这次诊断的资料由于年代较为久远，现已无从查找。

关于穿山霍乱问题,虽然许多亲见者在1995年5月和2004年4月北仑区穿山村召开的两次座谈会上进行了揭露,但由于缺乏可靠的档案文献资料,我们还不能进行确认。

不过,日本友人森正孝的一篇文章[1]为我们进一步研究穿山霍乱提供了一些线索。据他介绍,从"奈良部队"和南京"荣"字1644部队在8月6日到达杭州笕桥机场,到1940年10月7日前,日军共进行了6次细菌攻击。在这6次攻击中,除了衢州鼠疫(10月4日)的受害情况外,其他5次都没有报道。对此,日军参谋本部作战课员井本雄南在10月8日的业务日志中说:"霍乱菌攻击的效果,没有什么指望,可是鼠疫菌却颇有希望。"由此可以推断,其他5次细菌战中,用的是霍乱菌和伤寒菌。而这与穿山霍乱发生的时间和症状是相吻合的。当然,穿山霍乱的认定还需要进一步的深入研究。

附表:

宁波鼠疫死亡者名录

序号	姓名	性别	年龄	籍贯	住址	发病日期	临床分类	死亡日期	依据及备注
1	王正行	男	36	鄞县	开明街16号印刷店	10月29日		10月31日	《容书》
2	赖福(富)生[2]	男	32	象山	开明街66号滋泉豆浆店	10月30日		11月1日	11月7日《时报》《容书》
3	赖朱氏	女	21	象山	开明街66号滋泉豆浆店	10月30日		11月1日	11月7日《时报》《容书》
4	陈积荣	男	61	鄞县	开明街76号陈美生骨牌店	10月30日		11月1日	11月7日《时报》《容书》
5	范富康	男	17	鄞县	中山东路260号宝昌祥服装店	10月30日		11月1日	11月9日《时报》《容书》
6	徐家林(徐佳临)	男	34	绍兴	中山东路266号元泰酒店	10月30日		11月1日	11月9日《时报》《容书》
7	何福林	男	25	绍兴	中山东路266号元泰酒店	10月30日		11月1日	11月9日《时报》《容书》

---

[1] 《731部队与细菌战》,黄可泰、邱华士、夏素琴主编:《宁波鼠疫史实——侵华日军细菌战罪证》,中国文联出版公司1999年版,第137—147页。

[2] 鼠疫的最早死亡者,过去较多资料均称姓"沃",而《时事公报》和《容书》中均为姓"赖",且多次出现赖氏一家姓名。

续表

序号	姓名	性别	年龄	籍贯	住址	发病日期	临床分类	死亡日期	依据及备注
8	店客王厂台	男		慈溪	东后街130号同顺提庄	10月30日		11月1日	11月9日《时报》《容书》（埋葬慈溪三北）
9	陆金友	男	28	鄞县	中山东路260号宝昌祥服装店	10月30日		11月1日	11月10日《时报》《容书》
10	王姣弟	女	5	镇海	东后街134号	10月30日		11月1日	《容书》（王阿菊之女）
11	杨镜海	男	15	镇海	开明街64号王顺兴大饼店	10月31日		11月2日	11月7日《时报》《容书》，店主表亲，学徒
12	徐阿花	男	16	江苏	东后街142号	10月31日		11月2日	11月7日《时报》《容书》
13	徐许氏	女	43	江苏	东后街141号	10月30日		11月2日	11月7日《时报》《容书》
14	王仁林[1]	男	47	江苏	东后街136号	10月31日		11月2日	11月8日《时报》《容书》（家中死亡，厝于东乡云龙矸）
15	朱英侠	男	14	鄞县	东后街142号	10月31日		11月2日	11月8日《时报》《容书》
16	吴瑞堂	男	17	鄞县	中山东路260号宝昌祥服装店	11月1日		11月2日	11月10日《时报》《容书》
17	胡菊仙	女	15	鄞县	开明街70号胡元兴骨牌店	11月1日		11月2日	《容书》
18	王阿菊	女	9	河南	开明街68号复兴馆	11月1日		11月3日	11月7日《时报》《容书》
19	徐李氏（李阿莘）	女	60	鄞县	开明街74号徐万兴杂货店	11月1日		11月3日	11月7日《时报》《容书》
20	戴吴氏（吴春兰）	女	25	天台	东后街128号	11月1日		11月3日	11月8日《时报》《容书》（死于上茅巷）
21	葛顺官	男	25	鄞县	中山东路260号宝昌祥服装店	11月1日		11月3日	11月10日《时报》《容书》（白鹊桥王隘死亡）
22	丁文章	男	23	绍兴	中山东路266号元泰酒店	11月1日		11月3日	11月10日《时报》《容书》
23	陈炳燃（炳元）	男	39	鄞县	东渡路91号中华袜厂	10月30日		11月3日前	11月10日《时报》《容书》（张大猷诊所死亡）
24	胡贤庆	男	7	鄞县	开明街70号胡元兴骨牌店	11月1日		11月3日	《容书》死于义和乡

[1] 华美医院丁立成院长最早从此疫患者身上镜检到鼠疫杆菌形态。

续表

序号	姓名	性别	年龄	籍贯	住址	发病日期	临床分类	死亡日期	依据及备注
25	王玲（领弟）	女	5	江苏常熟	开明街64号王顺兴大饼店	11月1日		11月3日	《容书》，其母张孝珍
26	赖阿德	男	25	象山	开明街66号滋泉豆浆店	11月1日		11月3日	《容书》（逃象山死亡）
27	赖明文	男	15	象山	开明街66号滋泉豆浆店	11月1日		11月3日	《容书》（逃象山死亡）
28	陈康阳	男	20	鄞县	东渡路91号中华袜厂	11月1日		11月3日	《容书》
29	沈丹凤（小名阿毛）[1]	女	22	绍兴	南大路福善里2号			11月3日	沈传忠、沈善来陈述，死者是其姐姐
30	王小宝	男	11	鄞县	东后街136号	11月1日	腺鼠疫（腋下）	11月4日	11月8日《时报》《容书》（王仁林之子）
31	王月宝	男	5	鄞县	东后街136号	11月1日	腺鼠疫（右鼠蹊、颈部）	11月4日	11月8日《时报》《容书》（王仁林之子）
32	陈莲贞	女	9	鄞县	中山东路268号久和祥烟纸店	11月1日	腺鼠疫（左鼠蹊部）	11月4日	11月9日《时报》《容书》
33	周洪生	男	14	鄞县	湖西太阳弄63号	10月30日	腺鼠疫（右腋下）	11月4日	11月11日《时报》《容书》
34	韩雪蛟	男	24	鄞县	中山东路268号久和祥烟纸店	10月30日	腺鼠疫（右腋下、颈部、耳下腺肿）	11月4日	11月11日《时报》《容书》
35	蒋阿华（蒋康华）[2]	男	17	奉化	中山东路260号宝昌祥服装店	10月31日		11月4日	11月22日、24日《时报》《容书》
36	陶金甫	男	15	鄞县	中山东路260号宝昌祥服装店	11月1日	腺鼠疫（左鼠蹊部）	11月4日	《容书》
37	陈周氏	女	51	鄞县	开明街76号陈美生骨牌店	11月1日	腺鼠疫（颈部、腋下）	11月6日	11月7日《时报》《容书》
38	陈忠瑞	男	20		开明街20号	10月31日		11月6日前	11月7日《时报》（张大猷诊所死亡）
39	俞元德[3]	男	16	象山	开明街72号祥和豆腐店	10月29日	腺鼠疫（左鼠蹊部）	11月6日	11月8日时报《容书》

[1] 沈传忠、沈善来：《控诉侵华日军犯下的滔天罪行》，原件存宁波市委党史研究室，抗战损失课题调研资料11-02-00-05。

[2] 据《时事公报》11月22日、24日报道，宝昌祥一学徒蒋康华逃奉化后死亡，经防疫处派人前去火化处理。但《容书》中逃奉化死亡者名蒋阿华，是振昌祥学徒。迄今无法证明蒋康华、蒋阿华属两人，故死亡名单中死蒋阿华一人。

[3] 华美医院院长丁立成医师抽取该例患者血液与淋巴结液经动物实验确诊鼠疫。

续表

序号	姓名	性别	年龄	籍贯	住址	发病日期	临床分类	死亡日期	依据及备注
40	陈福水	男	46	绍兴	中山东路266号元泰酒店	11月1日	腺鼠疫(右鼠蹊部)	11月6日	11月8日《时报》《容书》
41	陆梅友	男	48	镇海	东后街133号	10月30日	腺鼠疫(鼠蹊部)	11月6日	11月8日《时报》《容书》
42	王贺氏	女	27	镇海	东后街134号	10月30日	腺鼠疫(腋部)	11月6日	11月8日《时报》《容书》
43	陆朱氏	女	30	镇海	东后街133号	11月初		11月6日	11月8日《时报》《容书》
44	陈兴庄	男	16	鄞县	中山东路262号振昌祥服装店	11月2日	腺鼠疫(右腋下)	11月6日	11月9日《时报》《容书》
45	毛施氏(毛史氏)	女	35	奉化	中山东路260号宝昌祥服装店	11月2日		11月6日	11月10日《时报》《容书》
46	袁梅信(梅生)	男	31	鄞县	南门恒丰布厂	10月30日		11月6日	11月10日《时报》《容书》
47	于周氏	女	46	鄞县	南门于家店	11月1日	腺鼠疫(腋下)	11月6日	11月11日《时报》《容书》
48	张逵荣	男	41	鄞县	中山东路256号上海书店			11月6日前	11月11日《时报》
49	茅树福(茅当甫)	男	20	鄞县	中山东路252号协兴绸缎店	11月1日		11月6日	11月11日《时报》《容书》(死于上茅巷)
50	胡世桂[1]	男	56	鄞县	开明街70号胡元兴骨牌店	10月31日	腺鼠疫(左鼠蹊部)	11月6日	11月11日《时报》《容书》,胡鼎阳陈诉
51	林小狗[2]	男	18	鄞县	中山东路260号宝昌祥服装店	11月1日	腺鼠疫(左鼠蹊部)	11月6日	11月10日、14日、16日《时报》《容书》
52	陆美英	女		镇海	东后街133号	10月30日	腺鼠疫(颈部、耳下)	11月6日	《容书》
53	陈周氏	女	56	鄞县	鄞县走马塘	10月30日		11月6日	《容书》
54	陆美英母(乐何氏)[3]	女	67	镇海	东后街133号	11月4日	腺鼠疫(左鼠蹊部、右腋下)	11月7日	11月8日《时报》《容书》
55	陈银根	男	18	鄞县	中山东路260号宝昌祥服装店	11月3日	腺鼠疫(鼠蹊部)	11月7日	11月8日《时报》《容书》

[1] 胡鼎阳:《关于我家在1940年开明街的鼠疫情况》(2008年2月20日),原件存宁波市委党史研究室,抗战损失课题调研资料11-02-00-05。
[2] 该患者逃至中营巷44号,在该处死亡,引起"中营巷事件",该处曾隔离封锁,44号房屋焚毁。
[3] 11月8日《时报》死亡名单中,有陆美英母一名,67岁,住东后街133号,而《容书》中有乐何氏一名,也67岁,也住东后街133号,除姓名外,其余年龄,住址,死亡日期均一致,在宁波口音中,"陆"和"乐"谐音,故将陆美英母与乐何氏并为一人。

续表

序号	姓名	性别	年龄	籍贯	住址	发病日期	临床分类	死亡日期	依据及备注
56	赖福生子	男	6	象山	开明街66号滋泉豆浆店	11月1日		11月7日	11月8日《时报》
57	胡陈氏	男	51	鄞县	中山东路248号新恒兴竹骨店	11月3日	腺鼠疫(右腋下)	11月7日	11月8日《时报》《容书》
58	王李氏	女	56	河南	开明街68号复兴馆	11月4日	腺鼠疫(左鼠蹊右腋部)	11月7日	11月8日《时报》
59	张(蒋)阿宝之兄[1]	男	55	定海	中山东路260号宝昌祥服装店			11月7日	家属陈诉
60	徐朱氏	女	23	鄞县	东后街142号	11月3日	腺鼠疫(鼠蹊部、肘)	11月7日	11月8日《时报》《容书》
61	徐小春	男	7	鄞县	东后街142号	11月3日	腺鼠疫(颈下、耳下)	11月8日	11月9日《时报》《容书》
62	姚小娥	女	13	鄞县	开明街82号姚聚兴号	11月7日	腺鼠疫(颈部)	11月8日	11月9日《时报》《容书》
63	俞阿根(阿生)	男	34	象山	开明街72号祥和豆腐店	11月4日	腺鼠疫、肺鼠疫	11月8日	11月9日《时报》《容书》
64	李之会(元为)	男	18	鄞县	东后街130号同顺提庄	11月4日	腺鼠疫(颈部、右鼠蹊)	11月8日	11月9日《时报》《容书》
65	周徐氏	女	50	鄞县	东后街136号	11月2日	腺鼠疫(鼠蹊、肘)	11月8日	11月9日《时报》《容书》
66	柴定祥	男	20	鄞县	中山东路梅龙镇	11月4日	腺鼠疫(右鼠蹊、颈、耳下)	11月8日	11月9日《时报》《容书》
67	孙阿三	男	25	鄞县	东后街11号	11月3日	腺鼠疫、肺鼠疫	11月8日	11月9日《时报》《容书》
68	王月仙	女	13	鄞县	东后街136号	11月7日	腺鼠疫(右腋下)	11月8日	11月11日《时报》《容书》(王仁林之女)
69	徐祥水(长水)	男	11	余姚	东后街141号	11月3日	腺鼠疫(右鼠蹊部)	11月8日	11月11日《时报》《容书》
70	徐长夫	男	7	余姚	东后街141号	11月3日	腺鼠疫(右鼠蹊部)	11月8日	《容书》
71	高阿宝	男	51	绍兴	中山东路266号元泰酒店	11月4日	腺鼠疫(右鼠蹊部)	11月9日	11月10日《时报》《容书》
72	武菊妹	女	15	鄞县	中山东路256号上海书店	11月5日	败血型兼腺鼠疫(右腋下淋巴肿痛)	11月9日	11月10日《时报》《容书》
73	徐鸿水	男		慈溪	孝西镇六保六甲			11月9日	11月10日、12日《时报》(慈城镇永明寺死亡)

---

[1] 黄可泰、邱华士、夏素琴主编:《宁波鼠疫史实——侵华日军细菌战罪证》,中国文联出版公司1999年版,第29页。

续表

序号	姓名	性别	年龄	籍贯	住址	发病日期	临床分类	死亡日期	依据及备注
74	徐鸿水母	女		慈溪	孝西镇六保六甲			11月9日	11月10日、12日《时报》（慈城镇永明寺死亡）
75	蒋阿宝[1]	男	47	定海	中山东路260号宝昌祥服装店	11月7日	腺鼠疫（鼠蹊部）	11月10日	11月11日《时报》《容书》
76	郭惠林	男	47	鄞县	中山东路226号施恒兴板刷店	11月9日	腺鼠疫（左鼠蹊部）	11月10日	11月11日《时报》《容书》
77	郭惠林之子[2]	男	少年	鄞县	中山东路226号施恒兴板刷店	11月9日	腺鼠疫（左鼠蹊部）	11月10日	鄞县防疫处第11次防疫会议（凤岙死亡）
78	赵意心	男	28	上虞	中山东路264号老大有年糕店	11月3日		11月10日	11月11日、12日《时报》
79	徐吴氏	女	64	鄞县	东后街142号	11月4日	腺鼠疫（右鼠蹊部、腋下）	11月10日	11月11日《时报》《容书》
80	梁其林	男	30	上虞	中山东路264号老大有年糕店	11月7日	腺鼠疫（鼠蹊部）	11月11日	11月12日《时报》《容书》
81	朱雨生	男	28	鄞县	东后街142号	11月3日	腺鼠疫（右鼠蹊部）	11月11日	11月12日《时报》《容书》
82	王长有	男	36	绍兴	中山东路264号老大有年糕店	11月8日	腺鼠疫（鼠蹊部）	11月11日	11月12日、13日《时报》《容书》
83	王阿定	男	39	慈溪	东后街134号	11月5日	败血症鼠疫兼腺鼠疫（右腋下）	11月11日	11月12日《时报》
84	胡陈氏	女	47	鄞县	开明街70号胡元兴骨牌店	11月3日	腺鼠疫（腋下）	11月11日	11月12日《时报》《容书》
85	武春元[3]	男	67	鄞县	中山东路256号上海书店	11月9日	败血型鼠疫	11月11日	11月12日《时报》《容书》
86	张阿定	男	27	鄞县	东后街136号	11月5日	腺鼠疫	11月11日	11月12日《时报》《容书》
87	徐翠琴（翠玲）	女	18	余姚	东后街141号	11月3日	腺鼠疫（鼠蹊、颈、耳下）	11月11日	11月12日《时报》《容书》
88	梁如荣（北荣）	男	23	上虞	中山东路264号老大有年糕店	11月3日	腺鼠疫、皮肤鼠疫	11月12日	11月13日《时报》《容书》
89	蒋徐氏（阿香）	女	36	定海	中山东路260号宝昌祥服装店	11月8日	腺鼠疫（鼠蹊部）	11月12日	11月13日《时报》《容书》

[1] 宝昌祥店主之子蒋信财（新中国成立后在浙东针织厂财会课工作）提供，"宝昌祥共15人，14人死于鼠疫，仅我幸存"。

[2] 黄可泰、邱华士、夏素琴主编：《宁波鼠疫史实——侵华日军细菌战罪证》，中国文联出版公司1999年版，第63页。

[3] 鄞县中心医院孙金铻医师从该病例血液涂片镜检，发现鼠疫杆菌。

续表

序号	姓名	性别	年龄	籍贯	住址	发病日期	临床分类	死亡日期	依据及备注
90	冯云生	男	18	绍兴	中山东路266号元泰酒店	11月6日	腺鼠疫（左鼠蹊部）	11月12日	11月13日《时报》《容书》
91	朱阿四	男	65	鄞县	开明街13号	11月7日	腺鼠疫、肺鼠疫	11月12日	11月13日《时报》《容书》
92	董阿康	男	15	鄞县	中山东路258号董德茂雨鞋店	11月8日	腺鼠疫	11月13日	11月14日《时报》《容书》
93	徐鑫林（兴林）	男	49	鄞县	东后街142号	11月7日	腺鼠疫（鼠蹊部）	11月13日	11月14日《时报》《容书》
94	孔阿兴	男	16	慈溪	中山东路260号宝昌祥服装店	11月8日	腺鼠疫兼肺鼠疫	11月14日	11月15日《时报》《容书》
95	徐生来	男	55	余姚	东后街141号	11月8日	腺鼠疫（鼠蹊、颈、耳下）	11月14日	11月15日《时报》《容书》
96	沈金氏（沈俞氏）	女	48	奉化	东后街140号	11月10日	败血型鼠疫	11月14日	11月15日《时报》《容书》
97	徐正春	男	8	鄞县	东后街142号	10月31日	腺鼠疫（鼠蹊部）	11月14日	《容书》
98	应全兴	男	17	鄞县	开明街82号姚聚兴号	11月10日	腺鼠疫（右鼠蹊部）	11月15日	11月16日《时报》《容书》
99	蒋小毛	男	17	定海	中山东路260号宝昌祥服装店	11月1日	腺鼠疫兼败血型鼠疫	11月16日	11月17日《时报》《容书》
100	陆可安	男	13	鄞县	东后街133号	11月7日	皮肤、腺、败血型鼠疫	11月16日	11月17日《时报》《容书》
101	王招生	男	22	绍兴	中山东路264号老大有年糕店	11月7日	腺、皮肤、败血型鼠疫	11月21日	11月22日《时报》《容书》
102	周林生	男	42	鄞县				11月22日	11月23日《时报》
103	周洪氏	女	39	鄞县				11月22日	11月23日《时报》
104	卢桂生	男	39	鄞县	中山东路254号胜利永成衣店	11月27日		11月27日	《容书》
105	卢潘氏	女	40	定海	中山东路254号胜利永成衣店	11月27日		11月27日	《容书》（华美医院死亡）
106	卢夏娣	女	9	鄞县	中山东路254号胜利永成衣店	11月27日		11月27日	《容书》（卢桂生之女）
107	陆德友	男	18	鄞县		11月18日		11月27日	《容书》（方桥染疫，死于渡船上）
108	卢英娣	女	17	鄞县	中山东路254号胜利永成衣店	11月29日		12月2日	《容书》（卢桂生之女）
109	徐安行	男	49	鄞县	华美医院工友	12月1日		12月2日	《容书》
110	陈和尚[1]	男	31	鄞县	庄市白龙王庙跟	11月4日	皮肤鼠疫兼腺鼠疫、身上粒疮甚多	12月6日前后	钱贵法诉：焚烧疫区时同时转到董孝子庙后死亡

[1] 据《容书》记载陈和尚已病愈，但据钱贵法陈述，陈和尚在转到董孝子庙后死亡。黄可泰、邱华士、夏素琴主编：《宁波鼠疫史实——侵华日军细菌战罪证》，中国文联出版公司1999年版，第82—83页。

续表

序号	姓名	性别	年龄	籍贯	住址	发病日期	临床分类	死亡日期	依据及备注
111	虞才章[1]	男		鄞县	孝闻街（流动修鞋匠在开明街染上鼠疫）			1940年	虞水月陈述,死者是其父亲
112	虞才德[2]	男		鄞县	孝闻街（流动修鞋匠在开明街染上鼠疫）			1940年	虞水月陈述,死者是其叔叔
113	俞小毛[3]	男		鄞县	开明街（喝豆浆中毒）			1940年	范钦元陈述,死者是其舅舅
114	周阿二[4]	男		鄞县	东后街51号			1940年	丁惠兰陈述,死者是其二娘舅
115	包方庭[5]	男		鄞县	北太平巷			1940年	包岳年陈述,死者是其二伯
116	翠娣[6]	女	22	鄞县	南门（路过开明街染病亡）			1940年	黄佩雄陈述,死者是其哥哥的妻子
117	楼信甫[7]	男		鄞县	江东区后塘街			1940年	楼玉英陈述,死者是其父亲
118	金银[8]	女		鄞县	江东区后塘街			1940年	楼玉英陈述,死者是其外甥女

---

[1] 《采访虞水月的记录》,周丹丹、张和平2006年11月30日采访,原件存宁波市委党史研究室,抗战损失课题调研资料11-02-00-05。

[2] 《采访虞水月的记录》,周丹丹、张和平2006年11月30日采访,原件存宁波市委党史研究室,抗战损失课题调研资料11-02-00-05。

[3] 《采访范钦元的记录》,唐惠珍、顾小芬2006年11月20日采访,原件存宁波市委党史研究室,抗战损失课题调研资料11-02-00-05。

[4] 《采访丁惠兰的记录》,杨大国、杨琴芬2006年11月30日采访,原件存宁波市委党史研究室,抗战损失课题调研资料11-02-00-05。

[5] 《采访包岳年的记录》,董雪红、孙英2006年11月15日采访,原件存宁波市委党史研究室,抗战损失课题调研资料11-02-00-05。

[6] 《采访黄佩雄的记录》,朱宁宁、董一红2006年11月16日采访,原件存宁波市委党史研究室,抗战损失课题调研资料11-02-00-05。

[7] 《采访楼玉英的记录》,王建凤、林之寅2006年11月16日采访,原件存宁波市委党史研究室,抗战损失课题调研资料11-02-00-05。

[8] 《采访楼玉英的记录》,王建凤、林之寅2006年11月16日采访,原件存宁波市委党史研究室,抗战损失课题调研资料11-02-00-05。

续表

序号	姓名	性别	年龄	籍贯	住址	发病日期	临床分类	死亡日期	依据及备注
119	周登发[1]	男		鄞县	开明街周万里(利)竹牌店			1940年	贺善良陈述,死者是其师傅,还有三人是其师公、师婆和师姐,不知姓名未列入
120	朱信康[2]	男		鄞县	开明街朱家墙门			1940年	朱华章陈述,死者是其叔叔
121	张秀娣[3]	女		鄞县	开明街朱家墙门			1940年	朱华章陈述,死者是其婶婶
122	朱信康女儿[4]	女	4	鄞县	开明街朱家墙门			1940年	朱华章陈述,死者是其堂姐
123	张小虎[5]	男	17	鄞县	开明街东后街			1940年	张世伟陈述,死者是其堂哥
124	张仁芳[6]	男	25	镇海	北仑亚(霞)浦			1940年	张仁楚陈述,死者是其哥哥
125	殷全才[7]	男		鄞县	开明街			1940年	贺荷花陈述,死者是其丈夫的弟弟
126	陈小毛[8]	男	6	鄞县	西门外			1940年	陈月琴陈述,死者是其弟弟
127	张小毛[9]	女	童	鄞县	小沙泥街			1940年	张英娣陈述,死者是其妹妹

[1]《采访贺善良的记录》,杨大国、史美珍2006年11月16日采访,原件存宁波市委党史研究室,抗战损失课题调研资料11-02-00-05。

[2]《采访朱华章的记录》,吴秀玲、薛海虹、王雅琴2007年1月15日采访,原件存宁波市委党史研究室,抗战损失课题调研资料11-02-00-05。

[3]《采访朱华章的记录》,吴秀玲、薛海虹、王雅琴2007年1月15日采访,原件存宁波市委党史研究室,抗战损失课题调研资料11-02-00-05。

[4]《采访朱华章的记录》,吴秀玲、薛海虹、王雅琴2007年1月15日采访,原件存宁波市委党史研究室,抗战损失课题调研资料11-02-00-05。

[5]《采访张世伟的记录》,董幼娣、郑志顺2006年11月16日采访,原件存宁波市委党史研究室,抗战损失课题调研资料11-02-00-05。

[6]《采访张仁楚的记录》,姜波敏、姜爱凤2006年11月14日采访,原件存宁波市委党史研究室,抗战损失课题调研资料11-02-00-05。

[7]《采访贺荷花的记录》,林平意、桑贤红2006年11月28日采访,原件存宁波市委党史研究室,抗战损失课题调研资料11-02-00-05。

[8]《采访陈月琴的记录》,卢倩、何小芬2006年12月5日采访,原件存宁波市委党史研究室,抗战损失课题调研资料11-02-00-05。

[9]《采访张英娣的记录》,张菊萍、周幼飞2006年11月22日采访,原件存宁波市委党史研究室,抗战损失课题调研资料11-02-00-05。

续表

序号	姓名	性别	年龄	籍贯	住址	发病日期	临床分类	死亡日期	依据及备注
128	孙阿香[1]	女		鄞县	车桥街口（咸塘街）			1940年	崔昌华陈述,死者是其母亲
129	崔立英[2]	女		鄞县	车桥街口（咸塘街）			1940年	崔昌华陈述,死者是其妹妹
130	崔仁英[3]	女		鄞县	车桥街口（咸塘街）			1940年	崔昌华陈述,死者是其妹妹
131	崔福康[4]	男		鄞县	车桥街口（咸塘街）			1940年	崔昌华陈述,死者是其弟弟
132	陈根发[5]	男	15	鄞县	仓基街41弄7号			1940年	陈月仙陈述,死者是其哥哥
133	陈宝根[6]	男		鄞县	南大路			1940年	陈福娣陈述,死者为其哥哥
134	陈小毛[7]	男		鄞县	南大路			1940年	陈福娣陈述,死者是其弟弟
135	陈益生[8]	男		鄞县	南大路			1940年	陈福娣陈述,死者为其父亲

说明：《时报》是当时宁波的主要报纸《时事公报》的简称，《容书》是当时的国民政府卫生署防疫处处长容启荣1941年撰写的《浙江鼠疫调查报告书》的简称。

（朝泽江　执笔　韩小寅　修改）

---

[1] 《采访崔昌华的记录》，张菊萍、周幼飞2006年12月18日采访，原件存宁波市委党史研究室，抗战损失课题调研资料11-02-00-05。

[2] 《采访崔昌华的记录》，张菊萍、周幼飞2006年12月18日采访，原件存宁波市委党史研究室，抗战损失课题调研资料11-02-00-05。

[3] 《采访崔昌华的记录》，张菊萍、周幼飞2006年12月18日采访，原件存宁波市委党史研究室，抗战损失课题调研资料11-02-00-05。

[4] 《采访崔昌华的记录》，张菊萍、周幼飞2006年12月18日采访，原件存宁波市委党史研究室，抗战损失课题调研资料11-02-00-05。

[5] 《采访陈月仙的记录》，卢倩、何小芬2006年12月5日采访，原件存宁波市委党史研究室，抗战损失课题调研资料11-02-00-05。

[6] 《采访陈福娣的记录》，朱宁宁、董一红2006年11月15日采访，原件存宁波市委党史研究室，抗战损失课题调研资料11-02-00-05。

[7] 《采访陈福娣的记录》，朱宁宁、董一红2006年11月15日采访，原件存宁波市委党史研究室，抗战损失课题调研资料11-02-00-05。

[8] 《采访陈福娣的记录》，朱宁宁、董一红2006年11月15日采访，原件存宁波市委党史研究室，抗战损失课题调研资料11-02-00-05。

抗日战争时期日军在宁波犯下的性侵犯罪行调研报告

浙江省宁波市委党史研究室

抗日战争时期,日军对中国妇女犯下了大量的令人发指的性侵犯罪行。然而,时至今日,无论是当年施虐的日本兵还是法理上应当承担侵略战争责任的战后历届日本政府,都不想彻底解决战后遗留问题,对包括性侵犯在内的战争犯罪问题都采取回避、抵赖的态度。一些居心叵测的日本右翼分子甚至想将军国主义死灰复燃,拒绝反省谢罪。因此,开展抗日战争时期日军在宁波犯下的性侵犯罪行的专题调研,就同其他日本战争犯罪问题研究一样,已经超越了历史的范围而有了现实意义。

从1941年4月19日日军在镇海第二次登陆,到1945年9月15日侵华日军在宁波的投降代表于江东白鹬桥附近区域向国民政府第32集团军前进总指挥部洽降,日军侵占宁波达4年5个月之久。在这段时间里,日军在宁波犯下了大量的性侵犯罪行。对此,日本侵略者自己也供认不讳。据1945年4月16日《新浙东报》披露:日军慈溪联络官芝原平三郎在半浦(现属江北区慈城镇)的乡镇长会议上承认说:"我士兵的强奸妇女实是没法的事,他们离开家乡已经六七年了。"

在抗日战争期间及战后国民政府开展的全国性战争损失调查中,并未将各地妇女受强暴的情况专门加以调查,以致缺少可靠的档案材料。更由于中国妇女受传统观念的影响，许多当事人不愿将被日军强暴之事公之于众，因而，对日军性侵犯罪行进行专题调研难度很大。

为做好这项专题调研，从2006年8月开始，宁波市委党史研究室专门组织调研人员首先开展档案文献资料的收集工作，但相关的资料非常少，依据这些资料，难以理清日军在宁波犯下的性侵犯罪行概貌。于是，调研人员把资料收集的重点转向了社会调查。在社会调查中，由于有些受害者还在世，知情者怕惹麻烦，不愿讲出受害者的真名；而有些受害者顾及子女的感受，也不愿讲述自己的受害经过。调研工作遇到了很大的困难。但经过调研人员耐心、细心的工作，调查工作还是取得重大成果，从而大大弥补了档案文献资料的不足。

这次专题调研，共收集到有效资料539份，其中档案资料6份、图书资料14份、报刊资料3份和口述资料522份。在522份口述资料中，有3份是受害者本人的陈述材料，更显得弥足珍贵。其中，第一份是奉化市莼湖街道余某[1]的陈述。余某生于1921年，1942年农历三月初五（公历4月12日），日军进犯奉化市莼湖街道楼隘村，未及逃避的余某被日军强奸后，连同她的公公、婆婆和儿子被日军押到附近的金紫庙，在那里，她被剥光衣服倒挂起来，被日军用火烛烧烫，现在她身上的疤痕还有80多处[2]；第二份是象山县新桥镇海台村张某的陈述。张某生于1912年，1943年春的一天下午日军进犯海台村时，她和另外6名妇女躲在一间柴草屋里，不幸被搜出，遭到强奸。[3]第三份是江北区庄桥街道杨某的陈述。杨某生于1931年，1943年10月15日那天，她在家里纺棉纱，被3个日本兵拖走轮奸，致使其下身破裂，严重影

---

[1] 为保护受害人的隐私，我们以"某"代替名字。下同。
[2] 《采访余某的记录》，尹树民2006年10月8日采访，原件存宁波市委党史研究室，抗战损失课题调研资料11-02-00-06。
[3] 《采访张某的记录》，林祥先2006年12月22日采访，原件存宁波市委党史研究室，抗战损失课题调研资料11-02-00-06。

响了她的日后生活。尽管她之后结婚3次,但历经两次婚变后,晚年生活也并不幸福。[1]

根据收集到的资料统计,宁波市抗日战争期间遭到日军性侵犯的妇女共计1547人,其中"慰安妇"309人。在地域分布上,象山县最多。

从调查得到的数据来看,应当小于实际数。这主要是因为年代久远,当事人、知情人大多已不在,调查难度很大。比如海曙区,据王景行调查,该区"慰安所"有两处,但调查出的"慰安妇"却只有10人,明显偏少。又如,余姚作为日军侵略的重灾区,在94名性侵犯受害者中,查出有名有姓的仅4人,也明显偏少。从这个意义上说,此次调研虽然在一定程度上理清了日军在宁波犯下性侵犯罪行的概况,留下了大量真实可靠的第一手材料,但离全部搞清日军在宁波实施性侵犯这一史实,尚有差距,需进一步深入调研。

图表1:抗战期间宁波市遭日军性侵犯妇女人数统计表[2]

单位:人

类别	余姚市	慈溪市	宁海县	奉化市	象山县	海曙区	江北区	江东区	鄞州区	镇海区	北仑区	总计
被性侵犯者	94	73	95	220	383	54	189	5	334	2	56	1547[3]
其中:"慰安妇"	—	—	20	120	62	10	94	—	1	—	2	309
其中:有姓名者	4	31	23	42	10	10	66	1	162	2	8	359

---

[1] 《采访杨某的记录》,林亚立2006年10月30日采访,原件存宁波市委党史研究室,抗战损失课题调研资料11-02-00-06。

[2] 根据各县(市)区上报的资料汇总而成。

[3] 据此次调查,镇海区和北仑区合计为58人;而《浙江抗战损失初步研究》(袁成毅著,陕西人民出版社2003年版,第221—222页)所引用的数据是:原"镇海县妇女被强奸有100余人"。在此取后者。

一、日军在宁波犯下的主要性侵犯罪行

日军在宁波犯下的主要性侵犯罪行，其时间主要集中在日军侵占宁波后不久，以1941年最多，其地点则主要集中在刚侵占地区或"扫荡"地区。

1941年4月19日，象山石浦沦陷，日军挨户搜查，洗劫3天。40余名妇女遭强奸、轮奸，最大的60多岁，最小的仅13岁。[1]

4月22日下午，日军占领慈溪县城后纵使士兵捣毁县府、搜查商店、民家，侮辱妇女13人。[2]

5月7日，日军占领鄞县凤岙后，强占行宫与涤源小学为指挥部。3天后，日军队长德源纵令部下任意进村抢掠奸淫。凡年轻美貌女子来河埠洗涤，日军一旦看中，即尾随到家，入夜上门强行奸污，被害者众多。日军并强令广招"花姑娘"40余人，集中拘留在涤源小学楼上，供其泄欲。[3]

5月18日，日军70余人乘小炮艇在象山砺港埠登陆，直入茅洋五狮山探矿，强奸、轮奸了7名60多岁妇女，并轮奸了1名来台头村探亲的14岁小姑娘，使其受伤。[4]

5月30日，日军进犯鄞县大皎后，火烧大皎，强奸妇女40多人。[5]

6月3日凌晨，日军小林部队200人分两路进犯象山县城。一路由溪口越行后岭过九顷、白石入城，一路由南堡过马岗经东陈、南庄入城。县城3

---

[1] 慈溪县政府：《慈溪沦陷后县政府应变经过》，浙江省档案馆、中共浙江省委党史研究室编：《日军侵略浙江实录》（1937—1945），中共党史出版社1995年版，第79页。
[2] 鄞县政协文史委：《铁蹄下的鄞县惨象》，政协宁波市暨各县（市、区）文史资料委员会、宁波市档案馆编：《宁波文史资料》第十二辑，1992年7月印行，第43页。
[3] 象山县政协文史委：《灭绝人性 惨不忍睹——日军暴行在象山》，政协宁波市暨各县（市、区）文史资料委员会、宁波市档案馆编：《宁波文史资料》第十二辑，1992年7月印行，第37页。
[4] 鄞县政协文史委：《铁蹄下的鄞县惨象》，政协宁波市暨各县（市、区）文史资料委员会、宁波市档案馆编：《宁波文史资料》第十二辑，1992年7月印行，第44页。
[5] 象山县政协文史委：《灭绝人性 惨不忍睹——日军暴行在象山》，政协宁波市暨各县（市、区）文史资料委员会、宁波市档案馆编：《宁波文史资料》第十二辑，1992年7月印行，第37页。

门被封,20余名妇女逃之不及,遭强奸。[1]

夏,日军侵占鄞(县)南通往奉化象山港渡口的要隘横溪,驻扎在王家上祠堂(原横溪小学),时常出外找"花姑娘",糟蹋妇女数十人。[2]

9月,日军田尾部队侵驻慈溪周巷镇,蹂躏了从外地抓来的10余名妇女,并强奸镇内及过路妇女20余人。其中1名15岁少女被多次强奸,一名新媳妇被轮奸致死。[3]

同年,日军从鄞县五乡碶经过大涵山到东吴,正值该镇举行大庙会。日军强奸、轮奸了王传香戏文班子18名女演员。[4]

1942年3月10日夜,日军100余人从象山柱岙登陆,连夜闯至钱仓,三五成群挨户搜索,强奸妇女多达20人。其中有1名青年妇女被10余个日军轮奸致伤,站立不起。[5]

10月,日军侵入奉化方桥镇胡家塽村,集体强奸妇女30余名,并把行路人当作靶子枪杀。日军在奉化县城小路街开设"清风庄",专供其发泄兽欲,蹂躏众多民女。[6]

12月,占据余姚丈亭的日军强奸民妇20余人。[7]

1943年12月8日,日军"扫荡"余姚大岚山,实行"三光"政策,强奸40

---

[1] 鄞县政协文史委:《铁蹄下的鄞县惨象》,政协宁波市暨各县(市、区)文史资料委员会、宁波市档案馆编:《宁波文史资料》第十二辑,1992年7月印行,第45页。

[2] 周莲生:《忆日寇侵占周巷的罪行》,政协办慈溪市文史资料研究委员会编:《慈溪抗战资料》,1995年5月印行,第128—131页。

[3] 周莲生:《忆日寇侵占周巷的罪行》,政协办慈溪市文史资料研究委员会编:《慈溪抗战资料》,1995年5月印行,第128—131页。

[4] 《采访王阿法、史连方的记录》,钱诗健2006年11月采访,原件存鄞州区委党史办公室,抗战损失课题调研资料11-02-11-21。

[5] 象山县政协文史委:《灭绝人性 惨不忍睹——日军暴行在象山》,政协宁波市暨各县(市、区)文史资料委员会、宁波市档案馆编:《宁波文史资料》第十二辑,1992年7月印行,第37页。

[6] 奉化市政协文史委:《日军在奉化的暴行》,政协宁波市暨各县(市、区)文史资料委员会、宁波市档案馆编:《宁波文史资料》第十二辑,1992年7月印行,第66页。

[7] 《慈溪县政府十二月份当面敌军阴谋暴行调查表》(1943年1月),宁波市档案馆馆藏档案,案卷号171-1-28。

多名妇女,连五六十岁的老太太也未能幸免。[1]

二、日军在宁波实施性侵犯罪行情况分析

日军在宁波发动军事进攻及武装占领期间,实施性暴力的目的,除了满足其兽欲外,还以最野蛮最残酷的手段对妇女实施性虐待,以期从中得到一种畸形的心理满足。

（一）性侵犯不分对象

从现有材料看,遭受日军性侵犯的宁波妇女,最小的只有十二三岁,最大的有60多岁,其中以30岁左右的妇女居多。1941年5月23日,日军侵入奉化吴家埠,构筑碉堡,强拉民夫,掠夺财物,强奸妇女,杀害民众。全村妇女提心吊胆,受辱的不仅仅是年轻的,甚至有幼女、老妪。有个60多岁的老婆婆,平时吃素念佛,住在庵里,被破门而入的日军强行非礼。老婆婆虽苦苦哀求,最后仍未能幸免。[2]1942年日军流窜至奉化排溪村,年仅13岁的沈某被日军抓去,遭到强奸,身心受到严重伤害。[3]

从身份上看,在宁波遭受日军性侵犯的女同胞,既有一般家庭妇女,也有在校的学生,甚至连尼姑也未能幸免。1945年1月,盘踞在甬城的日军,在白天闯入鄞县女子中学,强奸女学生多名,日军的野兽行为激起广大师生愤慨。[4]江北区上报的80多份材料中,涉及日军对尼姑实施性侵犯的就有4份。其中提到的一个事例最为典型：1941年5月4日,江北岸日军海军松

---

[1] 沈明文：《日军四次"扫荡"大岚山》,余姚市新四军研究会、余姚市史志办公室、余姚市关心下一代工作委员会编：《姚江怒涛——余姚抗日战争史料选编》,中国文化出版社2005年版,第140页。
[2] 奉化市政协文史委：《日军在奉化的暴行》,政协宁波市暨各县（市、区）文史资料委员会、宁波市档案馆编：《宁波文史资料》第十二辑,1992年7月印行,第66页。
[3] 《采访沈明忠的记录》,余满娣2006年11月29日采访,原件存宁波市委党史研究室,抗战损失课题调研资料11-02-00-06。
[4] 《鄞县情报》（1945年3月）,宁波市档案馆馆藏档案,案卷号29-1-71。

本等3人乘小汽艇从下江湾渡头上岸,直入上赵村14号上庵内,留1人在门外放哨,另2人在庵内轮奸该庵尼姑长根。[1]

除本地妇女外,从外地到宁波避难的妇女也遭到日军性侵犯。宁海沦陷后,一名从上海回乡在岭南村避难的妇女,带着不足周岁的女儿,刚进村就被日军发现。日军兽性大发,剥光她衣服。伪军汉奸找来一条宽板凳,将她绑在上面。随后,一队日兵轮番奸淫,直至其死亡。[2]

(二)性侵犯不分场合

入室强奸是日军对宁波妇女进行性侵犯的主要形式。从现有材料看,在有名有姓的被日军性侵犯的妇女名单中,在家里被日军强暴的超过一半。有的是在家里陪小孩睡觉,有的是在家中聊天,有的是在家里坐月子,有的是在外面被日军发现逃回家里。这里,仅举一例。1941年5月,家住镇海洪家村阮某的二姐在出门寻找刚会走路的小弟时,被一个日军发现。该名日军随即尾随跟至家里,将其强奸。当时阮某的二姐只有14岁。[3]

除入室强奸外,日军还经常对过路妇女实施性侵犯。1941年秋季的一天,余姚市南黄村一名27岁的妇女回家路过南庙美女山下,被驻扎在山上的日军看见。该名妇女被日军强行拉上山腰,在光天化日之下被几个日本兵轮奸。蒙受侮辱的这名妇女身心受到严重摧残,没过几天就含恨而死。[4]当时,凡在美女山脚下路过的妇女,大多被辱。

宁波地处江南水乡,日军在水上犯下的性侵犯罪行也时有发生。其方

---

[1] 此事既有档案材料记载,又有社会调查资料佐证。两者对主要事实的叙述基本吻合,但时间有所差别,在此以档案记载为准。原件存宁波市委党史研究室,抗战损失课题调研资料11-02-00-06。
[2] 《采访褚志纲、胡善孝的记录》,许兆镇2007年4月19日采访,原件存宁波市委党史研究室,抗战损失课题调研资料11-02-00-06。
[3] 《采访阮友庭的记录》,孙承明2007年4月18日采访,原件存宁波市委党史研究室,抗战损失课题调研资料11-02-00-06。
[4] 余姚市新四军研究会军史研究组:《日军在姚暴行录》,余姚市新四军研究会、余姚市史志办公室、余姚市关心下一代工作委员会编:《姚江怒涛——余姚抗日战争史料选编》,中国文化出版社2005年版,第117页。

式主要有两种,一是日军乘坐小汽艇出来寻欢作乐,发泄兽欲。1942年4月,裘某的妹妹和妻子看见6个乘坐小汽艇的日本兵后,躲在菜籽地里,但还是被发现,遭到强暴。[1]二是日军拦截过往船只,强奸船上的妇女。1941年的一天,日军在慈溪徐家江上看见一只船上坐着一男一女两人,就拦住船只,随后7个日本兵上船将船上的女人轮奸致死。[2]

日军也在集市上实施性侵犯。据现住慈城始平路2号的93岁老人周杏月回忆,慈城观音堂曾有一名外来的补鞋匠,身边带着衣衫残破的18岁女儿。1945年5月的一天,8个日本兵光天化日之下在补鞋摊前将补鞋匠的女儿轮奸。这名女孩在被日军轮奸后,半天爬不起来。[3]

(三)手段极其野蛮与残忍

日军对宁波妇女的性侵犯远远不能简单地用"犯罪"来界定,其对妇女的性侵犯简直丧失人性,是对人类文明的粗暴践踏。

有的妇女在被日军强奸后生命垂危。1942年5月,日军进犯宁海县深甽村。胡某的母亲与胡某的妻子来不及躲避,被日军发现后遭轮奸,次数达10次之多,生命垂危。当地土郎中用尽各种办法才将她们救活。[4]

有的妇女甚至直接被日军强奸致死。在奉化市社会调查得到的70位受害者当中,被强奸致死的有18人,占25.7%,比例很高。1942年5月15日中午,日军由奉化县西岙进犯宁海县长洋村。郭某的妻子来不及躲避,被

---

[1] 《采访沈富定的记录》,胡臣南、范创业2007年1月16日采访,原件存宁波市委党史研究室,抗战损失课题调研资料11-02-00-06。

[2] 《采访郑云照的记录》,郑金君2006年12月19日采访,原件存宁波市委党史研究室,抗战损失课题调研资料11-02-00-06。

[3] 《采访周杏月的记录》,宋锡炯、朱兰芬2006年10月20日采访,原件存宁波市委党史研究室,抗战损失课题调研资料11-02-00-06。

[4] 《采访俞桓岳的记录》,戴梦军2006年11月采访,原件存宁波市委党史研究室,抗战损失课题调研资料11-02-00-06。

20余个日军轮奸。次日,郭某的妻子含恨而死。[1]这也是此次社会调查中发现的针对单个妇女实施性侵犯日军人数最多的案例。

有的妇女在遭日军强奸后又被日军刺死。1941年4月,在宁波市西门口,日军拦住一对母子,兽性大发,先用刺刀刺进小孩的肛门将其举起来,致使小孩惨死,然后在光天化日之下强奸小孩的母亲,奸后再用刺刀将其刺死,吓得周围居民胆战心惊。[2]

更有的妇女在死后还遭到日军的凌辱。1945年7月,一名齐姓年轻妇女被象山石浦日本警备队抓去。日本兵说她是中国兵的"暗探",将其轮奸,加以凌辱,最后用木棍刺入阴部,弃尸路上。[3]

日军对遭性侵犯者的妇女实施暴行,致使周边的民众也惨遭蹂躏。据江北洪塘街道周老小老人讲述,1944年5月,他在路过安山李村时发现母女两人被日本兵拦住。几个日本兵就地强奸女儿,她母亲羞愧,就将随身携带的雨伞打开遮挡一下。日本兵不知她搞什么名堂,不问青红皂白枪杀她母亲。女儿看到后号啕大哭。日本兵暴怒,用刺刀将女儿也刺死了。[4]

对于不从的妇女,日军的手段更是毒辣。据庄桥姚家村孙文菊老人回忆,1941年日本兵进村时,要强暴一个叫孙小妹的姑娘。孙小妹不从,后被日本兵割下双乳致死。[5]

日军进行性侵犯时,连病人、孕妇和做产时的妇女也不放过。1944年8

---

[1]《采访郭正创、郭纪章的记录》,戴梦军2006年10月29日采访,原件存宁波市委党史研究室,抗战损失课题调研资料11-02-00-06。

[2]《采访张悦铭的记录》,杨大国、金丽珍2006年12月1日采访,原件存宁波市委党史研究室,抗战损失课题调研资料11-02-00-06。

[3] 象山县政协文史委:《灭绝人性 惨不忍睹——日军暴行在象山》,政协宁波市暨各县(市、区)文史资料委员会、宁波市档案馆编:《宁波文史资料》第十二辑,1992年7月印行,第38页。

[4]《采访虞松德的记录》,胡臣南、范创业2007年1月16日采访,原件存宁波市委党史研究室,抗战损失课题调研资料11-02-00-06。

[5]《采访孙文菊的记录》,潘佰绒2006年10月12日采访,原件存宁波市委党史研究室,抗战损失课题调研资料11-02-00-06。

月日军流窜到象山县大塘中站。生病在床的杨陈氏被日军强奸,致使其久病不愈。[1]1943年象山县湖边村黄某某的妻子正在做产,被日军抓到后遭强奸。后来她为逃脱日军,伏在水沟里。但虚弱的身体经此一折腾,当年就得病死去了。[2]

日军的性侵犯不仅是对妇女身体,而且是对中国人精神的摧残。1941年,4个日本兵在海曙区邵家渡将一名男子绑在柱子上,让他亲眼看着他们强奸他老婆的过程,并以此取乐。[3]

(四)设立"慰安所"是日军实施性侵犯的一种特殊形式

日军在一些长期占领的地区大多设有"慰安所"、军妓院或行乐所等,或通过武力威逼,或通过诱骗等方法强行逼迫良家妇女充当"慰安妇"。"慰安妇"同样是日军性侵犯罪行的受害者。

关于宁波的"慰安所"问题,以前只有一些散见的材料。如研究中国"慰安妇"问题的华东师范大学教授苏智良曾提及,日军曾在鄞县大德会设立了"俱乐部"。这实际上就是"慰安所"。日军侵入奉化后,在城内小路街开设"清风庄",在吴家埠设"慰安所",供日军泄欲。1942年6月,日军侵占象山县,也设立了军妓院、行乐所和"慰安所"。[4]

这次专题调研,又发现了许多"慰安所"。从地域上看,日军"慰安所"主要集中在已占领的城镇。一方面这是由于日军大多驻扎在集镇,集中建立"慰安所"以便为更多的日军提供性服务。另一方面,相对集中设立"慰安所",也为了其维护占领区的秩序。

---

[1] 《采访桂礼棣的记录》,虞小春2007年1月15日采访,原件存宁波市委党史研究室,抗战损失课题调研资料11-02-00-06。
[2] 《采访杨金祖、周明光、周明利的记录》,周先赞2007年1月19日采访,原件存宁波市委党史研究室,抗战损失课题调研资料11-02-00-06。
[3] 《采访曹财芳的记录》,王协芳、陈伟国、汤文嘉2006年11月20日采访,原件存宁波市委党史研究室,抗战损失课题调研资料11-02-00-06。
[4] 苏智良:《慰安妇研究》,上海书店出版社1999年版,第129—130页。

据关注这一问题的王景行近10年调查，宁波城区有4处"慰安所"，其中两处位于海曙区，两处位于江北区。海曙区的两处"慰安所"，一处为棋杆巷47号洋房（兴建天一广场时拆毁）。这幢房子为洋务运动时期傅姓商人所建，宁波沦陷时被日军霸占，辟为"慰安所"，称"日军军官俱乐部"。俱乐部楼上有30多个房间。该房子附近的居民常常听到寻欢作乐的日军军官野兽般的嚎叫和"慰安妇"们压抑而哀怨的哭声。另一处为药行街护城巷的大型浴室。浴室里面专辟了为日本人提供按摩和性服务的场所。因该浴室早已拆除，更确切的情况已很难查证。江北区的两处"慰安所"，一处在玛瑙路41号。该房子为庄姓商人所有。房子还未造好就被日军霸占，并被装饰成日本人喜欢的风格，取名为"月の家"，在日语中有"性服务所"的含义。该地已保留下来并正在修缮，以作为日军在宁波犯下性侵犯罪行的罪证。还有一处为江北岸外滩的东亚旅社。它是日军高级军官的"慰安所"。[1]令人惋惜的是有关东亚旅社的情况没有更多的资料。

设在城镇的日军"慰安所"，除了宁波城区外，在这次社会调查中，我们发现在奉化、象山、慈溪县城也有大量的"慰安所"存在。如奉化沦陷后，伪维持会筹划开办的"清风庄"或"慰安所"有7处。在象山，日军从各地掳掠许多妇女，在县城设立军妓院、行乐所、"慰安所"供日军长期奸淫。江北区慈城（原慈溪县县城）有"慰安所"4处。

除了城镇外，通过调查我们还发现，在日军占领的比较偏僻的农村营地，也有"慰安所"。如象山县延昌乡伪乡长郑邦华，绰号"铬铁头"，献媚日军，开设行乐所，逼令10余名青年妇女专供日军作乐。在象山县茅洋上黄村，设有一个军妓院，专供日军军官作乐；设有两个行乐所，供日军士兵和工头

---

[1]《追寻侵华日军宁波慰安所罪证》，《鄞州日报》，2003年11月4日。

作乐。[1]在江北区的上岙村和毛力村,也设有"慰安所"。

关于"慰安妇"的来源问题,从宁波社会调查发现的情况来看,主要有以下三种情况:

第一种是侵华日军从日本和朝鲜带到宁波的"慰安妇"。这种"慰安妇"数量较少。日军在鄞州区鄞江镇鸡行弄开设的"慰安所",持续1年有余,其中有26名身穿和服的朝鲜妇女。在鄞州区章水蜜岩的"慰安所",除了被掳掠的中国妇女外,还有日本妇女在此处充当"慰安妇"。

第二种是由日军直接在本地抓捕妇女或由伪"维持会"拐骗当地妇女组成。这种情况占了大多数。据海曙区雄镇社区陈裕康陈述,1941年日军占领宁波后,在栎社机场附近的张家村驻扎一小队日军。有一次,10多名妇女被这队日军抓来做"慰安妇",被凌辱10多天,后经"讨饭阿香"(日军小队长的情妇)向日军小队长求情才得以脱身。1945年日军投降后,阿香因有救人功劳未受当时政府处理。这事当地人都知道。[2]另据北仑区大碶街道虞春华、胡志甫陈述,在1943年至1944年,日军驻扎在算山村袁家峙,日军小队长通过伪政府叫各保出钱,强征妇女。当时保长袁宝根让算山村村民袁山宏等用摇篮把两名妇女送给日军小队长,充当"慰安妇"。[3]

第三种是由被拐骗的外地妇女组成。从江北区慈城镇的社会调查材料看,据葛华昌、胡友生两位老人回忆,1943年4月日军进驻上岙村后在钱家坟村开设"慰安所"。日军抓来20多名妇女(新昌嵊县口音)做"慰安妇",由

---

[1] 象山县政协文史委:《灭绝人性 惨不忍睹——日军暴行在象山》,政协宁波市暨各县(市、区)文史资料委员会、宁波市档案馆编:《宁波文史资料》第十二辑,1992年7月印行,第38页。
[2] 《采访陈裕康的记录》,王绥珠、项丽娜2006年11月27日采访,原件存宁波市委党史研究室,抗战损失课题调研资料11-02-00-06。
[3] 《采访虞春华、胡志甫的记录》,王文通2007年1月15日采访,原件存宁波市委党史研究室,抗战损失课题调研资料11-02-00-06。

一个日本妇女负责管理。[1]

宁波"慰安妇"的构成,后两种情况居多。以奉化市7处"慰安所"为例,共有"慰安妇"120多人:(1)在市区小路街的"慰安所",本地、外地妇女约20多人;(2)在市区北门陈传品洋房的"慰安所",本地、外地妇女约20多人;(3)在溪口镇的"慰安所",从外地抓来的妇女约20多人;(4)在江口镇的"慰安所",本地、外地妇女约20多人;(5)在吴家埠的"慰安所",从外地抓来的妇女约20多人;(6)在西坞的"慰安所",妇女约10多人;(7)在畸山的"慰安所",本地妇女10多人。[2]

除固定场所的"慰安妇"外,这次社会调查中还发现了随军"慰安妇"。1945年8月15日,宁海日军陆续往奉化、宁波方向撤退。王有熙、汪章火被日军抓去当苦役。在行至奉化大桥镇时,他们发现马姓翻译带着20多名妇女为日军提供性服务。这些妇女被称为"娘娘",大多为宁海人。王有熙、汪章火能叫出她们大部分人的名字。[3]

充当"慰安妇"的妇女过着悲惨的生活。在象山茅洋上黄村日军的军妓院和行乐所,被掳掠来的妇女,白天给日军洗衣做工,夜里被日军轮奸,有的妇女一夜竟被奸污达10来次,许多妇女因不堪日军虐待凌辱而死。[4]

抗日战争结束后,"慰安妇"的命运仍然很凄惨。据王竹轩回忆,一名以前住在桃渡路的妇女,她的丈夫做茶叶生意,在她做了"慰安妇"后,大家在街上碰到她都不愿和她打招呼。日军投降后,奉化"慰安所"的妇女大多数

---

[1]《采访葛华昌、胡友生的记录》,孙新根、韩新德2007年1月11日采访,原件存宁波市委党史研究室,抗战损失课题调研资料11-02-00-06。

[2]《奉化市委党史办上报性侵犯汇总材料》,原件存宁波市委党史研究室,抗战损失课题调研资料11-02-00-06。

[3]《采访汪章火、王有熙的记录》,许兆镇2007年3月23日采访,原件存宁波市委党史研究室,抗战损失课题调研资料11-02-00-06。

[4] 象山县政协文史委:《灭绝人性 惨不忍睹——日军暴行在象山》,政协宁波市暨各县(市、区)文史资料委员会、宁波市档案馆编:《宁波文史资料》第十二辑,1992年7月印行,第38页。

去向不明，只知道有 2 名妇女嫁到西圃村，但已不会生育。[1]

三、日军性侵犯罪行的影响

（一）对当事人的影响

日军在抗战时期犯下的性侵犯罪行，给被侵犯者本人造成了严重的身体和精神伤害。

有的被侵犯者落下终身残疾甚至死亡。象山县茅洋村妇女鲍某，1941年8月被日伪开办的华中公司的工头强奸时，年仅16岁。之后她被工头霸占4年，身心受到严重伤害，丧失了生育能力。抗日战争胜利后，她虽然再嫁，但一直蒙受冤屈，郁郁而死。[2]

有的被侵犯者精神错乱。1941年冬，一名抱婴儿的妇女在宁波永宁桥下被日军强奸，她的婴儿也被日军用刺刀刺死，以致她精神错乱。[3]日军自占领宁海县城后，即挨户搜查，抢稻谷、草席、木板，并强奸妇女。一名逃避乡下的18岁姑娘，因潜回探望老父，在白石头沙朴树脚被日兵瞥见，被拉进屋里遭日军轮奸，至次日中午才放回。该姑娘此后神经失常（精神失常）。[4]

还有的被侵犯者发疯而死。1942年，日军到镇海长石桥（乡）扫荡，强奸妇女3人。其中南街童姓妇女被日军奸污后，发疯10多年，最后病重死

---

[1]《采访范善庆、范尧水的记录》，余满娣2006年11月23日采访，原件存宁波市委党史研究室，抗战损失课题调研资料11-02-00-06。
[2]《采访朱颂宽的记录》，扬善甩2006年11月16日采访，原件存宁波市委党史研究室，抗战损失课题调研资料11-02-00-06。
[3]《采访全竹花的记录》，王协芬、陈伟国、汤文嘉2006年11月20日采访，原件存宁波市委党史研究室，抗战损失课题调研资料11-02-00-06。
[4] 宁波政协文史委：《宁海沦陷前后的劫难》，政协宁波市暨各县（市、区）文史资料委员会、宁波市档案馆编：《宁波文史资料》第十二辑，1992年7月印行，第70页。

亡。[1]同年9月，日军窜到象山大塘宁波站村，将悉某的妻子轮奸。此后悉某的妻子精神错乱，成为疯子，整天赤身裸体在外边乱跑，不到两年便离开人世。[2]1943年12月，怀有身孕的小彩遭两个日本兵轮奸后，身体和精神都遭受重创，待产期间每天大叫"吓死了"，后生下女儿没几个月就去世了。她的女儿也被迫送到远房亲戚家中寄养。[3]

  被日军性侵犯的妇女除了自身受到严重伤害外，因中国传统观念影响，她们还承受了不被周围人理解的痛苦。于是，有的被侵犯者只好远走他乡。在江北区社会调查中就发现了4例。据当时住在杨家巷4号的洪雪莉回忆，1941年日军进入杨家巷5号，当着丈夫的面，强奸了他的妻子。事后，这对夫妻感到羞愧，弃家到了上海。[4]1943年春，赵某被日本兵强奸后，她的父母就将她送到上海亲戚家中，后一直没有回来。[5]更有的妇女在被强奸后含恨自杀。1943年农历正月十四，一股日军闯入象山县鹤洋村，将王姓孕妇强奸。不堪凌辱的王氏含恨跳河自尽。[6]1944年4月，日军流窜到象山县大溪蒋村，适值一些妇女在黄溪看戏。日军遂对这些妇女进行奸污。其中一名黄姓妇女在遭到日军强奸后，认为见不得人，当天就吊死在树上。[7]

---

[1] 镇海区政协文史办：《镇海人民的血泪仇》，政协宁波市暨各县（市、区）文史资料委员会、宁波市档案馆编：《宁波文史资料》第十二辑，1992年7月印行，第29页。
[2] 《采访王亦江的记录》，虞小春2007年1月21日采访，原件存宁波市委党史研究室，抗战损失课题调研资料11-02-00-06。
[3] 《采访陈月宝、胡荷芬的记录》，胡臣南、范创业2006年12月15日采访，原件存宁波市委党史研究室，抗战损失课题调研资料11-02-00-06。
[4] 《采访洪雪莉的记录》，张梅芬、沈惠芳、丁宗国2006年11月22日采访，原件存宁波市委党史研究室，抗战损失课题调研资料11-02-00-06。
[5] 《采访方荣昌的记录》，胡臣南、范创业2006年12月7日采访，原件存宁波市委党史研究室，抗战损失课题调研资料11-02-00-06。
[6] 《采访潘行魁的记录》，陈俊珍2007年3月18日采访，原件存宁波市委党史研究室，抗战损失课题调研资料11-02-00-06。
[7] 《采访蒋善金的记录》，欧吉庆2007年1月23日采访，原件存宁波市委党史研究室，抗战损失课题调研资料11-02-00-06。

(二)对当事人家庭的影响

日军犯下的性侵犯罪行不仅对被侵犯者本人造成严重伤害,也给受害者的家庭造成严重后果,有的甚至因此家破人亡。宁海县水角凌巷有一位外地流落至此的戏子,人称"小旦宋"。他有一位年约30岁的妻子。宁海县城沦陷后,躺在病床上的"小旦宋"妻子被日本兵发现后轮奸致死。"小旦宋"回来后发现这一惨状,绝望中上吊自尽。[1]

许多性侵犯罪行中,都包含了日军残酷的杀人罪行。1941年4月19日,严某和几个船老大从奉化大桥镇载了一船货经过宁波三江口时,被日军橡皮船拦住。日军跳上船把男人赶上岸,然后将严某的儿子刺死扔到江里,又开始强奸他的妻子。严某上去拼命,结果左眼被刺瞎,浑身伤痕累累。[2]同年5月,日军进犯奉化县六诏村。该村陈某看见自己的妻子被日军强奸,奋起救护,结果被日本兵围住,用石块活活砸死。[3]1945年6月宁海县城沦陷后,住在县城南门外的妇女范某,在菜园拔草时被日本兵发现,就逃到后院的庄稼地里。日本兵进屋,看见范某的丈夫葛某,逼其交人。葛不从,被日军在肚子上刺了一刀。葛的惨叫使范某暴露了藏身地点,范某被日军发现后遭到强奸。等强奸结束,葛某已活活痛死。[4]

有的被侵犯者因此家庭破碎。据慈城山西村蔡阿增、陈阿年回忆,他们村的一名妇女在上山摘桃子时,因衣服被树枝钩住,未能逃过3个日本兵的追击,遭轮奸。回家后,这名妇女的丈夫怨她"不贞",并将其暴打一顿。[5]据

---

[1] 《采访褚志纲的记录》,许兆镇2007年4月19日采访,原件存宁波市委党史研究室,抗战损失课题调研资料11-02-00-06。
[2] 《杀子奸妻之仇永世难忘》,《浙江日报》,1951年4月19日。
[3] 《采访孙友千、应宋钦的记录》,竺尚义、孔振忠2006年11月16日采访,原件存宁波市委党史研究室,抗战损失课题调研资料11-02-00-06。
[4] 《采访范彩仙的记录》,潘志海2006年11月22日采访,原件存宁波市委党史研究室,抗战损失课题调研资料11-02-00-06。
[5] 《采访蔡阿增、陈阿年的记录》,董善江2006年11月6日采访,原件存宁波市委党史研究室,抗战损失课题调研资料11-02-00-06。

白沙街道的范某陈述,1941年她家隔壁的女邻居应氏在被3个日本兵轮奸后,即遭到她丈夫的遗弃,美满的家庭从此破裂。[1]象山县西周村妇女张某在婚前被日军强奸。婚后丈夫得知此事后,对张某残酷虐待,以致其被折磨致疾,不久死去。[2]1944年,象山县茅洋村一名妇女,第一次被日军军官抓住意欲强奸时,奋力摆脱,后去了宁波当女佣。过了一段时间,她丈夫让她返回。谁知当天即被日军军官发现。该日军军官尾随到她家中,将其奸污。当时她丈夫就躲在床下。日军军官离开后,愤怒的丈夫将她活活打死。[3]

(朝泽江　执笔　韩小寅　修改)

---

[1] 《采访范翠玉的记录》,张黎2006年10月30日采访,原件存宁波市委党史研究室,抗战损失课题调研资料11-02-00-06。
[2] 《采访郑春花的记录》,赖才栋、周先赞2007年1月10日采访,原件存宁波市委党史研究室,抗战损失课题调研资料11-02-00-06。
[3] 《采访沈小星的记录》,赖才栋、周先赞2007年1月9日采访,原件存宁波市委党史研究室,抗战损失课题调研资料11-02-00-06。

后 记

十年磨一剑。从 2006 年从事宁波市抗日战争时期人口伤亡和财产损失调查接触宁波抗日战争时期的史料到现在《宁波抗日战争史》的出版,时间已经过去了 14 年,几等于抗战从局部爆发到胜利结束的时间。

在从事宁波市抗日战争时期人口伤亡和财产损失调查的过程中,我不仅对日军侵略宁波造成的后果而感到震惊,也为宁波军民不畏强暴、敢于同敌人血战到底的民族英雄气概所感动。日军为达到侵占宁波的目的,无所不用其极:轰炸、炮击、投放鼠疫、武装入侵、烧杀掳掠、性侵犯……日军在宁波犯下了累累罪行。然而,宁波军民并没有被日军的暴行吓倒。从 1931 年九一八事变开始,宁波军民团结在中国共产党倡导建立的抗日民族统一战线的旗帜下,弘扬以爱国主义为核心的抗战精神,同凶恶的日本侵略者进行了气壮山河的斗争。特别是在宁波沦陷后,中共领导下的抗日武装更是发挥了中流砥柱的作用,在复杂的斗争环境下,浴血奋战,为争取宁波抗日战争的胜利做出了不可磨灭的贡献。

在抗日战争时期人口伤亡和财产损失调查工作结束后,我萌发了撰写《宁波抗日战争史》的想法。为此,在占有、整理人口伤亡和财产损失调查中获得的有关资料的基础上,我在工作之余继续收集、整理宁波抗日战争时期的史料,酝酿写作提纲。然而,要想全面、准确反映这段苦难而辉煌的历史,殊非易事。

首先面临的是难以获取准确的史料的问题。如政协宁波市文史委员会编的《宁波文史资料》和宁波市新四军暨华中敌后抗日根据地研究会编的《浙东抗战与敌后抗日根据地史料丛书》第一到八卷，虽然为开展宁波抗日战争史研究提供了丰富的资料，但有些资料存在着道听途说的问题，还需进一步考证。为此，我在尽可能多地收集、占有资料的基础上，开展了艰苦、细致的考证工作。在对不同出处的史料辨析、考证的过程中，尽可能还原历史的真相。

其次，也是最主要的困难是如何处理宁波抗日战争时期历史的错综复杂性问题。奉化溪口是蒋介石的老家，蒋介石既不希望他的家乡被日军占领，也不愿看到中共力量在宁波发展壮大。为维护国民党在宁波的统治地位，蒋介石政府一方面对中共及其领导下的抗日武装进行压制，另一方面对日军的侵略进行比较积极的抵抗，从而使宁波的抗战局势呈现出错综复杂的特点。对此，我深入学习党和国家领导人关于抗日战争时期历史的论述，广泛吸取学术界的研究成果，决定按照是否有利于全民族抗战这个标准来评述宁波抗战时期的历史，尽可能对当时的历史人物和事件予以客观、公正的评述。

撰写《宁波抗日战争史》的艰巨性，是我事先意想不到的。在心力交瘁之际，我想到了因日军的侵略而死伤的近4万亡灵，想到了为抗战捐躯的英烈，想到了今天来之不易的和平生活，想到了日本右翼分子对残暴侵略中国史实的否认和对中国抗战的诋毁，从而又坚定了继续把这项工作做下去的决心，决不能让宁波军民的血白流。同时，家人的鼓励和支持，也给予我莫大的勇气和信心。完成这本书的出版是对他们最好的回报。

在撰写《宁波抗日战争史》的过程中，单位领导和同事给予了我很大的支持与帮助；有关专家也对本书提出了许多中肯的意见和建议，从而大大提高了本书的思想性和学术性。《宁波抗日战争史》得以顺利出版，也离不开宁波市社科院(市社科联)提供的财力支助,离不开宁波出版社编辑付出的辛苦劳动。在此,一并表示我最诚挚的谢意!

尽管已竭尽全力,但由于水平有限,书中的差错在所难免。请广大读者给予批评指正,以便再版时修正。

朝泽江

2020年7月7日